本书为黑龙江省哲学社会科学研究规划项目(项目编号：17TQE363)研究成果之一

图书馆
精准文化帮扶中的知识转移研究

郎玉林 著

TUSHUGUAN
JINGZHUN WENHUA BANGFU ZHONG DE
ZHISHI ZHUANYI YANJIU

知识产权出版社

全国百佳图书出版单位

—北京—

图书在版编目（CIP）数据

图书馆精准文化帮扶中的知识转移研究 / 郎玉林著 . —北京：知识产权出版社，2023.12
ISBN 978-7-5130-9022-3

Ⅰ. ①图… Ⅱ. ①郎… Ⅲ. ①图书馆服务—研究 Ⅳ. ① G252

中国国家版本馆 CIP 数据核字（2023）第 228675 号

内容提要

精准文化帮扶是图书馆的重要社会职责，如何开展精准文化帮扶是图书馆业界探讨的重点内容。本书以知识转移为核心，从学理层面探讨图书馆精准文化帮扶与知识转移的内在关系、图书馆精准文化帮扶与知识转移的建构基础、图书馆精准文化帮扶进行知识转移的机制研究以及图书馆精准文化帮扶进行知识转移的影响因素与服务方案，从实践层面提出图书馆精准文化帮扶的优化策略和社会职能任务，并附以案例说明。

本书可作为各级、各类图书馆开展精准文化帮扶的参考用书，也可作为相关研究的指导用书。

责任编辑：许 波　　　　　　　责任印制：孙婷婷

图书馆精准文化帮扶中的知识转移研究

郎玉林 著

出版发行	知识产权出版社 有限责任公司	网　　址	http://www.ipph.cn
电　　话	010-82004826		http://www.laichushu.com
社　　址	北京市海淀区气象路 50 号院	邮　　编	100081
责编电话	010-82000860 转 8380	责编邮箱	xubo@cnipr.com
发行电话	010-82000860 转 8101	发行传真	010-82000893
印　　刷	北京中献拓方科技发展有限公司	经　　销	新华书店、各大网上书店及相关专业书店
开　　本	720mm×1000mm　1/16	印　　张	16
版　　次	2023 年 12 月第 1 版	印　　次	2023 年 12 月第 1 次印刷
字　　数	244 千字	定　　价	78.00 元
ISBN 978-7-5130-9022-3			

出版权专有　侵权必究
如有印装质量问题，本社负责调换。

前言

知识要素在文化帮扶中发挥着重要作用,本书融合了知识转移这一技术要素,从学理角度入手来研究图书馆如何发挥精准文化帮扶知识转移作用,为图书馆在新形势下的新使命和乡村振兴中的知识转移提供必要线索。

本书共分为 6 章。第 1 章,梳理和分析了国内外的图书馆文化帮扶相关研究,阐述了本项研究的背景与现实意义,明确了研究内容和研究方法,阐明了本项研究的创新之处。第 2 章,对图书馆精准文化帮扶与知识转移的内在关系进行梳理,阐述了精准文化帮扶中的知识转移基本内涵和特征;图书馆知识转移与精准文化帮扶知识转移的关联;图书馆知识转移的相关理论基础。第 3 章,结合图书馆学对知识管理、知识服务及联盟建设等相关研究,揭示图书馆精准文化帮扶中的知识转移建构基础。主要包括精准文化帮扶知识结构的同质化与差异化;精准文化帮扶知识需求定位与社会环境分析;精准文化帮扶中的知识转移层次与模式;图书馆精准文化帮扶知识联盟的知识转移协同;图书馆精准文化帮扶中的知识转移体系管理。第 4 章,根据当前社会现状,本章把精准文化帮扶中的知识转移划分为个体层面、群体层面、组织层面和区域层面四种类型。本章主要研究内容如下:知识接受主体的知识能力与知识障碍;图书馆精准文化帮扶中的知识转移动因与类型；精准文化帮扶组织的知识转移；图书馆知识管理与智库支持；区域文化资源优势向知识接受主体的知识转移与转化。第5章，通过对精准文化帮扶对象的知识构成、知识需求特征及知识转移特性的研究，以系统分析和实地调查研究的资料为基础，剖析影响图书馆精准文化帮扶中的知识转移影响因素与服务方案。主要研究内容如下：社会关系质量与社会联系强度；知识的黏性（难易程度）；知识发送方的动机和表达能力；知识接受方的吸收能力；知识转移的传播媒介与图书馆知识服务。第6章，根据上述理论分析和实证研究成果，提出以知识转移为核心的图书馆精准文化帮扶策略与社会职能任务。本章在外部性环境层面，从发展经济学和行为经济学角度提出促进精准文化帮扶的优化策略和人文关怀机制；在主观性主体层面，从社会学和知识建构的角度提出帮扶主体知识转移发生与发展的有效措施；在客观性主体层面，从社会嵌入和知识管理理论角度提出图书馆社会职能的改革走向与任务。

知识转移是图书馆精准文化帮扶的核心内容。如果图书馆针对知识能力不足群众知识转移得当，将会有效提升知识能力不足群众的社会竞争力，激活知识能力不足群众的内生动力。

目 录

第1章
绪 论 / 001
1.1 研究背景与意义 / 001
1.2 国内外相关研究综述 / 002
1.3 研究内容与方法 / 012

第2章
图书馆精准文化帮扶与知识转移的内在关系 / 014
2.1 精准文化帮扶中的知识转移基本内涵和特征 / 014
2.2 图书馆知识转移与精准文化帮扶中的知识转移的关联 / 020
2.3 图书馆知识转移的相关理论基础 / 023

第3章
图书馆精准文化帮扶中的知识转移建构基础 / 030
3.1 精准文化帮扶知识结构的同质化与差异化 / 030
3.2 精准文化帮扶知识需求定位与社会环境分析 / 039
3.3 精准文化帮扶中的知识转移层次与模式 / 059
3.4 图书馆精准文化帮扶知识联盟的知识转移协同 / 071
3.5 图书馆精准文化帮扶中的知识转移体系管理 / 077

第 4 章
图书馆精准文化帮扶中的知识转移机制研究 / 085

4.1 知识接受主体的知识能力与知识障碍 / 085
4.2 图书馆精准文化帮扶中的知识转移动因与类型 / 098
4.3 精准文化帮扶组织的知识转移 / 102
4.4 图书馆知识管理与智库支持 / 111
4.5 区域文化资源优势向知识接受主体的知识转移与转化 / 118

第 5 章
图书馆精准文化帮扶中的知识转移影响因素与服务方案 / 122

5.1 社会关系质量与社会联系强度 / 122
5.2 知识的黏性 / 133
5.3 知识发送方的动机和表达能力 / 138
5.4 知识接受方的吸收能力 / 148
5.5 知识转移的传播媒介与图书馆知识服务 / 151

第 6 章
以知识转移为核心的图书馆精准文化帮扶策略与社会职能任务 / 159

6.1 准确把握知识转移的内涵和特性,科学开展图书馆精准文化帮扶 / 159
6.2 推进知识服务的供给侧结构性改革,大力提升图书馆知识传播能力 / 165
6.3 精准实施知识接受主体知识吸收能力建设,建立知识转移长效机制 / 170
6.4 精准聚焦知识转移"双循环",打造精准文化帮扶多维度协同发展 / 175
6.5 搭建知识交互平台,以知识转移促进精准文化帮扶发生与发展 / 185
6.6 明确职能定位,精准落实图书馆精准文化帮扶的重点任务 / 196
6.7 图书馆社会职能任务 / 206
6.8 案例分析 / 211

参考文献 / 225

附　录 / 238

第1章 绪 论

1.1 研究背景与意义

1.1.1 研究背景

《国际图联/联合国教科文组织公共图书馆宣言》（2022）指出，公共图书馆应不分年龄、种族、性别、宗教、国籍、语言、社会地位和任何其他特征，向所有人提供平等的服务。❶公共图书馆作为人们获取知识的公共场所，通过提供信息获取、促进知识创造与共享的机会，助力健康的知识社会发展。《中华人民共和国公共文化服务保障法》明确规定，国务院和省、自治区、直辖市人民政府应当增加投入，重点扶助革命老区、民族地区、边疆地区、经济欠发达地区开展公共文化服务。加强公共文化设施建设，完善公共文化服务体系，提高公共文化服务效能。❷可见，无论从行业规范层面还是社会层面，图书馆都有责任向知识接受主体提供"效能"服务。

著名经济学家西奥多·舒尔茨（Theodore W. Schultz）认为，人力资本水平低下是导致贫困的最主要原因，人的技能与知识的提高远比物质资本的增加重要得多❸。中国科学院-清华大学国情研究中心主任胡鞍钢等提出了21世纪人类新型贫困——"知识贫困"（knowledge poverty），意

---

❶ 吴建中. 国际图联/联合国教科文组织公共图书馆宣言2022[J]. 中国图书馆学报，2022（6）：126-128.

❷ 中华人民共和国公共文化服务保障法[EB/OL].（2016-12-25）[2023-8-8]. http://www.npc.gov.cn/npc.

❸ 刘敏俊. 媒体助推精准扶贫的路径创新[J]. 新闻战线，2017（6）：17-18.

于对社会"边缘"主体获取、吸收和交流知识能力的匮乏或剥夺，我国有部分人群处于知识贫困状态，尤其农村地区、西部地区和少数民族地区是知识贫困的"重灾区"，正是由于知识贫困，会导致该群体被边缘化，从而进一步形成"知识隔离"和"知识鸿沟"❶，有效发展战略应由过去的单纯关注经济收入更多地转向关注主体的知识效能获取。

1.1.2 研究意义

1.1.2.1 理论意义

对图书馆精准文化帮扶中的知识转移进行研究，一是有助于探索图书馆事业与乡村振兴等国家战略的有机融合和相互建设；二是有助于深化知识转移机理研究，通过知识转移这一"关系纽带"搭建起图书馆与精准文化帮扶的桥梁，并为图书馆参与社会发展活动提供依据。图书馆精准文化帮扶中的知识转移是精准文化帮扶的一种新方式，能够推动图书馆对知识接受主体进行精准文化帮扶研究的进一步展开。

1.1.2.2 实践意义

对图书馆精准文化帮扶中的知识转移进行研究，一是通过知识转移帮助知识接受主体获取知识技能，满足自身发展需求，积极促进和努力形成知识主体在新经济中的发展地位；二是帮助政府和帮扶机构了解知识接受主体的知识体系和知识结构等内容，为政府和文化服务机构制定相应政策和服务策略提供理论依据与实证数据；三是促进图书馆事业深化发展。图书馆精准文化帮扶中的知识转移既是图书馆发挥知识资源和知识服务优势对精准文化帮扶战略的响应力，也是图书馆在细化知识服务内容、多样化社会服务方式、深化知识接受主体服务的同时，通过运用优势来促进图书馆事业的深化发展。

1.2 国内外相关研究综述

1.2.1 图书馆知识转移的研究情况

长期以来，图书馆界的不少学者研究过图书馆知识转移问题。从现有

---

❶ 胡鞍钢，李春波. 新世纪的新贫困：知识贫困 [J]. 中国社会科学，2001（3）：70–81.

的有关文献资料来看，主要体现在知识特征、知识转移能力、知识转移影响以及知识情境因素四个方面。

1.2.1.1 知识特征

关于知识特征对图书馆知识转移的影响，赞德（Zander）等认为[1]，隐性知识对知识转移能否成功起着关键作用，而且可信任的和可靠的知识源将直接影响接受者的行为。经济合作与发展组织（OECD）认为，知识流动是区域创新系统组织关联的重要表现形式，有效的知识流动能够帮助区域内知识主体学习和获取外部知识，并将获取的知识充实到系统内的发展，在学习过程中，区域内主体依靠自身知识和外部知识的结合来进行创新。马若林（Marjolein）认为，适度的"知识势差"是影响知识高效转移及传播的关键性因素。[2]邓文红认为，知识转移作为较高层次的知识流动，需要知识的创造者或者知识的需求者双方彼此了解。[3]王丽平等认为，图书馆员应具有专业的学科知识和信息素养、创新服务模式，为用户提供直接解决显性问题方案的知识单元，以及通过科研团队的主动利用服务挖掘其隐性知识需求。[4]

1.2.1.2 知识转移能力

阿尔瓦尼（Aladwani）认为，知识源组织拥有良好的专业技术知识表达能力、展现能力和沟通能力，才能够对模糊性知识做出清晰的解释和表达，从而大幅提高知识转移效率。[5]帕朗（Parent）认为，知识传播能力应该包括四个方面：创生能力（对聚集性的资源进行合理配置和有效利用的能力）、传播能力、转移储备或经验和适应反应能力。[6]谭大鹏和

---

[1] ZANDER U, KOGUT B. Knowledge and the Speed of Transfer and Imitation of Organizational Capabilities: An Empirical test[J]. Organization Science, 1995, 6（1）: 76-92.

[2] MARJOLEIN C, J CANIDS, BART VERSPAGEN. Barriers to Knowledge and Regional Convergence in an Evolutionary modal[J]. Journal of Evolutionary Economies, 2001（11）: 307-329.

[3] 邓文红. 论图书馆的知识转移 [J]. 图书馆, 2005（4）: 85-87.

[4] 王丽平, 李艳. 嵌入式知识服务下图书馆知识转移动态演化研究 [J]. 图书情报工作, 2017（22）: 89-97.

[5] ALADWANI A M. An integrated performance model of information systems projects[J]. Journal of Management Information Systems, 2002（1）: 185-210.

[6] 鞠晓伟, 张晓芝. 组织间知识转移治理模型构建分析：基于传播能力与吸收能力角色 [J]. 情报理论与实践, 2018（9）: 83-89.

霍国庆等指出，知识转移首先要通过提升组织内部人员的知识水平和能力来提升竞争优势和资产增值。❶ 刘春梅认为，图书馆员是图书馆知识转移的决定性因素。❷ 郭春侠和储节旺认为，图书馆的核心价值是知识转移，知识源的知识转移动机、编码能力、经济成本和效益，以及对知识接受者的知识存量与真实需求的研究，更能体现图书馆发挥社会职能的主动性和针对性。❸ 还有不少学者有相似观点，为了更好地展示知识转移能力研究，对此进行整理和归纳，如表1-1所示，得到知识转移能力与学者研究侧重点。

表1-1 知识转移能力与研究侧重表

一级要素	二级要素	三级要素	学者
知识转移能力	知识传播能力	知识资源整合与利用能力	阿尔瓦尼（Aladwani, 2002），萨兰斯基（Szulanski, 2004），马丁（Martin, 2003）等，程实（2014）
		知识服务与挖掘能力	达文波特（Davenport）等，奚雷等（2006），邓文红（2005）
		表达能力	萨兰斯基（Szulanski），坦雅（Tanya），周九常（2008），原小玲（2005），郭春侠等
		编码能力	吉洛（Dong-Gilko）等，郭春侠（2008）
		评估知识吸收者能力	萨兰斯基（Szulanski），杰夫（Jeffrey）等，袁红军等（2014）
	知识吸收能力	吸收能力	奎恩（Quinn），希尔默（Hilmer），科恩（Cohen），利文索尔（Levinthal），吉洛（Dong-Gilko），疏礼兵（2007）
		学习能力	徐洪升（2007），王培林（2016），刘春艳（2017）
		运用能力	科加（Kogut），赞德（Zander, 1992）等
	双方交互能力	沟通交流能力	哈梅尔（Hamel, 1991），刘春艳（2016）

❶ 谭大鹏，等.知识转移及其相关概念辨析[J].图书情报工作，2005（2）：7-10.

❷ 刘春梅.图书馆员是高校图书馆知识转移的决定性因素[J].情报杂志，2011（S2）：168-169.

❸ 郭春侠，储节旺.图书馆的核心价值是知识转移[J].情报资料工作，2008（2）：28-30.

1.2.1.3 知识转移影响

端木（Duanmu）和法伊（Fai）等认为❶，知识传播方的主观意愿、知识转移的代价、编码的明晰程度、语言表达的清晰程度及受激励的程度等对知识转移的成功与否有着重大影响。西蒙宁（Simonin）认为，对于知识转移，学习意愿越强，参与积极性越高，知识转移的效果越好。❷希普尔（Von Hippel）等进行了一系列实证研究，证明在用户或组织创新发展进程中，用户或组织外部的知识群体在创新中扮演着越来越重要的角色。❸董燕萍认为，知识转移主体的壁垒在于意愿和知识存量价值，而客体的壁垒在于学习意愿和知识吸收能力。周九常认为，知识共享文化能够促进图书馆群体"长期合作意愿"的生成，这是消除图书馆知识转移的根本之道和关键之法。李景峰和毋江波从馆员认可度层面出发认为，为提高图书馆知识转移的效果，图书馆应该不断强化高层管理人员的认识，积极开发用户需求，鼓励馆员参与图书馆管理制度的制定等内容。❹

1.2.1.4 知识情境因素

卡明斯（Cummings）和滕（Teng）以知识、关系、接受和活动作为研究背景，分别讨论了影响研发知识转移的9个因素，即知识的嵌入性、可描述性、组织距离、物理距离、知识距离和规范距离，接受方的学习文化和优先性，以及转移活动的数量等。❺魏江和王铜安提出影响知识转移的六大因素：信任、人际关系、激励、决策者态度、知识管理系统、知识吸

---

❶ DUANMU J L, FAI F M.A processual analysis of knowledge transfer: From foreign MNEs to Chinese suppliers [J]. International Business Review, 2007（4）: 449–473.

❷ SIMONIN B L.An empirical investigation of the process of knowledge transfer in International Strategic Alliances [J]. Journal of International Business Studies, 2011（5）: 407–427.

❸ VON HIPPLE E.Lead users: A source of novel product concepts [J]. Management Science, 1986（7）: 791–805.

❹ 李景峰，毋江波. 基于馆员认可度的图书馆知识转移影响要素研究 [J]. 图书情报工作，2015（16）: 18–24.

❺ 项杨雪. 基于知识三角的高校协同创新过程机理研究 [D/OL]. 杭州：浙江大学，2013[2023-4-23]. https://kns.cnki.net/kcms2/article/abstract.

收能力。❶ 刘志国等认为，图书馆空间建设的实质是知识情境建设。❷ 王培林从互动、分享、开放三个维度探索创客空间对公共图书馆隐性知识转移的启示。❸

综上所述，国内外学者对影响图书馆知识转移因素的研究都是从图书馆组织层面出发进行的，对于读者、用户个体层面的研究较少，对于馆外知识接受主体更是鲜有研究。

1.2.2 图书馆精准文化帮扶研究回顾

学者关于图书馆精准文化帮扶的研究主要集中在三个方面：图书馆精准文化帮扶的学理研究、图书馆精准文化帮扶的模式研究及图书馆精准文化帮扶的策略研究。

1.2.2.1 关于图书馆精准文化帮扶的学理研究

国际图联（IFLA）在《所有人的渠道和机遇——图书馆如何促进联合国2030年议程》中表示，通过图书馆的服务，可以提高全社会获取信息和知识的水平，从而能够并可持续性地改善人民的生活，尤其是在消除贫困方面，图书馆可以向贫困人口提供改善其自身生活水平的机会，从而为减少贫困和促进各地人民繁荣提供支持。路易斯（Lewis）基于城市"贫民区"的实证指出穷人所共享的有别于主流文化的一种生活方式，使得他们在自己所拥有的社会亚文化中生活，即使遇到摆脱贫困的机会也难以利用其走出贫困。❹ 布迪厄（Pierre Bourdieu）等着眼于社会文化生活中的贫民，从社会空间和社会关系角度认为，穷人的窘迫往往源于他们没有选择，而他们没有选择的主要原因就是缺乏必要的文化资本。❺ 王子舟等认为，农

---

❶ 魏江，王铜安. 个体、群组、组织间知识转移影响因素的实证研究 [J]. 科学学研究，2006（1）：91-97.

❷ 刘志国，许静，杨双琪，等. 隐性知识、知识情境与图书馆空间建设 [J]. 现代情报，2016（1）：15-19.

❸ 王培林. 创客空间理念对公共图书馆隐性知识转移的启示 [J]. 图书馆，2017（2）：33-38.

❹ Lewis O. Five Families: Mexican Case Studies in the Culture of Poverty[M]. New York: Basic Books Inc, 1959.

❺ 布迪厄，华康德. 实践与反思——反思社会学导引 [M]. 李猛，译. 北京：中央编译出版社，1998.

村贫困人口及社会处于劣势的人群构成知识接受主体,这些"边缘化"的群体形成的深层次原因就是"知识贫困",图书馆应根据他们的知识需求进行建档,补充他们的知识资源及创新性地开展知识服务工作。❶徐斐等认为,对于图书馆精准文化帮扶,需要通过创新文化生活服务平台、保护和开发地方特色文化资源等方式来推进图书馆知识帮扶工作。❷

1.2.2.2 关于图书馆精准文化帮扶的模式研究

在经济危机期间,美国田纳西河流域的7个州反而增建了图书馆服务网,田纳西河流域管理局通过图书馆、示范站及帮助农民引进新的农业生产方式等知识反贫困措施,成效显著,其借鉴性对世界影响较大。❸麦克洪巴(Mchombu)面向农村社区居民进行访谈,识别出当地信息促进者的贡献、农村发展信息环境和农村发展信息中心模式等主要影响因素,以制定农村信息战略,并在非洲的三个村庄建立社区信息中心。❹国内较为典型的模式如下:其一,重庆图书馆的多维模式。重庆图书馆与区域图书馆、地方部门等联合开展多维精准文化帮扶。其二,数字文化服务到户的实践模式。上海图书馆是国内对精准文化帮扶响应较快的图书馆之一。对贵州马鞍村、福建下党村以及赤溪村等经济欠发达地区开展公共数字文化精准文化帮扶调研,并着手启动了"爱悦读"数字服务到户的实践模式。其三,为地方决策层提供精准信息服务。龚菲等认为吉首大学图书馆为地方决策层提供旅游产业服务,促进地方产业与旅游业的联运。❺

1.2.2.3 关于图书馆精准文化帮扶的策略研究

津巴布韦学者科伦(Collence)、瑞凯恩哈莫(Rakaingenhamo)、奇塞西(Chisits)等认为,图书馆利用现代科技通过相关农业技术数字资源为

---

❶ 王子舟. 知识贫困及其对弱势群体的影响 [J]. 图书馆,2006(4):10–16.

❷ 徐斐,崔宝玉. 精准扶贫视角下高校图书馆知识扶贫研究 [J]. 河北科技图苑,2018(5):7–11.

❸ 黄国庆. 国外"水库型"区域反贫困经验对三峡库区扶贫的启示——以美国田纳西河流域为例 [J]. 学术论坛,2011(3):125–128.

❹ 严贝妮,吴庆梅,李晓旭. 中外图书馆文化扶贫研究视域解析 [J]. 图书馆,2019(3):7–13.

❺ 龚菲,王尧. 精准扶贫背景下地方高校图书馆文化扶贫研究——以吉首大学图书馆为例 [J]. 情报探索,2016(5):39–41.

知识接受主体服务，例如，津巴布韦大学图书馆与当地农业合作技术中心进行联合知识服务，为知识接受主体提供数字参考咨询服务，并将电子版资源打印送给农民[1]。边晓红和段小虎提出较有影响力的农村居民文化"自组织"能力建设，将精准文化帮扶与机制创新相结合，构建以培育经济欠发达地区农村居民文化"自组织"能力建设为中心的"文化帮扶"新机制[2]。陆红如和陈雅认为，公共图书馆实施文化精准文化帮扶的步骤，具体包括前期调研、对象选择和资源分配，来实施精准文化帮扶的策略[3]。向宏华提出，"互联网+"视角下图书馆精准文化帮扶的具体实施策略，包括构建文化精准文化帮扶云平台和完善文化精准文化帮扶考核设计等[4]。

综上所述，国外学者对文化帮扶的理论研究相对成熟，尤其文化知识对主体内在作用的阐释值得我们深思和借鉴。虽然帮扶研究视角有所不同，但是我们可以借鉴其有价值的理论成果和实践经验。

1.2.3 精准文化帮扶中的知识转移研究回顾

目前，关于知识向知识接受主体流动的研究日益受到学术界重视，学者们主要从知识关系、社会资本、知识服务等方面进行了研究。

1.2.3.1 从知识关系的角度

美国学者莱恩（Ryan）和格罗斯（Gross）对爱荷华州农民进行了非常有影响力的杂交水稻知识转移研究，提出"人际网络的互动"和"社会示范效应"对推动知识转移起着关键作用。他们采访了埃姆斯市以西约 50 英里[5]的 2 个农民社区的所有农民，收集了每位受访者的受教育程度、年龄、阅读农业杂志、收入及外界联系程度等，共收集 345 份数据，

---

[1] 周晓燕，向楚华. 非洲图书馆文化扶贫策略研究 [J]. 图书馆理论与实践，2021（1）：107–113.

[2] 边晓红，段小虎. "文化扶贫"与农村居民文化"自组织"能力建设 [J]. 图书馆论坛，2016（2）：1–6.

[3] 陆红如，陈雅. 公共图书馆实施文化精准扶贫的策略研究 [J]. 图书馆，2017（10）：18–23.

[4] 向宏华. "互联网+"视角下图书馆文化精准扶贫策略研究 [J]. 图书馆工作与研究，2020（5）：23–29.

[5] 1 英里 ≈ 1.61 千米。

发现邻居比知识服务人员更有说服力，当创新先驱者（乡村精英）提供了足够多的成功经验之后，接受正式教育程度较低的农民才逐渐开始"采用创新"，由此证明"人际网络的互动"和"社会示范效应"对推动知识转移起着关键性作用。❶ 谭大鹏和霍国庆等指出，知识转移首先要通过提升组织内部人员的知识水平和能力来提升竞争优势和资产增值，知识转移是促进"共同富裕"的一种有效的积极方略，也是"提高人的生存和发展能力"的一种"授人以渔"式的根本途径。❷

1.2.3.2 从社会资本的角度

美国学者博尔达（Borda）等通过实证研究提出良好的人际沟通和"创新性"是知识扩散的主要原因。1961年，学者们对哥伦比亚索斯奥地区村民开展知识扩散研究，当时索斯奥地区有42%的人口是文盲，有一半居民的耕种面积不超过4英亩❸，随机访谈的71位农民中只有2位接受过4年的正式教育，学者们通过了解每一位村民的具体情况，将村民分成5种类型进行测试，发现创新型先驱在将农业创新引进地方的过程中，扮演着相当重要的角色，因为他们善于利用沟通渠道把信息引进当地的社会系统中。❹ 饶勇等从社会关系性嵌入角度指出，当前旅游帮扶开发中对知识转移主要是帮扶双方的"联系强度"与"共享深度"，"先隐性知识、后显性知识"，是更适合现阶段旅游帮扶的知识转移路径。❺ 王浩林等认为，知识转移不单是管理和服务技术，更是价值理念分享的载体，通过这种"共享"，聚合社会各方力量，实现知识的倍增效应。❻

1.2.3.3 从知识服务的角度

美国的农业推广工作是较为典型的公共性质知识转移体系，1914年，

---

❶ E.M.罗杰斯.创新的扩散[M].唐兴通，郑常青，张延臣，译.北京：电子工业出版社，2016.

❷ 谭大鹏，霍国庆.知识转移及其相关概念辨析[J].图书情报工作，2005（2）：7-10.

❸ 1英亩 ≈ 0.0045平方千米。

❹ E.M.罗杰斯.创新的扩散[M].唐兴通，郑常青，张延臣，译.北京：电子工业出版社，2016.

❺ 饶勇，徐圆，骆泽铭.旅游扶贫开发模式、关系性嵌入与知识转移关系[J].广西民族大学学报（哲学社会科学版），2015（6）：128-133.

❻ 王浩林，程皎皎.人口"空心化"与农村养老服务多元供给困境研究[J].河海大学学报（哲学社会科学版），2018（1）：17-24.

美国联邦政府通过了《史密夫—利弗法》，该法规定，由联邦农业部与赠地大学合作，在每个州建立一个具有农业推广公共性质的合作服务站（Cooperative Extension Service），旨在帮助农民解决实际问题，并将大学成功的科研成果和新技术通过农业推广服务人员迅速推广给农民，农业推广服务人员在帮助农民的同时，使得与农业经济有关的研究在更大范围得到实际应用和发展。❶ 孙坦等认为，构建农业农村知识服务"软"基础设施，可实现海量的涉农知识的有效组织、甄别、加工、转述、传播和利用。❷

上述知识转移研究对于我们理性审视图书馆精准文化帮扶发展，构建图书馆精准文化帮扶中的知识转移体系，具有重要意义。虽然学者们对知识转移进行了大量研究，但是针对个体层面的研究较少，针对知识接受主体领域的研究更是少之又少。

1.2.4 我国图书馆在精准文化帮扶中运用知识转移回顾

图书馆对精准文化帮扶中的知识转移进行了积极探索，这些探索主要包括：图书馆知识传播者与知识接受主体知识接受者之间知识关系的构建、图书馆上下游关联"知识传导"的探索及图书馆与外部力量"知识孵化"机制的创建。

1.2.4.1 图书馆知识传播者与知识接受主体知识接受者之间知识关系的构建

关于知识转移关系的构建，举例如下：吉林省图书馆面向知识接受主体的孩子开展赠书、讲座和培训等知识活动，由吉林省政府参事、宏观经济学专家、杰出创新创业人才等多位专家组建的专家队伍，到省内的安图、和龙、龙井和通榆等地进行帮扶政策、经济和创业等内容的知识讲解，并将相关资料制作成《帮扶大讲堂专辑》进行发放，累计服务12000余人，发放科技致富光盘5000余套。安徽省天长市图书馆面向萧县的知识能力不足人员开设了"千秋大讲堂"，邀请知识专家开展知识"直通车"

---

❶ 聂闯.世界农业推广体系现状[J].世界农业，2000（1）：50-51.

❷ 饶权，杰拉德·莱特纳，孙坦，等.图书馆的社会作用：提升信息服务 助力脱贫致富——脱贫攻坚与图书馆作为专家笔谈[J].图书馆杂志，2020（4）：4-20.

服务。还有不少图书馆开展了类似的活动，不再赘述。这些做法，对于探索知识传播者与知识接受者之间的知识关系的构建与发展具有积极意义。

1.2.4.2　图书馆上下游关联"知识传导"的探索

关于图书馆上下游关联"知识传导"的探索，举例如下：广州图书馆领导和专家组多次前往从化区（革命老区）图书馆进行指导、培训和资源支持，快速形成交汇点、共享高质量经验、提升服务效能。从化区图书馆馆员掌握服务技能之后，再向区域内的镇图书馆进行"知识传导"，从化区图书馆派遣7位馆员担任镇街分馆的业务副馆长，深化"传、帮、带"的作用，快速向鳌头镇、吕田镇、太平镇、良口镇等基层馆员"传递"农村文化工作经验，使馆员的服务能力得到较大提高。北京大学信息管理系民间图书馆发展研究课题组也做了有一定影响力的"知识传导"探索，他们作为上游知识源和援建者，借助社会公益资源，面向经济欠发达乡村援建众多的乡村图书馆，并对其进行专业指导、资源配备和发展规划设计，使乡村图书馆能够运用传递过来的知识，继续向乡村留守儿童"传导"，产生许多有影响力的案例，这些案例反过来又为课题组新一轮深化研究打下基础。

1.2.4.3　图书馆与外部力量"知识孵化"机制的创建

关于图书馆与外部力量"知识孵化"机制的创建，举例如下：首都图书馆在精准文化帮扶进程中，积极搭建志愿者服务平台，2018—2019年，组织70多名志愿者到新疆和田地区开展文化支援活动，累计开展活动近50场，惠及群众近8万人。在"知识孵化"方面，重庆图书馆联系的外部力量更为广泛，他们携手妇联、共青团、教育系统及社会非政府组织（NGO），甚至包括重庆广电（IPTV）等，共同打造了"蒲公英梦想书屋"项目、"巴渝文化云平台"等，使多个组织在同一愿景的驱动下，相互信任，共同协作。还有图书馆开展了类似的活动，这些活动对我们正确认识和充分发挥图书馆精准文化帮扶中的知识转移作用具有指导意义。

综上所述，图书馆对于精准文化帮扶进行着形式各异的探索，这些探索对于图书馆精准文化帮扶中的知识转移研究具有重要的指导和借鉴作用。

1.2.5 研究评述

综上所述，国内学者对图书馆精准文化帮扶的研究范围较广，基本涵盖了精准文化帮扶理念、精准文化帮扶模式、精准文化帮扶机制、精准文化帮扶策略及案例分析等多个方面，总体上呈现研究成果多样化、研究视角多元化的特征，而且呈现出历史与现实相结合、国外与国内相结合、宏观与微观相结合的研究特征，总体上对图书馆精准文化帮扶进行了多层次、多样化、多维度的研究。但是对于图书馆精准文化帮扶的体系化研究和精准成效方面的研究成果相对较少，不足之处如下：其一，精准文化帮扶深层次研究不足。研究多集中在一般性研究与区域性帮扶模式介绍等方面，针对知识接受主体自身发展的研究成果不多，上升到从知识维度系统阐释精准文化帮扶的研究较为鲜见。其二，精准文化帮扶治理策略不足。研究提出的改进策略比较零散，地域性较强，缺乏对精准文化帮扶的全面剖析以及如何通过知识转移强化、优化知识贫困治理。其三，图书馆对精准文化帮扶的融入机制不足。精准文化帮扶与图书馆共建，是双赢，更是社会发展的必然趋势，但是目前尚未形成成熟的精准文化帮扶参与机制。基于以上不足，笔者以知识转移理论为基础，从知识维度对图书馆精准文化帮扶进行系统研究，从结构维度对图书馆精准文化帮扶进行系统融合，从发展维度对图书馆精准文化帮扶进行系统创建，以求对图书馆事业发展和精准文化帮扶"补齐短板"，做出有力贡献。

1.3 研究内容与方法

1.3.1 研究内容

本书的研究对象为精准文化帮扶中的知识转移的发生、发展及在此过程中图书馆社会职能的定位与参与机制。阐明精准文化帮扶中的知识转移的整体脉络，分析当前精准文化帮扶中的知识转移中的问题与方向，构建知识转移体系，促进图书馆社会职能深化发展，等等，都是本课题的研究内容。

1.3.2 研究方法

其一，社会网络分析法。基于精准知识接受主体的分布特征和精准文化帮扶知识特性，采用社会网络分析法来研究精准文化帮扶中的知识转移基本方案。

其二，文献调查研究法。通过对文献资料进行收集、归纳、分析及总结来了解相关主题研究现状，合理借鉴现有研究成果，丰富本课题研究。

其三，扎根理论调研法。采用探索性的研究技术——扎根理论，对实地调研所收集的原始资料进行开放编码，主轴编码分析精准知识接受主体的需求特征，为揭示精准知识接受主体所存在的知识转移问题提供参考。

其四，制度行为分析法。将精准文化帮扶政策、策略与知识接受主体的行为结合起来，把知识服务、知识管理与知识接受主体的知识结构关联起来，剖析知识接受主体知识行为的内在机制，形成科学、有效的发展策略。

第 2 章　图书馆精准文化帮扶与知识转移的内在关系

社会职能问题既是图书馆学领域的重要问题，也是图书馆面向未来发展的核心问题。一直以来，图书馆积极探索普遍均等服务、文化帮扶和文化精准文化帮扶，尽管体现了图书馆的态度和职能，但还没能真正挖掘出图书馆的特色和实力，探索精准文化帮扶与图书馆的知识转移关系，就是在特色和实力的基础上，强化精准措施。

2.1　精准文化帮扶中的知识转移基本内涵和特征

2.1.1　精准文化帮扶中的知识转移基本内涵

正确理解和界定精准文化帮扶中的知识转移的内涵，是研究和推进图书馆精准文化帮扶中的知识转移的前提。诺贝尔经济学奖得主阿玛蒂亚·森（Amartya Sen）将贫困定义为对人类基本能力和权利的剥夺，而不仅仅是收入的低下。❶贫困是结果，而造成贫困结果的重要根源就在于缺失以知识为内在支撑的思想意识和发展能力。

2.1.1.1　关于知识转移

知识转移本身是一个外延较为宽泛的概念，涵盖许多具体的知识转移形式。美国技术和创新管理学家蒂斯（Teece）于 1977 年首次提出知识转移的概念，他指出知识转移是一个知识流动的过程，但不会自动发生，需

---

❶ 胡鞍钢，李春波.新世纪的新贫困：知识贫困[J].中国社会科学，2001（3）：70–81.

要知识源将已有的知识资源向需求者进行转移或传播。❶国内学者唐炎华和石金涛将知识转移定义为组织内或组织间跨越边界的知识共享，即知识以不同的方式在不同的组织或个体之间的转移或传播，强调知识转移不仅是知识的扩散，更是跨组织或个体边界的有目的、有计划的共享。❷王开明和万君康指出，知识只有被人掌握后才能直接应用于经济活动，某一时刻掌握知识的人及掌握知识的人所处的位置，决定了知识的可使用规模及知识可能所使用的方向。❸

通过国内外学者对知识转移的阐释可以看出，知识转移的核心是通过知识关系来构建知识联系，通过知识联系来促进知识流动，通过知识流动来提升知识利用，通过知识利用来发挥知识作用的过程。其中涉及知识本身的特性、主体认知、社会关系及相互作用体系等。对于知识转移来讲，无论是领域专家还是知识能力不足的个体，都可作为知识转移的对象接受知识；而无论是学校、图书馆还是社会个体，都可能成为知识转移的传播者，并未限定哪类人群不能成为知识传播者或者知识接受者，知识接受主体与他们的亲友，甚至在知识接受主体之间同样会形成知识转移，这就是知识转移的魅力所在。

本书从知识构建和知识发展角度出发，认为知识转移是知识传播者利用自身优势、集群优势及相关组织合作优势与知识接受者之间建立创新性的知识互动关系，其目的在于缩小知识接受者的自身知识差距，提升其知识储备和生存技能，实现人类社会的共同发展。

2.1.1.2 关于知识转移的研究领域和范畴

以中国知网为检索平台，设定出版年度为2000年至2021年，选择来源类别为CSSCI，检索时间为2021年4月23日，检索到期刊论文1078篇，全部为主题相关文档，与知识转移紧密关联的研究领域包括知识资本、技术联盟、战略联盟、合作创新、隐性知识、知识共享、图书馆及系统动力学等，如图2-1所示。

---

❶ TEECE. Technology Transfer by Multinational Firms: the Resource Cost of Transfering Technological Know-how [J]. The Economic Journal，1977，87（346）：242-261.

❷ 唐炎华，石金涛. 国外知识转移研究综述 [J]. 情报科学，2006（1）：153-160.

❸ 王开明，万君康. 论知识的转移与扩散 [J]. 外国经济与管理，2000（10）：2-7.

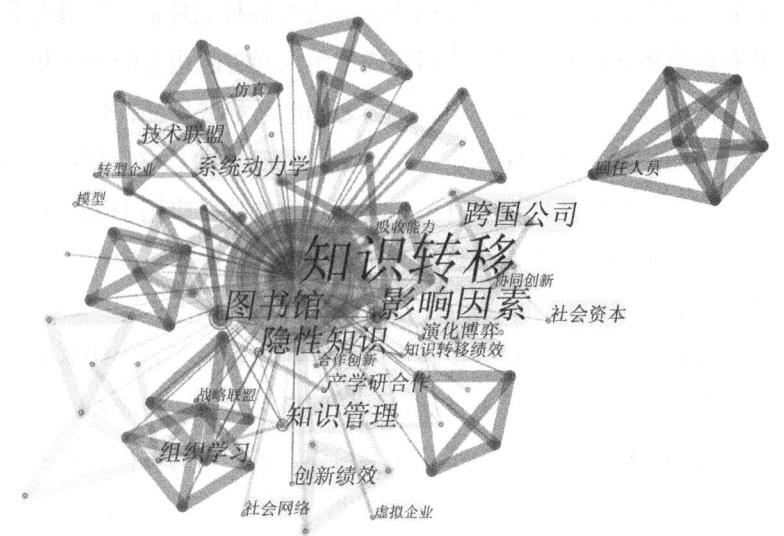

图 2-1　知识转移研究热点领域

从宏观层面看：其一，知识转移居于核心位置，围绕着知识转移，跨国公司、社会组织、产学研部门和图书馆开展了合作创新、协同创新、创新绩效、组织学习、知识管理、隐性知识以及吸收能力等多领域研究。其二，知识转移的影响因素较为复杂，从图2-1中的各种图形上看，影响因素的图形面积最大，学者在研究知识转移时重点关注影响因素。其三，图书馆将知识转移作为重点研究领域，多数学者意识到知识转移对图书馆发展的重要作用，而且图书馆学界研究知识转移时多将知识共享、隐性知识转移、知识转移绩效作为知识转移的研究支撑。其四，跨领域合作成为知识转移的特色，尤其是社会组织（如企业、产学研结合的高校）通过知识转移不仅可以拓展自身发展的核心价值，而且可以带动相关机构和产业形成更具优势的社会竞争力，正是这种相互合作，将松散的社会单元有机地联系在一起。其五，协同创新与知识转移紧密关联，协同创新与知识管理和战略联盟在同一圆周上，伴随着当前国家政策对区域合作、合作创新、技术联盟等要素的引入，协同创新日益成为知识转移的重点研究领域。根据上述内容可以看出，知识转移不仅是企业、高校、组织、技术部门的研究领域，更是图书馆的研究范畴，而且知识转移始终朝着促进知识经济的核心目标发展。

从微观层面看，虽然国内外学者对知识转移的研究视角有所不同，但多数是以深化知识转移的研究来促进社会发展的内在选择，引领着学术界对知识转移进行多领域的探索和研究，见表2-1。

表2-1 国内外知识转移的研究视角和研究内容

研究视角	代表人物	相关研究
联盟知识转移	莫拉施（Morasch，2000）	联盟知识转移决策过程就是联盟成员关于知识转移的内容、方式与方法等方面的博弈过程
知识利用	纽厄尔（Newell，2002）	知识转移是对组织中个人或群体创造的知识的再利用过程
联结关系	亚勒（Jandhyala，2015）	强联结会进一步拓宽知识转移的渠道，更利于在合作模式、共享方式及知识内容等方面达成共识，从而提高知识转移的效果
知识转移的层次和渠道	张莉，齐中英等（2005）	知识主体所处的环境差异，以及转移过程中的影响因素使知识转移的发生存在诸多障碍，知识转移需要注重层次和渠道等因素
创新联盟	蒋樟生，胡珑瑛（2011）	联盟成员可以充分利用知识的溢出性，达成合作意向，塑造合作声誉，最终形成成员间的优势互补，确保联盟合作创新顺利实现
隐性知识转移	张树中（2013）	通过感知可以产生特定的心理活动，从而产生对客观事物的思维和想象，然后通过知识整合形成创新方案
嵌入式知识服务	王丽平，李艳（2017）	构建了契合图书馆与科研团队动态反馈行为的因果关系图和系统流程图，有效模拟了嵌入式知识服务实践中关键影响因素间的协同演化原理及作用规律
知识转移关系	储节旺，罗怡帆等（2023）	企业创新生态系统知识转移中人类的行动者和非人的行动者具有同等的重要性

根据上述内容可以看出，学术界对知识转移进行了多角度的探讨，这些视角一方面反映出知识转移研究中的微观范畴，另一方面表明知识转移有更多和更深的视角值得探寻。这些视角对图书馆精准文化帮扶中的知识转移研究具有积极的意义。为了使知识转移不仅局限于字面含义，我们还要对其范畴进行归纳，这既有助于我们对知识转移内在机制和规律的理解，也有助于形成知识转移在精准文化帮扶领域中应用的思想指导。

2.1.1.3 关于精准文化帮扶

文化领域中的帮扶发展发生着阶段性的变革。根据不同的历史背景，文化帮扶大致可分为三个阶段。

第一阶段，以1993年12月文化部成立"国家文化扶贫委员会"为标志，聚焦于经济欠发达地区的信息贫困、文化贫困和贫困文化，在此阶段，文化帮扶作为国家公共文化建设范畴，由国家文化帮扶委员会启动了"万村书库"工程和"全国农民读书征文"比赛活动，中宣部、国家科委、农业部、文化部等十部委于1997年联合发起文化科技卫生"三下乡"活动，2000年以后，随着"西部大开发"战略的实施，开展了具有鲜明"文化帮扶"性质的全国"万里边疆文化长廊"等活动。

第二阶段，以2006年9月《国家"十一五"时期文化发展规划纲要》的颁布为标志，该纲要明确提出要从现阶段经济社会发展水平出发，以实现和保障公民基本文化权益、满足广大人民群众基本文化需求为目标，坚持公共服务普遍均等原则，兼顾城乡之间、地区之间的协调发展，统筹规划，合理安排，形成实用、便捷、高效的公共文化服务网络，助推乡镇综合文化站建设规划、农家书屋工程、"三馆一站"免费开放专项资金的颁发和实施，此阶段更多地关注文化结构和文化服务建设。

第三阶段，以2015年1月中共中央办公厅和国务院办公厅《关于加快构建现代公共文化服务体系的意见》的颁布为标志，该意见强调要以人民为中心，坚持政府主导、社会参与、共建共享、改革创新的原则，统筹推进公共文化服务均衡发展，因地制宜、分类指导，建立基本公共文化服务标准体系，促进城乡基本公共文化服务均等化，推动革命老区、民族地区、边疆地区、经济欠发达地区的公共文化服务实现跨越式发展，保障老年人、未成年人、残疾人、农民工、农村留守妇女儿童等特殊群体能够享有基本公共文化服务，可以看出，此阶段以人为本的宗旨更为明确，对知识能力不足主体的文化扶持目标更为具体，正如2015年召开的中央扶贫开发工作会议的誓言，"决不能落下一个贫困地区、一个贫困群众"。

经历了多个阶段的文化帮扶的变革，从信息贫困、文化贫困和贫困文化到文化结构和文化服务建设，再到文化服务均等化，来推动以人为本的知识接受主体文化发展，精准文化帮扶战略的核心理念对社会各界精准文化帮扶起到了必要的规范和指导作用。

2.1.1.4 精准文化帮扶中的知识转移基本内涵

这里谈及精准文化帮扶中的知识转移的意蕴，着重说明了精准文化帮扶与知识转移的内在关联，以及知识转移对精准文化帮扶的作用。一般而言，知识转移发生在知识接受者本身就具有一定的知识能力或者具有一定的知识需求的前提下。例如，企业间通过知识转移提升竞争力，获取更大的经济效益，从而在社会大环境下赢得更多的发展机会；产学研内部通过知识转移提升知识能力，获取持续创新能力，从而为国家发展提供不竭的动力；图书馆通过知识转移能够对图书馆各种内部和外部知识资源进行发现、选择、挖掘、整合、存储以及输出等，从而为读者提供更好的知识服务。

2.1.2 精准文化帮扶中的知识转移特征

为了深化精准文化帮扶中的知识转移研究，笔者根据知识转移特性和精准文化帮扶要求，总结出以下特点。

其一，协同创新性。精准文化帮扶中的知识转移的协同创新性，是指精准文化帮扶知识传播者与知识接受者之间的关系被视为一个协作体，通过协同创新合作来完成精准文化帮扶的目标。

其二，复杂匹配性。复杂匹配性是精准文化帮扶中的知识转移的本质性原则。由于复杂知识本身所固有的复杂特征，往往知识复杂程度越高，不可分解的"单元数"越多，不确定性越高，知识流动性越差，知识转移就愈加困难和复杂。

其三，动态发展性。动态发展性是指精准文化帮扶中的知识转移不仅是知识资本的一种投入，更是一种知识与知识接受主体融合的动态发展过程。

其四，目标针对性。目标针对性是精准文化帮扶中的知识转移的首要特征。精准文化帮扶是知识转移的发展目标，而知识转移是实现精准文化帮扶的治理方式。

这些特点有助于我们对精准文化帮扶中的知识转移进行了解，更有助于对知识接受主体知识吸收路径进行梳理。

2.2 图书馆知识转移与精准文化帮扶中的知识转移的关联

2.2.1 图书馆知识转移的研究范畴

2005年，以徐州师范大学吉卫红发表的《岗位轮换与图书馆内部隐性知识转移》和福建省委党校邓文红发表的《论图书馆的知识转移》为代表，开启了图书馆领域对知识转移的研究，经过学者们多年的学术探索和实践研究，图书馆知识转移的研究内容已经发展得较为丰富，涉及图书馆研究领域的多个方面，包括对图书馆知识转移本质层面、情境层面、合作与协作层面、平台建设及方法与技巧层面，这些研究均直接或间接地涉及图书馆在社会范畴的发展能力和发展潜力。现将图书馆知识转移的研究视角，归纳如下。

其一，图书馆知识转移本质论。主要从图书馆的职能属性着手进行研究。知识的扩散往往没有目的，是自发的、随意的，而知识转移作为较高层次的知识流动，则是知识的拥有者或者创造者有目的的行为。❶图书馆知识转移具有转移过程目的性、动态性、创造性、知识资源的增值性、知识传播者与知识接受者之间的互动性等特征。

其二，图书馆知识转移"场域"论。主要从图书馆知识场域的特质属性展开讨论，讨论集中于图书馆是知识转移体系中的中介机构和服务机构，是"知识地图""知识场"和"知识库"，这些研究不约而同地指向图书馆基础性能力。

其三，图书馆联盟知识转移论。主要从图书馆宏观视角审视图书馆知识转移活动。例如，学者周九常认为，图书馆联盟知识转移就是知识在联盟成员之间有目的、有计划地转移、传播和共享的行为，是以图书馆联盟为转移的范围空间，以联盟成员为知识提供方和接受方，以联盟成员之间的知识互动为途径的一种知识共享行为或活动。❷

其四，图书馆协同知识转移论。主要从图书馆内在机理视角阐述图书馆知识转移。例如，学者穆颖丽提出，以知识共享与创新为出发点，以

---

❶ 邓文红.论图书馆的知识转移[J].图书馆，2005（4）：85-87.

❷ 周九常，等.图书馆知识转移与共享[M].北京：知识产权出版社，2010：61.

知识联盟为媒介，以缩小知识差距与促进共同发展为目标，以协同为基础，按照用户知识需求，整合内外部知识资源，构建协同知识转移平台，促使知识在特定情境下流动与转化，并在知识主体之间形成良性循环的过程。❶

其五，图书馆知识转移平台建设论。主要从知识属性视角来研究图书馆知识转移，为知识主体与客体搭建一个合作的平台，将元信息进行个性化内容的过滤，使得图书馆隐性知识转移进入一个内循环与外循环的有序良性状态。❷

笔者在考虑图书馆对知识接受主体知识转移的进路时，将图书馆知识转移的前期研究成果及图书馆与知识接受主体双主体并重作为前提基础，将图书馆与知识接受主体的体悟和认同作为关键环节，将图书馆与知识接受主体之间的互动协作和匹配关系作为必要条件，与以往图书馆知识转移研究最大的不同之处在于将研究重心从图书馆转到图书馆与知识接受主体双主体并重层面。

2.2.2 图书馆知识转移对精准文化帮扶的必要性

从逻辑学观点上讲，最可能成为问题的关键，也就最可能成为解决问题的办法。在贵州麻山地区，苗族乡的村民保留着一整套饲养中蜂的知识技能，这一知识技能的完整保留得益于村民凭借经验建构起来的麻山苗族文化生态共同体，但受到地处山区、知识流动不畅、知识结构和产业结构单一以及传统制度的多方面制约，尽管知识接受主体拥有传统的知识技术，但因受传统思想影响，如村民拒绝出售蜂群和不追求蜂蜜产量等，更因为缺少现代化养殖技术，即便他们拥有特色知识技术，没有及时吸收外部知识技术，就不会广泛开发出中蜂产业链和价值链，也就自然不能改变其发展现状。

知识链的断裂容易导致主体竞争意识、价值意识及发展意识缺失，更为重要的是，如果主体不及时吸收新知识，他们就会"自然地"延续以往

---

❶ 穆颖丽. 图书馆协同知识转移的情境因素分析及优化策略 [J]. 图书馆建设，2013（8）：57-60.

❷ 周琳洁. 基于博客的图书馆隐性知识转移模式分析 [J]. 图书馆学研究，2011（17）：48-51.

的生活逻辑，根本意识不到已然陷入知识贫困，更不可能自主摆脱知识贫困。

对于图书馆来讲，图书馆具有参与精准文化帮扶的诸多优势，包括文献资源优势、专业人才优势（如情报分析优势、智库决策优势等）、图书馆联盟等，而从图书馆角度来看，只有图书馆业界能够认识到图书馆知识转移的价值所在，才会对图书馆精准文化帮扶发挥出积极且重大的作用。

2.2.3 图书馆知识转移与精准文化帮扶的本质联系

联合国教科文组织明确指出，图书馆是传播教育、文化和信息的一支有生力量，是促使人们寻求和平与精神幸福的主要机构。那么，图书馆知识转移与精准文化帮扶是如何建立关联呢？我们应当如何理解图书馆知识转移与精准文化帮扶的本质联系呢？这需要我们进一步探讨。

其一，在目标定位上，图书馆知识转移与精准文化帮扶靶向一致，而且都是以提升用户内在能力为根本。联合国教科文组织在《公共图书馆宣言》中指出，图书馆是各地通向知识之门，是开展教育、传播文化和提供信息的有力工具。20世纪70年代，谢拉提出图书馆是一个社会部门，在社会中起着媒介作用。杜威坚信知识应当战胜愚昧，倡导要将公共图书馆当成"人民的大学"，可以说，知识转移是图书馆的社会职能，也是知识经济时代公民实现自身发展的前提和条件。

其二，在实践模式上，图书馆知识转移与精准文化帮扶方略一致，是致力于精准文化帮扶协同创新的路径。2018年1月实施的《中华人民共和国公共图书馆法》明确了国家扶持革命老区、民族地区、边疆地区和经济欠发达地区公共图书馆事业的发展，明确了国家支持公共图书馆与学校图书馆、科研机构图书馆以及其他类型图书馆的交流与合作，支持其向社会公众开放，为公众提供更多选择的可能。

其三，在作用机理上，图书馆知识转移是差异化实践的社会延伸，是精准文化帮扶治理的选择方式。图书馆身处信息、技术及人才等宝贵资源的强供给环境中，具有智力资源与平台资源两方面的优势。尤其大数据时代给图书馆知识服务、知识咨询、知识融入带来的发展机遇，这些机遇必将成为推动图书馆发展和社会发展的动力。

我国帮扶发展是由政府主导向多元参与演进、由经济救济向知识接受主体赋权赋能的方向进行转变的。精准文化帮扶谋略形成的过程也是图书馆探索向知识接受主体知识转移的过程，图书馆知识转移面向差异化的知识接受者，通过图书馆知识资源和知识服务向知识接受主体"赋能"，使知识接受主体通过知识形成内生动力，重新融入社会发展中。

2.3 图书馆知识转移的相关理论基础

皮尔斯·巴特勒（Pierce Butler）在其 1933 年出版的《图书馆学导论》一书中指出，要将对现代科学性质的探讨作为认识图书馆学的基础和依据，建议对图书馆学的研究视角应当包括社会学、心理学、历史学等学科理论的综合视角。❶国内以黄宗忠为代表的学者倡导把哲学、管理学、社会学和系统科学等学科作为对图书馆学研究提供总的方法论和观点的理论基础学科。由于图书馆精准文化帮扶中的知识转移是图书馆对知识接受主体精准化的知识服务、知识管理、知识发现、知识建构和知识创新等，不仅包含着图书馆学的内容，还涉及社会学、心理学、管理学等相关领域的研究。因此，将上述学科领域的相关理论引入图书馆学，应当能够对图书馆精准文化帮扶中的知识转移起到判断、明晰和指导作用。

2.3.1 社会认同理论基础

2.3.1.1 发展脉络

社会认同是连接社会结构与主体行动的关键性概念，是对主体认知、情感、态度和行为潜能的展现，是将个体意识转化为行动的关键。社会认同确立的是主体在社会范畴的自我坐标，关注的是主体与其他主体以及社会群体间的社会关系，主体认同需要有其他主体的世界作为参照，所以社会认同表达的是主体间乃至群体间相互的作用因素，单向的、一厢情愿的认同是不具有认同真实意义的。

泰弗尔（Tajfel）在《群际关系的社会心理学》一文中提出，社会认同的产生可分为三个基本历程，分别为社会类化（categorization）、社会认

---

❶ 于良芝. 图书馆学导论[M]. 北京：科学出版社，2003：70.

同（identification）和社会比较（comparison）。其中：①社会类化是指人们将自己编入某一社群；②社会认同是认为自己拥有该社群成员的普遍特征；③社会比较是评价自己认同的社群相对于其他社群的优劣、地位和声誉。❶ 泰弗尔（Taifel）采用了最简群体实验范式，不仅有利于解释个体向认同群体取向、偏好以至形成群体表征的社会建构过程，而且有助于重新解释小群体动力学的"群体盲思"现象。这是因为，社会主体对一个群体形成社会认同的同时，也会与其他群体区分开。正是在社会认同的影响下，容易形成内群体偏好，导致忽视群际之间的竞争关系和外部变化。

2.3.1.2 理论框架

社会认同理论的张力很大，从最初关注主体的个体性，到研究范围更广的群体现象，已经触及人类更深层次的心理变化。正是在对主体行为、群际行为和大规模群体间关系的研究中，社会认同理论才得以发展起来。社会认同包含自我认同、群体认同、文化认同以及价值认同等多个方面。

其一，自我认同既是对主体自我心理变化的反映，也是主体对外在环境和自身状况的综合反映，对自我认同的研究就是要理解什么对我们更具有重要性。

其二，群体认同是指个体认可自己某一群体成员的身份，感觉自己与该群体紧密联结。群体价值观和目标的内化赋予了个体生活的意义和目的，为个体提供了动机与动力，鼓励个体与其他群体成员一起努力实现个体所无法完成的目标。

其三，文化认同是指对个体之间或个人同群体之间的共同文化的确认。使用相同的文化符号、遵循共同的文化理念、秉承共有的思维模式和行为规范，是文化认同的依据。

其四，价值认同，是指人们在社会交往活动中彼此从主体出发而寻求共同性的过程和结果，它表征着主体之间的共性关系，通过相互交往而在观念上对某类价值的认可和共享，表现为共同价值观念的形成。

---

❶ 赵志裕，温静，谭俭邦. 社会认同的基本心理历程——香港回归中国的研究范例[J]. 社会学研究，2005（5）：202-227.

2.3.1.3 本书应用

本书将精准文化帮扶视作一种发生在知识接受主体与图书馆间双主体的社会认同关系的建立。基于社会认同理论的分析框架，在分析图书馆精准文化帮扶中的知识转移时，笔者将重点关注以下四个方面：①知识贫困群体与知识贫困个体的影响关系；②图书馆与知识接受主体的信任关系和知识转移匹配关系；③图书馆群体与图书馆个体的联盟关系；④图书馆与社会帮扶组织的合作关系。可以说，图书馆精准文化帮扶中的知识转移的顺利进行既受到知识接受主体对图书馆知识转移的认可、信任和接受程度的影响，同时受到图书馆与社会帮扶组织的相互认同、相互配合和相互扶持作用的影响。基于社会认同理论，笔者将结合田野调查并扎根研究，进一步提出有针对性的图书馆精准文化帮扶发展策略。

2.3.2 场域理论基础

2.3.2.1 发展脉络

把场域理论运用到社会学并确立为场域理论的，集大成者是法国著名的社会学大师皮埃尔·布迪厄（Pierre Bourdieu）。在布迪厄看来，场域可以被定义为各种位置之间存在的客观关系的一个网络，或一个构型。布迪厄研究和运用场域理论的方式是开放式的，而不是传统的带有极强的专业性质的定义，在他看来，场域是诸多客观力量被调整定型的一个体系，是某种被赋予了特定引力的关系构型，这种引力被强加在所有进入该场域的客体和行动主体身上。❶

场域理论是关于主体行为机制、发展规律和内在逻辑研究的重要理论，场域理论对观察、理解和深入分析知识接受主体的"生成性动力机制"和知识贫困现象具有非常重要的本体论和方法论意义。

2.3.2.2 理论框架

布迪厄认为对场域进行思考和论述时应当本着关系性原则，他指出，实践本身就是关系性的。❷从关系的角度来思考，从而为实践空间、实践

---

❶ 布迪厄，华康德.实践与反思——反思社会学导引[M].李猛，译.北京：中央编译出版社，1998.

❷ 高宣扬.当代社会理论（下）[M].北京：中国人民大学出版社，2009：840.

工具和实践逻辑的"关系分析"提供一个框架。场域理论包含"场域""资本"及"惯习"三个核心概念。三个核心层面的内容及其关系、结构和生成逻辑所形成的理论体系,就是布迪厄社会实践理论的主要内容。其一,场域。场域是处于不同位置的行动主体之间的力量关系状况所决定的客观关系构型。它是现实的和实际的社会空间,是存在力量关系的发展空间。其二,资本。布迪厄认为资本有三种形式,资本是一种积累起来的劳动,资本在场域中不是平均分配的,资本是一种排他性资源,同时又是新一轮社会活动的起点。其三,惯习。布迪厄认为,惯习来自于主体长期的实践活动,一旦经过一定时期的积累,会倾向内化为主体的意识,去指挥和调动主体的行为,成为人的生存方式、生活模式、行为策略、社会行为等行动和精神的强有力的生成机制,从而生成一种性情倾向系统。

2.3.2.3 本书应用

本书重点分析知识接受主体的文化惯习、文化资本,分析经济欠发达场域的形成机制以及与图书馆文化精准文化帮扶的内在关联和影响。其一,经济欠发达场域的发生根源和内在规律。经济欠发达场域集聚了各种欠发展的必要条件,如地理的封闭、资本的匮乏、社会交往的单一等,正是这些消极因素的存在,限制了场域内主体的实践行为,制约了各类资本发展。其二,文化资本对经济欠发达场域和知识接受主体惯习的影响。知识能力不足限制了主体的文化资本积累,也限制了知识接受主体的文化能力发展。其三,知识接受主体惯习与经济欠发达场域和文化资本的关系。惯习受场域的形塑和影响,生活在不同场域的主体,会隐性地被场域形塑成不同特质的惯习,而且,惯习构筑的是一种与社会结构相关联的行为模式。由此,当图书馆对知识接受主体进行精准帮扶时,应当着重考虑文化资本如何对经济欠发达场域产生影响,如何改变知识接受主体的惯习,如何使知识接受主体通过有效文化资本积累,即如何通过知识转移作用于知识接受主体,从而作用于经济欠发达场域,进而修复经济欠发达场域与社会发展之间的内在关系。

2.3.3 知识交流论

2.3.3.1 发展脉络

知识交流论是用来解释知识的社会关系和现象的理论学说,最早由我国学者宓浩等于20世纪80年代提出，知识交流论将知识从文献中抽取出来，用于促进个人知识和社会知识的相互转化，解决个人知识和社会知识之间不平衡的矛盾关系，探索图书馆在知识转化和知识发展差异中的真正的社会价值和社会责任。宓浩在《图书馆学原理》（1988）一书中指出，今天的时代比任何时候都更需认真地对待"知识资源"，因为它是人类生存的基本需要，是科学起飞和物化为直接生产力的条件。而图书馆不再是单纯的知识保存者和守护者，应当更多地发挥开发知识资源、造福人类的作用。❶

2.3.3.2 理论框架

知识交流论认为，图书馆活动的本质就是社会知识交流。人际的知识交流是人类社会各种信息交流的核心，对于图书馆而言，知识交流既是图书馆外向社会功能的体现，也是其内在活动机制和存在方式的依据。知识交流论作为图书馆学的基础理论，主要由三个层次构成：第一个层次是研究社会知识交流的基本原理，揭示出知识、知识载体以及知识交流三者间的关系；第二个层次是研究社会知识交流与社会实体之间的相互关系，了解图书馆作为主体是如何通过知识整理、传递和利用来形成社会交流的；第三个层面是研究图书馆实现社会知识交流的内在机制和工作机理，探索图书馆服务于知识交流的最佳方式。知识交流涉及交流的知识、交流的媒介、交流的过程、交流的对象、知识交流的社会实体等，这些都是知识交流论研究的主要内容。

2.3.3.3 本书应用

知识交流是以知识为中心进行的关于知识整序和知识传播的活动，是知识得以使用的重要条件。其一，关于隐性知识交流以及知识交流平台的研究。出发点为知识接受主体的知识结构以隐性知识为主，知识交流作为知识接受主体与图书馆之间的一架桥梁，让精准文化帮扶的知识适用于特定的知识接受主体；另外，图书馆对知识具有良好的组织能力，这为隐性知识交流平台的构建提供了可能。其二，关于跨地域之间和跨部门之间知识交流的研究。出发点为不同社会组织精准文化帮扶之间的知识协作，跨

---

❶ 宓浩. 知识、知识材料和知识交流——图书馆情报学引论（纲要）之一[J]. 图书馆学研究，1983（6）：28-35.

地域知识协作的本质是不同地域人员或组织之间集中进行的有效的交流活动，其中知识交流是最为重要的交流形式。其三，关于嵌入式知识交流的研究。正如邱均平教授所言，有知识的地方必然存在知识交流，而且知识交流必然成为一个专门的、受关注的研究领域。

2.3.4 信息服务理论

2.3.4.1 发展脉络

信息服务理论是以研究"信息与用户关系"为基础建立并发展起来的一种理论，20世纪40年代，信息的奠基人香农（C.E.Shannon）给出了信息的明确定义，伴随着信息研究的深化和信息作用的彰显逐渐引起了学术界、信息管理、产业经济、政府以及军事等诸多领域学者的重视。发展脉络为20世纪50年代到70年代为用户信息服务的初期发展阶段，研究的内容主要为用户情报需求的调研；20世纪80年代，面对新技术革命的挑战和社会信息化的加速，用户行为分析也逐步深入到了用户信息心理与行为规律的研究层次；进入20世纪90年代，学界更加注重对用户研究系统理论的探讨，一方面是在用户调研与用户管理中进行应用探索，另一方面则是对用户理论的方法体系进行研究。❶

2.3.4.2 理论框架

信息服务包含的主要因素有四个，即信息用户、信息服务者、信息服务内容和信息服务策略。信息服务要素存在于所有信息服务活动中，但是，信息服务各要素间的基本关系及在实践中要素变化程度的不同会导致模式发生变化。从宏观层面讲，信息服务模式包括基本模式和由其演化的生成模式。其中，基本模式可分为三种：第一，传递模式，该模式源于信息交流的"米哈依洛夫模式"、信息加工的"兰卡斯特模式"及知识状态变化的"维克利模式"，模式以服务内容加工建设为出发点，由服务者向用户传递服务内容。第二，使用模式，该模式源于"威尔逊模式"，注重用户对信息的挖掘和满足，注意到了用户对服务产品的选择，该模式以信息用户需要为起点，以某种策略生产信息服务产品的形式提供给用户。第三，问题解决模式，该模式是典型的费古逊"现场/远程服务模式"，是

---

❶ 胡昌平，胡潜，邓胜利. 信息服务与用户[M]. 武汉：武汉大学出版社，2020.

以信息用户问题为逻辑起点，针对信息用户当前尚待解决的问题，并以用户问题解决为中心的信息服务过程。当信息服务主要因素在某种情境下有一个要素不需要被着重考虑时，就会产生新的生成模式，生成模式有四种：第一，"交互—增值"模式，该模式的前提是服务者与用户充分沟通而且对服务策略的要求较低。第二，"平台—自助"模式，该模式的前提是用户参与能力较强而且对特定服务需求较少。第三，"用户—吸引"模式，该模式的前提是了解目标用户群体，并通过服务内容、服务工作以及服务策略来吸引用户。第四，"内容—承包"模式，该模式的前提是服务内容必须明确和具体。

2.3.4.3 本书应用

本书关注的精准文化帮扶中的知识转移，需要图书馆以"知识接受主体为中心"树立服务理念，研判知识接受主体的制约发展原因、知识接受主体对待知识的态度、知识接受主体的知识需求动机、知识接受主体的知识量变化、知识接受主体的知识吸收情况、知识接受主体对待知识转移的态度、知识接受主体接受知识转移的心理变化、知识接受主体的知识距离和关系变化、知识接受主体的知识转移规律、经济欠发达场域的经济信息、政策信息的评估以及经济发展实时走势。信息服务理论为深度分析精准文化帮扶中的知识转移所需的各类信息情况提供了新的支撑和视角，从精准文化帮扶中的知识转移研究来看，除了知识内容、知识吸收、知识距离及知识利用等将对精准文化帮扶中的知识转移的成效产生影响，知识接受主体所处的地理环境、地域文化、地方性语言、图书馆与知识接受主体的关系、图书馆对政策信息和经济信息提供的能力对精准文化帮扶也起到关键作用。

第 3 章　图书馆精准文化帮扶中的知识转移建构基础

协同的希腊语为 Synergos，原意是"一起工作"。众所周知，科学的协同讲求的是工作的方式和方法，即秩序性、科学性和规律性的协同，这正是知识转移的内涵和精髓。知识转移作为一种科学手段和思维方式，发挥着连接理论与实践的作用，更有着为图书馆精准文化帮扶提供理论基础和指导实践的价值。对于图书馆而言，如何运用知识转移进行精准文化帮扶和建构起"一起工作"的图书馆精准文化帮扶发展模式是关键。

3.1　精准文化帮扶知识结构的同质化与差异化

3.1.1　精准文化帮扶知识结构的同质化和差异化阐释

2019 年的诺贝尔经济学奖获得者阿比吉特·班纳吉（Abhijit Banerjee）等经过大量的田野式调研发现，知识接受主体的行为模式往往与我们的直觉相反。几乎没有证据可以表明，在没有外力作用的情况下，他们都会做出明智的或者符合经济理性的选择。❶ 也就是说，知识接受主体需要借助社会帮扶组织等（其中包括图书馆业界）来帮助知识接受主体改善或重新定义自己的行为方式和行为模式，来实现发展，不能仅凭外在感官来为知识接受主体提供帮助。就实质而言，精准文化帮扶就是要求社会帮扶组织以"精准"为核心，进行有效帮扶。

同质化和差异化是社会中存在的普遍现象，例如，民族文化同质、传

---

❶ 梁捷. 贫困的知识和想要改变世界的发展经济学家 [N]. 文汇报，2019-10-18.

播受众同质及图书馆服务的同质化等。所谓"质",就是一种事物区别于其他事物的内部所固有的规定性。所谓"同质化",就是质的同化过程,是指事物与事物之间赖以相互区别的质发生了趋同的情况。❶百度百科定义的"同质化",是表示不同特征的个体事物在发展过程中其内在本质特征变化逐渐趋于一致的过程。所谓"差异化"是指根据某些方面的服务需求,力求在事业中独树一帜或别具一格。知识结构也存在同质化和差异化现象,尽管生活在同一地域环境中,由于主体自身等原因,都可能产生差异性的知识结构。

那么,知识结构的同质化和差异化的含义是什么呢?一般来讲,知识结构由三个基本要素构成,即知识的数量、知识的种类和知识的层次。这三个要素反映的是人类知识在主体头脑中的内化状况,它包含着各类知识的比例、内在联系和相互作用,是主体知识体系构成的情况与组合方式。其中知识的数量反映的是知识量的多少,教科文组织的资料显示,知识能力不足与文盲确实存在正比例关系,更为可怕的是,能力不足与主体知识数量往往互为因果,也就是知识能力不足使主体难以获得知识,而知识数量过少又使主体难以适应社会发展,以致陷入发展无力。学者周文和李晓红指出❷,从关系特征来看,农村知识能力不足人口的社会资本典型地表现为"一多两少",即紧密型社会资本多,跨越型和连接型社会资本少,社会资本关系特征的结构决定了嵌入其中的认知型社会资本具有封闭性的典型特征;从产出来看,知识能力不足人口的社会资本特征决定了当地生产和生活方式的超稳定性,形成社会运行的锁定状态。

知识的种类反映的是知识的丰富程度或多样性,虽然主体知识的种类越丰富主体所能从事的领域可能越宽泛,但是知识的种类也反映着不同知识主体所形成的知识种类是有差异的,例如,同样的一个马蹄印,农夫见了想到的是秋天到了,应该秋收了,而士兵见了联想到的可能是要打仗了,知识的种类在很大程度上决定了主体的思维方式,也决定了看待问题

---

❶ 奚丽萍.教育同质化现象论[J].教育研究与实验,2009(5):20-23.

❷ 周文,李晓红.社会资本与消除农村贫困:一个关系—认知分析框架[J].经济学动态,2008(6):67-70.

的方式存在差异，从而解决问题的方法也差异较大。❶知识的层次既可以表示主体某一领域知识的基础能力，也可以反映其前沿水平。如用"金字塔"结构来表示知识层次，底层为基础层，顶层为前沿层，基础层扎实，才会具备向上发展的潜能。一个合理的知识结构，要求其具备扎实而又广泛的基础知识、精深的专业技术知识和先进的前沿知识。北京师范大学知识科学与工程研究所黄荣怀教授指出，个人的发展是个体的社会化和个性化过程。个体的社会化是指社会将自然人转化为社会人并使其具有人的"类"特性的过程，是指个体在生活实践中适应社会环境和通过接受教育、接受社会文化并被社会文化同化而成为一个合格的社会成员的过程。❷丁栋虹教授将同质和异质与人力资本相结合认为，在某个特定历史阶段，具有边际报酬递减生产力形态的人力资本为同质型人力资本，而具有边际报酬递增生产力形态的人力资本则为异质型人力资本。❸根据上述内容，我们可以将知识结构的同质化和差异化归纳为如下几个方面。

其一，知识结构的同质化和差异化是一个相对的范畴。在外部条件相同或相似的条件下，主体的知识数量、知识类型和知识层次等较为容易产生趋同的现象。尤其在经济欠发达区域，知识接受主体知识结构的同质化现象较为明显。有的学者认为这种同质化现象的存在更易于解析主体间相互交流和相互认同，形成一种相互认可的价值逻辑，而知识结构的差异化则更适于解释知识分享、知识竞争和知识创造。

其二，知识结构的同质化和差异化也表现在社会发展的适用性上。按照丁栋虹教授的观点❹，如果知识结构的同质化是相对群体内部的稳定，相对社会和经济发展的边际效应会呈逐渐缩减状态；如果知识结构的差异化是相对群体内部的提升，那么，相对社会和经济发展的边际效应则会呈现

---

❶ 冯柱.知识结构与综合能力形成的研究[D/OL].吉林：东北师范大学，2007[2023-8-4]. https://bar.cnki.net/bar/download/order.

❷ 黄荣怀，郑兰琴.一种关于"个人发展"的隐性知识结构[J].开放教育研究，2005（2）：26-30.

❸ 丁栋虹.从人力资本到异质型人力资本与同质型人力资本[J].理论前沿，2001（5）：12-14.

❹ 同❸.

相对增长状态。同质化相对稳定，社会和经济快速发展，导致边际效应缩减；而知识结构的差异化展现了新认知、新发展和新创造的形成。

其三，知识结构的同质化和差异化是个体完成社会化的过程和结果。如果想要改变知识结构的同质化的状态，需要做到以下两点：一是整体的提升，整体知识结构的变化会促使个体知识结构的同化；二是个体认同层面的形成，即主体在社会发展过程中形成新的社会认同，从而导致差异化的存在。

其四，主体发展的隐性知识结构"个人发展"的关键因素。隐性知识对一个人价值目标的实现起着至关重要的作用。从知识的角度来看，具有实践性智力的个体，其标志就是容易获得并且使用隐性知识。而隐性知识是描述影响个人发展的因素重要途径。[1]在对知识接受主体进行精准文化帮扶知识转移的进程中，我们必然要依赖知识接受主体的知识结构，还要研究知识接受主体所能关联的知识范畴；必然要充分意识到，图书馆在精准文化帮扶模式下自身对精准文化帮扶知识结构的确立（即确立哪些知识能够用于精准文化帮扶），图书馆与社会帮扶组织知识协同的关系（即间接用于精准文化帮扶的知识包括哪些内容）。

笔者认为图书馆精准文化帮扶知识结构要同质于知识接受主体知识结构，但要进行差异化的创新服务；要同质于社会组织精准文化帮扶知识结构，但要提供差异化的协同服务。

知识结构的同质化和差异化是如何表征的呢？根据图书馆精准文化帮扶的现实发展阐释如下。

其一，图书馆精准文化帮扶定位存在同质化现象，导致知识接受主体的无差异化对待。图书馆精准文化帮扶是图书馆资源与知识接受主体的精准对接所产生的反应。中国科学院大学的侯雪婷等经过对全国的省级公共图书馆调研指出，各省图书馆在精准文化帮扶工作中普遍缺乏对知识接受主体学习意愿和学习能力的精准识别，不管有无学习能力和意愿，一律作为知识接受主体，导致有限的资源无法供给最需要的群众，造成不必要的

---

[1] 黄荣怀，郑兰琴.一种关于"个人发展"的隐性知识结构[J].开放教育研究，2005（2）：26-30.

资源浪费❶。图书馆帮扶同质化现象是图书馆帮扶的一种现象，要么将知识接受主体"无差别"对待，要么将到馆用户与知识接受主体"等同"来看，这都会制约精准文化帮扶发展，更会影响知识转移的顺利进行。

其二，图书馆精准文化帮扶服务存在同质化现象，导致帮扶特色形成无差异化。图书馆精准文化帮扶反映的是图书馆要为知识接受主体提供其所缺少或亟须补充的知识，但是，尽管图书馆自身存在完善的知识结构体系，却不了解知识接受主体所需求的知识，更没有采取唤醒知识接受主体知识需求的措施，只凭借图书馆主观判断来为知识接受主体服务，而这种服务多适用于普通用户，并不适于知识接受主体，因此，缺少知识接受主体所需要的特色服务内容。例如，桂平市某镇进行的文化精准文化帮扶，各村级文化室没有与老百姓的需求进行有效对接和匹配，造成了僵尸服务，藏书结构不符合实际需要，导致了文化资源的严重浪费。

学者斯特恩（Stern）、波特（Porter）和弗曼（Furman）在2000年对OECD国家的数据研究表明，只有存在知识异质性并且具有一定的知识吸收能力，一个国家才会出现规模经济。本研究讨论精准文化帮扶知识结构的同质化和差异化，一方面，着重考察知识接受主体的知识结构，知识结构更易成为搭建图书馆知识资源、知识接受主体个人知识与精准文化帮扶之间的桥梁，使图书馆精准文化帮扶中的知识转移得以实现；另一方面，讨论知识结构的同质化和差异化问题，有助于我们改善当前图书馆服务中的不足，为图书馆精准文化帮扶深化发展提供科学依据。根据以上内容，本研究主张图书馆精准文化帮扶应当遵循的原则如下。

其一，充分分析知识接受主体的知识结构，注重差异服务的原则。改变图书馆沿袭的服务惯性，扎实开展精准文化帮扶工作。在对待选择、价值和利用等方面，知识接受主体与普通读者存在较大差异。精准文化帮扶依据的内容是建档立卡，建档立卡的主要内容包括知识能力不足人员家庭基本状况、制约发展原因和帮扶措施等方面的详细信息。这些信息是确定精准知识接受主体和掌握知识接受主体帮扶变化的重要依据。它可以作为图书馆精准文化帮扶的初步参考，却不能成为图书馆知识精准文化帮扶的

---

❶ 侯雪婷，杨志萍，陆颖. 省级公共图书馆文化精准文化帮扶现状及问题研究 [J]. 图书馆，2017（10）：24-29.

全部"依据"。因为这些信息不能有效反映知识接受主体具有内在性的知识结构情况，还需要图书馆以问题为导向，针对知识接受主体的知识结构进行充分地分析、交流，制定出适宜知识接受主体知识结构的精准文化帮扶策略，才能达到图书馆精准文化帮扶的目的。

其二，贴近了解知识接受主体的知识结构，致力特色创新的原则。由于知识接受主体拥有较少的知识量，致使其知识结构尚不健全，构不成体系，但我们不能否认的是，知识接受主体正通过一定量的个人知识进行着适宜他们生存的生活实践。知识接受主体的个人知识具有一个突出的特点，即以隐性知识为主，例如，知识接受主体多是通过他们的长辈或亲邻口传身授获取一些经验和技能，这些经验和技能既易于掌握也能够适应本地的外部环境。具体的知识接受主体知识结构情况，需要图书馆与知识接受主体进行深入了解和细致沟通，才能真正获得。否则，要么一知半解，要么仅凭猜测，会直接影响精准文化帮扶的进程和效率。

3.1.2 精准文化帮扶知识结构的同质化和差异化分析

对于图书馆精准文化帮扶来讲，如果放大知识接受主体的知识结构，通过知识结构视角来审视精准文化帮扶，可能会产生一些新的或者不同的认识，下面将从两个实例入手分析精准文化帮扶知识结构的同质化和差异化。

实例一：课题组于2019年4月对云南省昭通市镇雄县某村进行调研，想从多角度、多地域综合考察知识接受主体的知识服务，当问及村民和知识接受主体是否认为有知识服务和知识帮助的必要？当地驻村帮扶干部介绍了这样一个例子：一位知识接受主体不愿意参与政府主导的养羊帮扶项目，起初以为他存在"等、靠、要"思想或者懒惰，或者是对养羊帮扶项目不感兴趣，但是，经过与知识接受主体多次沟通之后才了解到，政府先后主导了养羊和种植核桃两个项目，该知识接受主体都积极参加，但由于缺少养羊方面的知识储备，饲养的羊都病死了；后来种植核桃，由于缺少种植核桃的必要知识，大多数核桃树不挂果，导致开始信心满满的知识接受主体在精准文化帮扶项目上的积极性深受打击。

实例二：课题组于2019年7月对黑龙江省进行知识接受主体知识服

务调研时了解到，某大学以二级学院党总支为单位对黑龙江省津河镇某村进行对口帮扶，其中一个二级学院下设葫芦绘画工艺专业，由于在葫芦上绘画需要大量葫芦，因此，该二级学院的精准文化帮扶工作人员对此构思，与知识接受主体沟通并达成一致，由帮扶单位提供种子，精准文化帮扶单位负责回收知识接受主体种植的全部葫芦，需要由知识接受主体种植葫芦。从精准文化帮扶项目的选择到方案达成来看，这是双赢结构，一方负责出资和回收，另一方负责种植和获得收益。但是，知识接受主体以种植玉米、大豆和小麦为主，并没有种植过葫芦，帮扶单位平时使用的是成品葫芦，不了解种植葫芦的注意事项，由于双方都在葫芦种植方面缺少知识储备，在葫芦授粉的关键环节没有掌握好知识技术，致使葫芦产量过低而没能达到精准文化帮扶的理想效果。

通过上述实例可以看出，精准文化帮扶组织会根据自身优势并结合知识接受主体现状条件，提出一些创新性的思路和方案，但是，在精准文化帮扶进程中，尽管有好的思路和方案，仍可能得不到预期的结果。我们应当认识到如下几个方面。

其一，精准文化帮扶应当注重知识接受主体知识结构同质化的差异性现象。在上述精准文化帮扶实例中就出现了知识结构同质化的差异性问题，这种现象较为普遍。认为知识接受主体能够种植好庄稼，就一定能种植好核桃、培育好葫芦；认为知识接受主体能够喂养好鸡、鸭、鹅，就一定能饲养好马、牛、羊等，这种不注重知识结构差异化的观点和做法都是错误的。尽管帮扶组织对知识接受主体的识别很准确，定位发展也很正确，但是仍可能在知识层面出现精准文化帮扶不够的问题。这些都源于帮扶机构没有注意到知识结构同质化的差异性现象或者对知识接受主体知识结构层面的施策不够精准，以至于帮扶机构没能及时为知识接受主体提供必要的知识支撑和知识服务。

其二，精准文化帮扶应当注重在知识结构同质化束缚的前提下探寻差异化的发展路径。根据上例，尽管种植庄稼和种植核桃、葫芦；喂养鸡、鸭、鹅与饲养马、牛、羊在知识结构的同质性上有相通的地方，但我们注意到：由于知识结构同质化束缚的存在，知识接受主体并没有根据自身知识结构进行相应的改变和调整。这种现象一方面说明知识接受主体知识结构的求变能力还很薄弱；另一方面说明帮扶机构还需要深化落实精准文化帮扶各项机制，精准掌握知识接受主体知识结构和情况发展的融合，在特定区域和领域深化知识服务内容，要把差异化的知识服务特色打造成为图书馆知识服务的核心竞争力，要通过差异化的知识服务重新树立知识接受主体的发展信心，要通过对知识接受主体知识配置来提高精准文化帮扶的成功率，注重知识接受主体的知识结构需要根据具体条件而变化，助力知识接受主体自主吸收新知识，形成新的知识结构，满足新要求。

3.1.3 精准文化帮扶知识结构与知识转移的关联

知识结构与知识转移是一种关系性存在，如同为知识接受主体转移知识、准备"知识食材"时先要框定知识范围一样。对于图书馆而言，不能漫无目标地尝试知识转移，而是应当从精准文化帮扶所需要的知识结构入手，框定知识范围，然后，有层次地、逐渐深化地进行知识转移。这样可以在确保知识接受主体原有知识结构的前提下突出"精准"，有利于图书馆从馆藏知识体系中为知识接受主体进行知识的"私人定制"，达到通过知识转移来实现精准文化帮扶的目的。事实告诉我们，充分利用个人知识更有助于科学实现精准帮扶。而且知识接受主体知识与图书馆知识转移的相符度越高，就越有助于精准文化帮扶项目的有效实施。

根据知识学研究的观点，可以把精准文化帮扶中的知识转移看作是一个由知识元素构成的集合：一方面，知识接受主体的个人知识，以及帮扶组织注入的新的知识元素，反映着对知识接受主体个人知识的认识和描述，对知识接受主体个人知识与精准文化帮扶知识之间的关系，以及转移后精准文化帮扶知识结构在社会知识经济体系中所处的位置进行了探讨；另一方面，这些知识元素和个人知识需要形成一定的知识结构关系，并且对知识结构产生影响。受布鲁克斯方程的启发并通过类比，笔者尝试提出将方程式用于解释精准文化帮扶中的知识转移的实质和机理。

布鲁克斯方程式是情报学领域研究中的著名方程之一，精细地描述了情报用户的知识结构与知识情报的需求的一致性心理学特征，指出了用户知识情报关联的特点，即以用户知识和知识需求为基础来满足所获得的知识，建立的一个基本的方程式[1]：

$$K(S)+\Delta I=K(S+\Delta S) \tag{1}$$

公式的含义是情报知识与接受者原有的知识结构相互作用，产生出接受者新的知识结构。其中，$K(S)$为用户原有的知识结构；ΔI为用户吸收情报知识量；$K(S+\Delta S)$为由于用户吸收了新知识所产生的增加量，所形成的新的知识结构。也就是说，用户能否产生或形成新的知识结构，受到能否吸收到新的知识限制，而能否吸收新知识则受到新知识与原有知识结构是否吻合或匹配的制约。吸收新知识是知识转移能否成功的核心思考，也是研究知识接受主体扶志、扶智的重点内容。如果将其应用于精准文化帮扶中的知识转移，可以推论出：$K(S)$为知识接受主体原有的知识结构，ΔI为精准文化帮扶组织为探索和创新精准文化帮扶内容，促进知识接受主体吸收新知识的知识量，而$K(S+\Delta S)$即为知识接受主体更新知识结构，实现精准帮扶而形成的知识量。在ΔI与原有知识结构相融合或相吻合的前提下，才会形成新的知识结构。由此，可以得出以下几点推论。

推论1：对于精准文化帮扶，每个精准文化帮扶项目都蕴含着一定的知识创新内容，而实现创新或者能否真正精准帮扶则不一定取决于精准文化帮扶项目本身的创新程度，因为这仍局限在设想层面，而在于ΔI能否使知识接受主体原有的知识结构发生变化，形成新的知识结构。

推论2：只有ΔI能够被知识接受主体接受、吸收和利用，而且能够与原有的知识结构$K(S)$相吻合或相类似，才有可能或者更加有利于形成新的知识结构$K(S+\Delta S)$。也就是说，ΔI是能够使知识接受主体原有知识结构发生变化且具有创新意义的知识内容。

推论3：精准文化帮扶组织针对知识接受主体进行帮扶项目创新，致力于从"质"的层面改善知识接受主体的生活现状，这些项目创新所涉及的知识ΔI应与原有知识结构密切相关，至少是在知识接受主体原有知识结构能够接受的范围进行，才能够在一定程度上直接或间接地影响知识接受主体原有的知识结构。

推论4：知识接受主体原有的知识结构$K(S)$是一定的，知识接受

---

[1] 贺颖，孟鹏，宋文胜.情报用户知识结构的认知视角分析——布鲁克斯方程式的进一步探讨[J].情报杂志，2003（7）：6-8.

主体新的知识结构 $K(S+\Delta S)$ 与精准文化帮扶组织提供的知识 ΔI 密切相关，还与知识 ΔI 对知识接受主体原有知识结构 $K(S)$ 的融合维度、运用程度和吸收力度密切相关。

推论5：根据布鲁克斯方程式的左右平衡关系，在知识接受主体原有的知识结构 $K(S)$ 是一定的情况下，知识 ΔI 的知识量或者增幅越大，知识结构增加量 ΔS 的变化越大，说明对原有知识结构的改变越大，即如果 ΔS 的改变量越大，说明精准文化帮扶项目和创新点对知识接受主体的影响越大，也说明提供给知识接受主体的知识 ΔI 越易于被知识接受主体吸收，对精准文化帮扶中的知识转移的影响越大。

推论6：虽然精准文化帮扶具有阶段性目标，但是精准文化帮扶应当是一个连续的动态过程。可以将知识 ΔI 可以看作是一个由低到高，由少到多的过程，那么知识接受主体新的知识结构 $K(S+\Delta S)$ 将处于一种动态平衡的结构，前一个知识平衡促使后一个更高层次的知识结构平衡产生，从而生成更复杂的知识结构，这样，由提升知识接受主体知识，到激活促使知识接受主体的知识结构发生改变，再到激发知识接受主体内生动力，将从相对静态过程向动态过程演变。

3.2 精准文化帮扶知识需求定位与社会环境分析

3.2.1 关于知识需求

了解主体知识需求既是实事求是掌握主体知识现状的根本基础，也是主体知识吸收的先决条件，更是知识传播方与知识吸收方形成匹配关系的重要内容。可以说，知识需求是知识转移的风向标，研究精准文化帮扶知识需求的目的在于解决精准文化帮扶进程中的知识供给关系及资源合理配置，促进知识接受主体知识吸收，有效形成精准文化帮扶中的知识转移机制。对于精准文化帮扶的每个环节都需要知识的作用和辅导，无论运用哪种帮扶方式，精准文化帮扶组织普遍致力于知识接受主体改变原有生活观念并融入新的生产模式，这就需要打通知识接受主体的知识需求通道。知识接受主体是一个较为特殊的群体，其特殊性不仅在于经济上的欠发展，更在于知识接受主体与社会发展环境边缘化的形成。

对于知识接受主体的知识需求，多数人可能更倾向于知识接受主体遵循知识封闭原则，清华大学石辰威和刘奋荣在《知识封闭原则与怀疑论》中论及，知识封闭原则指的是，认知主体知道 P 并且认知主体知道 P 蕴涵 Q，那么认知主体便知道 Q。如果套用此原则，对于一些认知主体，他们知道知识接受主体生存的环境空间相对缺少知识要素和知识资本，以致其形成相对弱化的知识需求和知识能力，那么，这些认知主体便得出结论：知识接受主体不需要知识或者他们没有知识需求。❶斯坦（Stan）指出，使得这些怀疑不成立并非通过否定知识封闭理论，因为在他看来，相关选择的确定主要依赖于说话者本人（speaker），即认知主体。也就是说，认知主体对知识接受主体并没有真实了解，更没有掌握其真实情况，便得出知识接受主体没有知识或者没有知识需求的结论。

3.2.2　知识接受主体的知识需求

尽管知识接受主体远离城市，而且居住分散，但是他们在某个知识链的节点上必定存在知识需求。知识需求不限定在具体的社会主体范围内，社会上的主体都可能产生知识需求，知识接受主体也有其知识需求。需求本质上是一种高度基于具体情境、讲究实用的活动，需求在心理学上为人体生理所需的某种基本物质（食物等），亦可是一些社会和个人的因素以及来自复杂学习的东西（知识、技能、成就、声望等）。知识需求具有多样性，就像图书馆的读者，每位读者都有不同的知识需求，而每位读者的知识需求又不限于一种，也会同时有多种知识需求。知识需求具有隐蔽性。知识需求可以表达出来，也可以埋藏在主体心里。而主体表达出来的，可以是全部的知识需求，也可以是其中的一部分或一小部分。知识需求具有潜在性。与隐蔽不同的是，知识需求的隐蔽性是主体本身就有知识需求，可能限于主体意愿或者主体能力没能完全表达出来，而知识需求的潜在性则是指主体当前没有，需借助一定的外力挖掘、引导、激发而产生的知识需求。

如表 3-1 所示，伯威克（Berwick）将需求分为察觉需求和意识需求。

---

❶ 石辰威，刘奋荣.知识封闭原则与怀疑论[J].哲学动态，2013（8）：91-98.

布林德利（Brindley）将需求分为客观需求、主观需求、导向需求和学习需求。哈钦森（Hutchinson）和沃特（Water）认为，主体的目标需求包含必学知识、欠缺知识和想学知识，因此，知识需求受到具体的知识条件、知识能力和知识动机等条件限制。在外部条件与内部动机相契合的情况下，就会形成知识需求。主体的知识需求就如同人们选择食物一样，单一的食物是没有选择性的，同时也制约了知识选择的机会和吸收知识的能力，久而久之，可能导致知识接受主体认为自己没有知识需求；当食物品种多样化以后，就会赋予主体额外的需求空间，但是，这需要一个过程，我们不能认为有知识资源，知识接受主体就一定有知识需求或者一定没有知识需求，这需要对知识接受主体的知识需求进行精准识别和引导。

表 3-1　需求分类表 [1]

	伯威克 （1989）	布林德利 （1989）	布林德利（1989）		哈钦森和沃特 （1987）	
需求	察觉需求	客观需求	目标情景/ 导向需求	产品导 向需求	目标 需求	必学知识
						欠学知识
						想学知识
	意识需求	主观需求	学习需求	过程导 向需求	学习 需求	学习环境条件
						学习者知识、技能和策略
						学习者动机

泰勒（Taylor）提出的信息需求4层模型被称为现代信息需求研究的基石之一。该模型采用心理分析法将信息需求者可能表达出来的信息分为内在的需求（Q1）、有意识的需求（Q2）、可表达出来的需求（Q3）以及与图书馆员形成折中关系的需求（Q4）4个层次。当主体有信息需求，而大部分情况下Q1和Q2层次的需求不能很好地进行外在表达时，图书馆就需要借助目标、动机、关系特征等使得Q1和Q2的难点问题得以缓解和深化[2]。对于一般主体而言，有效地表达出内在的需求和有明确意识的需求会存在不同程度的问题，这些问题包括难以表达以及表述困难、难以

---

[1] 陈冰冰.国外需求分析研究述评[J].外语教学与研究，2009（2）：125-130.

[2] 王健，周国民，王剑，等.认知导向信息需求研究综述[J].图书情报工作，2013（10）：136-141.

观察及表达不准确等情况。对于知识接受主体更是如此，在生活和劳动过程中，知识接受主体常出现知识需求和首要需求间有交叉与融合的情况，由于这种交叉与融合表现为弱关系联结或者知识浅在化嵌入等情况而被知识接受主体自我隐藏或者忽视，以致即便有知识需求，知识接受主体也不会轻易自我表达，或者掩饰起来不让他人察觉。有知识需求，才会有主体内在的知识动机与知识发展动力，进而形成主体自主而积极的知识吸收。可以说，只有在精准识别和把握知识接受主体的知识需求的前提下，知识需求才能更为有效地演化为知识转移，也才能保证知识转移的持续性进行。

诺贝尔经济学奖获得者丹尼尔·卡尼曼（Daniel Kahneman）在《不确定状况下的判断：启发式和偏差》中的论述❶，行动者在 A 情境下以 X 进行反应归因时，认知心理学家认为有三个重要的影响源影响着人们的判断，分别为：特异性信息，即行动者对同类的所有情境还是仅在 A 情境下以 X 进行反应；一致性信息，即行动者是一直有这种反应还是纯属偶然；共识性信息，是大多数人还是只有少数人有这种反应。归因便依赖于对上述问题的回答，如果行动者在同类情境中都如此反应，但其他人在此情境中并非如此，那么行动者本人就是这个行为的首要原因；如果行动者只在 A 情境中有如此反应，且大多数人在此情境中也是如此，那么情境就是行动者行为反应的原因。知识接受主体的知识需求属于归因活动，即从知识接受主体特殊层面、知识接受主体一致性层面及知识接受群体共识层面来折射知识接受主体的知识需求活动、能力及范畴等。除此之外，精准识别知识接受主体的知识需求还应当从知识接受主体社会角色的定位和重置角度来把握。

其一，捕捉知识接受主体的知识痛点、知识难点和刚性知识需求。充分理解知识接受主体的内心感受和痛点，发现知识接受主体知识需要背后的知识需求。图书馆要善于与知识接受主体沟通，知识接受主体往往通过讲述自身经历、感受、评判、观察、请求和希望，甚至通过讲述别人的故事来抒发或展示其情绪，情绪背后可能是他们的真正需求。例如，知识接

---

❶ 丹尼尔·卡尼曼，保罗·斯洛维奇，阿莫斯·特沃斯基. 不确定状况下的判断：启发式和偏差[M]. 方文，吴新利，等译. 北京：中国人民大学出版社，2013.

受主体在生活中,有许多涉及知识需求的场景,包括鸡、鸭、鹅、猪等禽畜的科学饲养、规模饲养和个体饲养的痛点和难点。笔者在调研时发现,当帮扶者提前给知识接受主体预订鸡、鸭、鹅、猪的幼崽,让知识接受主体确定饲养数量时,知识接受主体只订购与去年一样的数目,而不考虑订购不用自己支付费用,可以尽量扩大规模饲养。当问及知识接受主体原因的时候,他们表示自己知识储备不足,不具备大规模饲养经验,担心饲养不好的经历再度发生,也担心浪费帮扶者的资金等。实际上,将知识接受主体每个环节的知识需要与知识需求相结合,既解决了知识接受主体的现实问题,又培养了知识接受主体知识自信,就可以打消顾虑。

其二,在社会角色活动中把握知识接受主体的知识需求。所谓社会角色,就是社会对拥有某种社会位置或身份的人所持有的期望。如何在社会角色中把握知识接受主体的知识需求呢?首先,定义角色。定义角色在制度经济学中属于一种操纵战略,意味着图书馆要通过影响知识接受主体的感知,使知识接受主体主动形成预期的社会认同,也就是定义知识接受主体精准文化帮扶之后的社会角色,从而形成这一区间的知识需求。其次,定义行为。找到目标群体典型的知识活动,例如,哪些知识能够对群体技产生影响,哪些知识对群体思想有帮助,哪些知识能够提升群体沟通水平等。最后,定义心态。需要借助情境政策、经济发展、文化教育、科技水平、地理环境以及知识接受主体的社会角色等因素来定义知识接受主体的心态。例如,明确哪些知识是知识接受主体愿意接受和吸收的,哪些知识是知识接受主体比较抵触而难以接受的,从而进一步把握知识接受主体的知识需求。亚里士多德关于"实践智慧"的论述中早有论及:解决终极问题时,起作用的是评价和应对特别情境的能力。❶图书馆在了解和掌握知识接受主体知识需求时,不能完全照搬以往图书馆读者服务经验,而是应当根据知识接受主体的具体知识情境,形成差异化服务,并进行整体把握。

对于知识接受主体的知识需求,我们需要着重注意以下几个方面。

其一,对知识接受主体知识需求判断需要克服情感直觉。在对知识接受主体进行知识需求分析时,要知道这是在知识接受主体没能完全表达的

---

❶ 杨金花. 情境在读者需求判断中的应用探析 [J]. 编辑之友,2019(8):16–19.

前提下而进行的，存在不确定状况和概率评估问题，实质上，图书馆应当尽力用逻辑对抗情感兴趣，既不能因为自己热衷某领域而采取"想当然"的逻辑，也不能简单地根据馆藏资源来"主观圈定服务范畴"，而是应当在尊重知识接受主体现实情况和现实发展的前提下潜心研究，因为这不仅是"正确判断的集合"，更是"明智的人做出正确决断所需参考的，有效的、有规范力的依据的代表"。

其二，对知识接受主体应当注重凝聚文化共识并克服虚假共识。蒋永福教授指出，从知识存在的客观性角度看，知识世界可以称为一种自在的世界，但它还不是一种自为的世界，即知识世界的运行秩序离不开人的"干预"。❶ 图书馆不是"干预"知识接受主体的知识选择和知识自由，而是通过增进对知识接受主体的了解，来对知识接受主体进行构建知识结构和修复其与社会发展"断裂"的知识价值链。塑造共识既是精准文化帮扶中的知识转移的重要基础和条件，也是避免图书馆知识服务与知识接受主体知识需求二者错位的一种重要方式和途径。丹尼尔·卡尼曼等指出，人们通常将自己的行为判断视作相对普遍的，并且认为对现有的情境而言是适当的，却将其他替代性的反应视为少见的、异常的并且不恰当的。❷

其三，图书馆应当注重发现知识接受主体知识需求的根源，要善于打开知识接受主体知识需求的"阀门"。格尔兹（Geertz）在《地方性知识》序言中写道："用别人的眼光看我们自己可启悟出很多瞠目的事实。承认他人也具有和我们一样的本性则是一种最起码的态度。但是，在别的文化中间发现我们自己，作为一种人类生活中生活形式地方化的地方性的例子，作为众多个案中的一个个案，作为众多世界中的一个世界来看待，这将会是一个十分难能可贵的成就。只有这样，宏阔的胸怀，不带自吹自擂的假冒的宽容的那种客观化的胸襟才会出现。如果阐释人类学家们在这

---

❶ 蒋永福.知识秩序·知识共享·知识自由——关于图书馆精神的制度维度思考[J].中国图书馆学报，2004（4）：10-13.

❷ 丹尼尔·卡尼曼，保罗·斯洛维奇，阿莫斯·特沃斯基.不确定状况下的判断：启发式和偏差[M].方文，吴新利，等，译.北京：中国人民大学出版社，2013.

个世界上真有其位置的话,他就应该不断申述这稍纵即逝的真理。"❶ 地方性知识对知识接受主体影响很深,图书馆对知识接受主体知识需求的理解必须在知识接受主体生存的文化框架内,从知识接受主体及其文化情境角度,从肯定地方性知识的文化价值与实践价值出发,力求在知识层面把握知识接受主体知识需求的特殊性、整体性、多样性,力图打开知识接受主体知识需求的"阀门"。

3.2.3 知识接受主体知识需求的现实表现和特征

人类学家拉德克利夫·布朗(Rodcliffe-Brown)指出,任何文化元素的意义都是通过发现它与其他元素及整个文化的关系而得到的。❷ 贫困文化被学界视为知识接受主体对贫困的一种适应而形成的一种亚文化,有的学者将贫困文化的表现归纳为:消极无为、听天由命的人生观;安贫乐道、得过且过的幸福观;懒散怠惰、好逸恶劳的劳动观;不求更好、只求温饱的消费观;血缘伦理、重义轻利的道德观;老守田园、安土重迁的乡土观等。

尽管贫困文化有其消极的一面,但贫困文化并不直接与社会的基本价值观、信仰、规范相对立,况且吃苦耐劳、勤俭节约、相互同情支持、良心自觉意识、善于接受正确的规劝等是贫困文化中积极的成分。❸ 伦斯基(Lenski)在《权力与特权:社会分层的理论》中指出,知识接受主体之所以陷入发展无力,主要是由于他们所拥有的资源很少。每一个不同群体在任何一种生存与发展的竞争中都倾向于为自己争夺更多的利益,但是由于各个群体所拥有的权力和占有的资源不等,也由于能够给予争夺的资源总有短缺,利益争夺的结果必然是出现不同群体间利益的不平等分割,进而使部分群体处于相对发展无力状态。❹

---

❶ 格尔兹.地方性知识——阐释人类学论文集[M].王海龙,张家瑄,译.北京:中央编译出版社,2000.

❷ 布朗.社会人类学方法[M].夏建中,译.北京:华夏出版社,2002.

❸ 方清云.贫困文化理论对文化扶贫的启示及对策建议[J].广西民族研究,2012(4):158-162.

❹ 周怡.贫困研究:结构解释与文化解释的对垒[J].社会学研究,2002(3):49-63.

俗话说："万事开头难。"知识是如何对知识接受主体产生影响的呢？课题组专访了几位发展较好的"知识接受主体"，以了解他们在知识从无到有的心理变化，他们普遍表示在精准文化帮扶初期阶段知识需求较为模糊，存在有意愿但又处于"随大流"的从众心理，习惯于被动地接受知识服务，缺少"发展方向感"，主动获取知识意愿不够强烈。经过课题组讨论认为：一是上述根源于知识接受主体知识基础薄弱和知识类型偏于隐性知识等原因；二是图书馆精准文化帮扶中的知识转移的关键环节在于图书馆知识传播与知识接受主体知识吸收的"逐级匹配"关系的建立和发展。通过"逐级匹配"既保障知识接受主体的知识获取，更保证知识接受主体的知识吸收，夯实知识接受主体的知识基础，然后，由量到质形成"内在"变化。

逐级匹配需要注重大目标由 N 个小目标构成，而 N 个小目标又有其内在关联，在知识接受主体获得自信心和"方向感"的基础上进行精准知识建构，这说明了从下至上、逐次递进的发展关系，缓解了知识接受主体对知识吸收初期的困惑，并根据知识接受主体的现实发展进行有逻辑的结构性的知识建构。基于上述定位和知识接受主体知识接收能力对于知识转移成败的关键性作用，本书将运用扎根理论对知识接受主体知识接收能力进行精准识别。

采用扎根理论质性研究方法比较适合在微观层面对个别事物进行细致、动态的描述和分析，通过研究者和被研究者之间的互动对事物进行深入、细致、长期的体验，然后对事物的"质"得到一个比较全面的解释性理解。❶ 哈尔滨商业大学的陶颖等在《基于扎根理论的农民工信息寻求影响因素研究》一文中指出，扎根理论质性研究既可以避免定量研究的事先假设，又可以克服定性研究缺乏规范的方法论支持和说服力不强的弊端。❷

为了充分掌握知识接受主体、知识转移与外部环境之间的关系，课题组于 2018 年 7 月到 2020 年 12 月先后对重庆市武隆区松树村、黑龙江

---

❶ 陈向明. 质的研究方法与社会科学研究（第一版）[M]. 北京：教育科学出版社，2000.

❷ 陶颖，邹纯龙，周莉. 基于扎根理论的农民工信息寻求影响因素研究 [J]. 图书情报工作，2016（17）：110–115.

省明水县朝阳村、吉林省和龙市光东村、辽宁省凤城市陶李村、湖南省临湘市官田村、湖北省长阳土家族自治县都镇湾镇璞岭村、四川省丹巴县腊月山村等多个省份的知识接受主体进行研究，以户为单位，总计访谈226人，其中松树村30人、朝阳村36人、光东村32人、陶李村33人、官田村28人、璞岭村32人及腊月山村35人，调查问卷和深度访谈内容，详见附录。

首先到经济欠发达村委会，先与驻村干部沟通交流，了解知识接受主体的精准文化帮扶情况、外在的知识环境、经济环境及已出台的《乡村精准文化帮扶工程行动方案》《支持深度贫困地区精准文化帮扶行动方案》等政府文件。研究组应用格拉斯（Glaser）和斯特劳斯（Strauss）在《质性研究概要》中所介绍的三种不同的理论性抽样：开放性抽样、关系性和差异性抽样及区别性抽样❶，试图发现知识接受主体态度、意愿方向、主观规范、情境因素对知识接受主体行为意愿和行为本身的影响，因此，对于样本选择采取随机方式但要兼顾考虑知识接受主体的行为能力、心智能力、文化程度及收入情况等要素。

由于可以通过驻村干部获取知识接受主体的年龄、收入、家庭结构、文化程度等基本情况，所以要针对几项主要内容开展访谈，访谈的主要提纲为：①知识接受主体平时最为关注的信息和知识有哪些？②这些信息和知识通常获取的方式和渠道有哪些？③知识接受主体主观获取知识的意愿和能力如何？④知识接受主体是否认为自己的子女有掌握知识的必要？⑤知识接受主体是否认为有知识服务和知识帮助的必要？⑥当地的农家书屋、村镇图书馆或公共图书馆开展的知识服务能否接受？⑦电视或互联网所播放的农业技术知识对受访者是否有用和是否能用？⑧知识接受主体想通过哪些方式获取知识和信息？⑨当前的产业精准文化帮扶、旅游精准文化帮扶以及其他精准文化帮扶是否能提高知识接受主体的求知欲？⑩知识接受主体认为理想获取知识的方式和什么样的知识对自己更为有用？为了使知识接受主体减少压力，放松心情，在与知识接受主体交谈时，研究组会相应地变换语言，并适当地鼓励其深入探讨一些相关的信息线索，为后

---

❶ 孙晓娥.扎根理论在深度访谈研究中的实例探析[J].西安交通大学学报（社会科学版），2011（6）：87-92.

续的访谈做些积累。在访谈结束之后，研究组及时对访谈资料进行有序编码和归纳整理，然后调整一些访谈顺序，开展下次访谈，当本区域的访谈信息接近饱和，不再有新的信息范畴出现，访谈结束。

开放式编码是对原始材料中字、词、句、段落乃至整个文本进行切割并赋予概念的过程，这个过程除了要对原始资料进行系统归类，还要结合研究情境深度挖掘材料背后隐藏的概念，从而实现对研究问题的深度剖析。❶本书对知识接受主体的访谈资料进行逐个编码，遵循编码开放性、独立性、临时性及可修正性的原则，将相关材料及其他访谈者的材料导入 Nvivo 软件中，对语境中各初始概念的内涵和外延尽可能全面地分析，最终形成14个范畴。值得一提的是，在整理开放性抽样资料过程中，研究组讨论还有很多需要进一步挖掘的范畴，诸如，"周边氛围""知识培训""知识嵌入"和"拓展渠道"就是在其他范畴基础上，进行深度访谈获得的，这一部分也成为本书关注的重点内容，具体如表3-2所示。

表3-2 开放性编码范畴化

范畴化	概念化	原始资料记载
基本认知	重要、有价值等	我没读过书、没有文化，但知道知识重要，农村也离不开知识，特别是知识对种庄稼和生活的影响还是挺大的；我们没有文化，看到村里有的孩子考上了大学，落户到了大城市，希望自己的孩子也要有知识；现在没知识啥也干不了了，一些说明书都不会看；没知识干啥真不踏实，办点农业贷款都办不了；文化知识对于种地，养猪，养鸡、鸭、鹅等都很有用，想高产不用知识不行等
知识态度	积极、消极等	穷了一辈子，学都不知道学啥了；岁数大了，没机会学了，倒希望孩子们能有知识、有出息；现在国家的各方面政策好，对老百姓的扶持力度挺大，生活比以前强好多，有机会的话，还真想学点啥的，有点技能总比没有好；如果生活条件好点，也想多少学点，最好把一些说明书能看懂；也想学点，多少懂点，省着总是瞪手瞪脚的等

---

❶ 朱丽叶·M.科宾，安塞尔姆·L.施特劳斯.质性研究的基础形成扎根理论的程序与方法[M].朱光明，译.重庆：重庆大学出版社，2015.

续表

范畴化	概念化	原始资料记载
自身条件	不懂知识、少量知识	看不懂书报,连电视有时也摆弄不明白;以前没上过学,家里条件太差了,穷得厉害就不用说了,平时多半吃土豆,根本没有上学的可能;多少认识几个字,但很少用,平时记个人名、电话和简单的账目;没上过网,不懂怎么用等;听不太懂普通话,读就更不可能了(智力正常,但存有交流障碍)等
供给能力	不匹配、不会查找等	村里有农家书屋,好像没有多少人去的;除了孩子的书本,家里没有其他书;也有社会帮扶组织给村里捐赠图书和报刊,不太感兴趣;对于关于种地的或饲养鸡、鸭、鹅的书,等有鸡瘟了,想找书看看,也不知找哪本,更不知道怎么操作,还不如直接问问街坊
参与能力	不愿尝试、想参与、能力弱等	家庭生活条件太差,不敢尝试新的项目;不敢冒风险,如果失败了,会更穷,现在已经好很多了;自己没知识,不知道做啥能改善现在的情况,也不知道怎么做;我愿意听从帮扶组织的安排等
参与动机	外部帮扶、经济收入等	看到邻里从事的项目富了,想尝试一下;精准文化帮扶组织为我们想得很周全,不配合着做觉得心理不得劲,我愿意做一下;听说精准文化帮扶的知识接受主体经济收入都还不错,最主要是没啥风险,可以在有保障的情况下试一下;没能力参与,现在身体真干不动了,现在已经挺好的了,年轻的时候都不行,不想做了等
获取途径	聊天、电视、广播、乡邻影响等	电话打听,乡邻相互串门聊天、收音机、电视机,通过互联网较少,农业技术培训等
村委会保障	资金、矛盾关系等	村里用于文化建设的钱少;有时也安排点培训;有农家书屋,村委会也是凭大家自愿去看,不强行约束;村里的资金都是固定花销,能够投入到文化建设上的太少等
国家保障	万村书库、电视知识帮扶、知识下乡、产业精准文化帮扶等	平时看电视、听广播的时候较多,到村里看书和报刊的时候少;送知识、送图书到村近年较多,但是我不太愿意参与;产业精准文化帮扶就是工作人员让怎么做就怎么做,有时也得学点必要的东西等

续表

范畴化	概念化	原始资料记载
社会保障	公益组织的互联网帮扶、	互联网上的精准文化帮扶知识很多,但是不会用,也不知道怎么查找;偶尔从电视和广播上听到一些社会保障性的措施,这都是国家的事,和我们应该关系不大等
周边氛围	感受知识作用、知识效能	邻里就有通过学习养猪知识,通过大规模养猪,形成家族式的产业,日子个个富有;有效预防瘟情的也有,村里好多家的鸡都得了瘟疫,他家通过看书和上网,进行有效预防;远方的亲属,学习产业精准文化帮扶知识,现在的日子过得很好了;邻村有一个张姓村民,家里起初也很穷,但通过学习孵化技能,现在生活过得挺好的等
知识培训	知识、技能、文化等	现在国家的精准文化帮扶政策对我们非常好,我愿意学习技能,减轻国家负担;学习知识技能对现在发展有好处,对以后生活更有好处;只是自己基础太差了,都不知道学些啥,如果有人愿意教的话,我也想学学等
知识嵌入	模式、感知、认知等	以前也有帮扶干部到村上来,可能了解完情况就走了,现在帮扶干部常住村里;现在帮扶干部天天都来家里帮我们,我们有困难也会想着求助他们,现在56岁了,以前没有经过这种情况;帮扶干部撇家舍业帮我们真不容易,我们也要努力;现在村里有精准文化帮扶特色农产品,我们在学习种植;要学点养蜂技术对于家里应该能挺好等
拓展渠道	激励、奖励、创业等	去年配合精准文化帮扶干部取得挺好的经济效益,年底时候还给我发了光荣证和纪念品,帮扶干部说今年要是做得好,帮家里安装网络,那样咱就信息灵通了,眼界也就更宽了;头一次到蒲公英产业基地上班,跟着学发芽技术、雨水过多防烂根技术及家兔繁殖技术,多学技术还额外给了奖励,咱也不是闲人了,以后在可能的时候自己也可尝试做下等

主轴编码是根据开放性编码所得到的范畴,针对语义、功能、因果、结构等关系建立起新的联系,使范畴更加严谨。通过对上述开放性编码的14个范畴进行主轴编码,共归纳出知识接受主体自身原因、客观原因(权威、风险)、动机和唤醒、获取途径和渠道、保障性体系等6个主范畴,具体见表3-3。

表 3-3　主轴编码形成的主范畴

主范畴	副范畴	范畴
知识认知	意向关系	基本认知
知识行为	实践关系	参与动机 知识态度 参与能力
知识距离	信效关系	自身条件 供给能力
知识影响	强弱关系	周边氛围
知识渠道	构建关系	知识嵌入 获取途径
知识保障	保障关系	知识培训 拓展渠道 村委会保障 国家保障 社会保障

结果分析：

通过扎根理论研究表明，即便知识接受主体在知识态度上能够认识到知识对其生活和发展的重要性，也不代表知识接受主体就能够获取知识或运用知识来改变命运。也就是说，知识接受主体在知识态度上能够认识到知识的重要性，但是客观层面还存在许多障碍因素，而且知识接受主体对知识认知仅仅处于建立在外部影响上的初级阶段，掺杂了知识需求的模糊的、不确定的以及潜在的因素。需要提出的是，知识接受主体还不能清楚地表达知识是什么，他们有什么样的知识需求以及哪种方式更适宜知识接受主体吸收知识，但是当问及知识是否重要时，大多数知识接受主体会表示认同，而且多数知识接受主体自主表达认同国家精准文化帮扶政策和精准文化帮扶干部的努力。那么，是什么原因导致知识接受主体在不熟悉知识内涵或者没有掌握具体知识的前提下，仍能够认可知识的作用呢？图书馆精准文化帮扶如何看待这种现象呢？我们将从以下 6 个方面进行讨论。

其一，知识认知。知识认知是检验知识接受主体对知识价值和认知水平的意向程度，知识认知越深对知识价值认可度越高，知识认知水平就越强。在此基础上也反映出，知识认知是知识需求的前提，知识需求是满足知识认知的途径。知识接受主体耳濡目染现实的生活变化，以及现实生活与以往生活的真实对比，最为真实的就是知识对社会发展的变革作用。根据收集资料可知，知识接受主体有知识需求的心理动机，但是较为模糊，不确定和隐性存在。例如，虽然知识接受主体生活窘迫，但是部分户主能够时常借助电视和广播，收视和收听国家和当地的一些新闻和要闻；大多数知识接受主体能够在条件允许的前提下，主动支持孩子学习知识，明确表示不希望孩子还和自己一样缺少知识，他们希望孩子能够通过知识来改变命运；绝大多数知识接受主体有积极发展意愿，而且对于富裕的乡邻也表达出羡慕之情。

其二，知识行为。本书将知识接受主体的知识行为与实践的关系定位于"解构"与"整体"上的关系与关联，分为态度、行为和能力三个层面。在知识态度层面，尽管有少数知识接受主体不认可知识的作用，甚至认为学知识没用，没知识也活一辈子，但大多数知识接受主体还是能够认识到知识是有用的，至少愿意让自己的下一代掌握知识，不要像自己这样成了"睁眼瞎"（调研时，知识接受主体自言，喻义为目不识丁），大字不认识几个；知识行为有赖于知识接受主体的知识存量，也有赖于知识接受主体过往实践经验和基于农业技术等归类知识；知识能力则是凭借知识态度和知识行为等对知识试错的渐进过程。知识接受主体显性知识行为较弱，但有的知识接受主体在隐性知识行为方面表现较好，尤其对于一些常规的知识实践能够应付自如，但这是知识接受主体依托长期的知识积累过程形成的。

其三，知识距离。知识距离是影响主体完成知识获取和知识吸收的关键因素，主体的知识吸收能力影响着主体当前和未来的知识需求。一般而言，我们对学习效应的理解是人们具有从众心理，容易受到周围环境的影响。在周围的人都学习的情况下，即使再贪玩的人也会产生抓紧时间学习的想法，这就是"学习效应"。由于知识接受主体自身知识储备非常少，而且又生存在知识贫困的情境，无疑会与知识之间形成较大的知识距离，由此，很难形成"学习效应"和对知识的自由接触。在这种情况下，即便有知识认知，也是基础性的和初级性的；即便有积极的知识态度，也只能代表不反对。而从知识发展的纵向维度来看，知识接受主体能够感受到知识的作用。例如，通过科学化的种植、效仿村民进行塑料大棚提前育苗等，但若是给知识接受主体一些图书资料让他们自行学习知识，他们就会出现畏难情绪和排斥感，因为这些知识内容对我们而言很好理解，但对于知识接受主体来说仍存在较大的知识势差，如果知识接受主体通过自身努力无法弥补这部分知识势差，就会导致知识接受主体因为无法开始而结束，甚至丧失努力和发展的信心，更不会产生新的知识需求。

其四，知识影响。社会网络关系理论将关系分为强关系和弱关系两类，关系强度通常从互动频率、感情力量、亲密程度及互惠交换4个维度进行测量。❶关系资本理论提出，不同强度的社会关系是影响主体运营的关键因素。从现实和调研情况来看，知识接受主体与亲属朋友保持着强关系，他们有不明白的事就会第一时间咨询亲属朋友，这些亲属朋友往往扮演知识接受主体的意见领袖和中间人两个角色，当研究组深入调研这些亲属朋友的知识水平时，得知他们要么比知识接受主体多念几年书，要么处于同一知识水平，一旦知识接受主体与亲属朋友形成强关系，就会建立起"知识互助共同体"；外部知识影响，包括图书馆、农家书屋等都以弱关系形式存在，尽管图书馆知识再真实、再有价值，都需图书馆馆员花费较多的工作量来嵌入"知识互助共同体"当中，才能走进知识接受主体知识体系。从社会整体环境层面来看，与经济发达地区形成强关系的地区自然会在信息、知识、经济等领域得到快速发展，而经济欠发达区域由于地理位置偏远等原因与经济发达地区会以弱关系的形式存在，那么，影响经济发展的新知识就会偏离该区域，这样外部性的知识影响对于知识接受主体来讲也是缓慢的，可以看出，一方面知识接受主体的知识体系建立在"知识互助共同体"当中，另一方面，外部性的新知识又很难快速而直接地嵌入到知识接受主体的知识体系当中，导致其知识发展缓慢的恶性循环。由此可知，图书馆要想对知识接受主体产生知识影响，需要破解知识接受主体原有的知识模式，形成、持续、固化新的知识通道，有效嵌入到知识接受主体的知识体系当中。

其五，知识渠道。知识渠道和知识途径通常是用于反映满足主体知识

---

❶ 肖鸿. 试析当代社会网研究的若干进展[J]. 社会学研究，1999（3）：1-11.

获取程度的重要指标，同时也是考量主体知识需求发展关系的重要依据。从研究组获取的相关资料来看，知识接受主体往往通过收音机或电视机，带有随机性质地获取一些科技知识，这些知识的应用则取决于与本区域现实匹配的符合度，以及知识的系统性等相关内容，较少应用于实际。对于农业知识培训，尽管大多数的知识接受主体还是能够认同知识的作用，但是，知识培训讲解的都是一些普遍现象和常见问题，如果没有实际操作环节中的系统、细致和持续的指导，通常会流于形式，忽略其实际意义。值得一提的是，图书馆为了更好地履行社会责任而进行精准文化帮扶，而且图书馆也有为知识接受主体服务的宗旨。但从社会强弱关系来看，图书馆与知识接受主体表现为弱关系，而弱关系的典型表现就是联系少、信任度低、影响小等，知识转移注重知识传播方和知识接受方信任关系的建立，而信任关系的建立既会缩小知识距离，又会避免知识接受主体规避知识风险的问题，进而促进知识接受主体对图书馆形成知识依赖，促进图书馆知识向知识接受主体流动。

其六，知识保障。根据调研，由于欠发达地区经济等各项发展长期相对滞后，经济欠发达地区知识发展状况整体欠佳，一方面知识接受主体未形成知识阅读的习惯，缺少主动思考知识积累的意识，更缺少自主走进农家书屋和文化站进行知识阅读的勇气；另一方面，知识接受主体受文化知识程度的客观限制，他们根本就不知道怎么查找知识，也不知道用哪方面的知识，甚至，有的知识接受主体不会汉语拼音，没法查找。从乡村图书馆和农家书屋的利用情况来看，由于知识接受主体的基础性问题和兴趣的原因，缺少有说服其鼓起勇气坚持知识获取的动力，还缺少能够积极推动知识接受主体与知识源相互融合的力量。可见，在有知识源的情况下，知识接受主体也不一定能够立即使用，需要图书馆运用专业技术引导并助力知识接受主体获取和利用知识。

3.2.4　知识接受主体知识需求与社会环境

查尔斯·扎斯特罗（Charles Zastrow）强调，社会工作教育必须提供有关人类行为与社会环境相互关系的内容，这些内容包含个人层面、社群层面、组织层面、经济层面之间互动的基本理论和知识。他认为，人是在环境中与各种生态系统持续互动的主体。人在生存环境中，既受到各种不同社会系统的影响，也持续和具有活力地与其他系统相互作用。如图3-1所示，我们把知识接受主体置于乡村职能机构系统、关联群体系统、社会环境发展系统和图书馆系统的中心位置来审视其知识需求和知识行为。

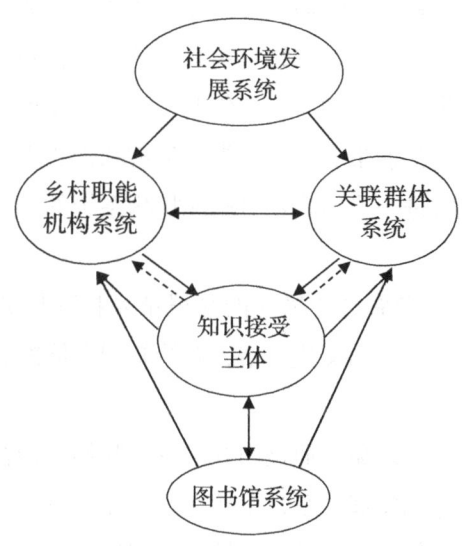

图3-1 社会生态系统对图书馆的影响模式 ❶

其一，知识接受主体与乡村职能机构系统的双箭头表达知识接受主体所在村镇为知识接受主体提供的文化资源和知识服务等。例如，农家书屋和文化站等基础设施，以及村镇干部为知识接受主体和村民组织安排的农业技能培训等知识发展策略。乡村职能机构系统对知识接受主体有一定影响，知识接受主体提高了知识技能，提高收入同样对乡村发展产生积极影响，所以用双向箭头表示。

其二，知识接受主体与关联群体系统的箭头表达知识接受主体亲戚、朋友、邻居、意见领袖、乡村精英、返乡创业人员对知识接受主体的影响。例如，由于知识接受主体信息和知识获取相对闭塞，对农业先进技术掌握迟缓，就会求助关联群体，并从关联群体获取解答。也正是由于知识接受主体与关联群体具有某种共性或共同特征，对于知识需求、知

---

❶ 查尔斯·扎斯特罗. 人类行为与社会环境[M]. 卡伦，师海玲，孙岳译. 北京：中国人民大学出版社，2006.

识距离及解答知识的方式和及时性方面，都会对知识接受主体有重大影响。反过来，知识接受主体获取到了知识，提升了知识技能，产生了良好的效果，同样对意见领袖等关联群体的影响力产生作用，所以用双向箭头表示。

其三，乡村职能机构系统与关联群体系统的箭头表达两类系统的相互影响和相互作用。例如，乡村职能机构系统扶持乡村精英、意见领袖和创业者，并为他们提供和争取到有利于创业、致富、发展的政策和经济等特殊资源，激发并促进他们带头创业、带头致富和带头发展，而关联群体的发展和问题等情况将进一步影响乡村职能机构系统的发展布局，以及未来发展策略的制定。

其四，社会环境发展系统描述的是根植乡村环境的历史、文化、价值观和信念。例如，乡村的文化习俗、对待知识发展的态度及观念认同等内容。

知识需求不是表面现象，而是内在联系。我们运用社会生态系统理论来解析知识接受主体的发展关系，主旨在于：由于图书馆参与精准文化帮扶成为专业的社会工作者，要求图书馆对知识接受主体进行精准文化帮扶时应当避免"医疗服务模式"，不能简单地把视线放在知识接受主体和知识缺乏上面，而是必须了解知识接受主体所处的多样性的社会系统，从多样性的社会系统来把握知识接受主体的知识需求，达到知识与知识接受主体生物、心理和社会三个系统间的有效作用和充分融合，使知识接受主体真心接受知识、真心提出知识需求、真心利用知识。另外，图书馆要学会利用知识接受主体社会生态系统中的多样性资源，要求图书馆对知识接受主体知识提供服务时，应当将知识接受主体的知识需求与社会环境因素联系起来，并且图书馆要避免将自身的文化认知强加于知识接受主体。

从知识转移角度，根据对知识接受主体的访谈资料进行整理，归纳出以下几个方面的关系。

其一，强弱关系。从知识接受主体知识需求与社会环境的外部关系层面，知识接受主体会按照强弱关系来判断和选择获取知识的渠道，知识接受主体也会根据强弱关系接受不同的知识信息。从知识接受主体角度，强弱关系指代知识接受主体会根据社会网络关系的强弱来探寻知识需求。最早研究强弱社会关系对主体影响的是美国学者马克·格拉诺维特（Mark Granovetter）。他根据社会主体间的互动频率、密切程度、情感程度及互惠交换四个维度，将社会关系划分为强弱两种关系。对于互动次数多、关系亲密、情感较深、互惠交换多的定义为强关系，反之则为弱关系。❶ 学者们认为，主体通过社会交往中的弱关系能够获取新颖、有价值的信息。一般来讲，主体的知识需求会根据相关内容和要求，选择咨询权威和正规的知识服务机构（图书馆）获取知识，而知识接受主体很少到乡镇图书馆或农家书屋去查找知识，而是按照强弱关系来判断和选择获取知识的渠道。课题组经过对知识接受主体深入访谈发现，如果按照格拉诺维特划分的强弱关系来分析，知识接受主体在有知识需求时，通常将农村亲缘关系、乡缘关系作为主要社会关系，包括农业知识、生产技术，甚至当年所要种植的品种、家畜饲养等，都会按照亲疏的强弱关系来问询商讨，往往会忽略更为权威的知识咨询部门和走访技术专家等。可以看出，知识接受主体依据的是强关系知识获取路径。学者们对强关系进行研究时指出，频繁交流的主体或者有着强烈感情依附的主体之间更容易分享知识，因为这会影响提供帮助与支持的动机，同时强联系形成了特殊的启发式关系能够引起更为有效的交流。❷ 对于图书馆精准文化帮扶而言，如果仅凭农村文化站、农家书屋、村镇图书馆的"知识引力"或者简单通过"互联网＋知识库"为知识接受主体提供在线数据资源服务所形成的弱关系，很难超越知识接受主体心理和传统形成的亲缘强关系，就会导致知识接受主体有知识需求的时候，忽略图书馆知识服务的存在，反而还会依循亲缘强关系。

其二，关系认同。从知识接受主体知识需求与社会环境的内在关系层面来看，知识接受主体会依据认同逻辑来判断和选择获取知识的渠道。认同属于心理学范畴，认同具有同一性和相似性的含义，同一性的认同指代知识接受主体与原有的社会场域形成同一性的认同关系，按照布迪厄的场域理论，就是这种知识经济欠发达场域与知识接受主体达成了一定的默契，知识接受主体在场域中找到了其生存的位置和生活的方式，而知识接

---

❶ MARK. Granovetter the strength of weak ties [J]. America Journal of Sociology, 1973, 78.

❷ 周密，赵文红，姚小涛. 社会关系视角下的知识转移理论研究评述及展望 [J]. 科研管理，2007（3）：78-85.

受主体也认同了这种场域的生存位置和生活方式。相似性就是知识接受主体与知识经济欠发达场域有相似的逻辑，研究组在调研时也发现，知识接受主体在其生存的场域空间中，会形成一种历史性的认同关系，只要外在场域没有发生必然要求知识接受主体改变的影响（如生育政策），知识接受主体就会按照既定的生存方式去发展，当问及知识接受主体是否想过上好日子，他们的回答都是"想过好日子"；当问及对过好日子有没有好的思考时，他们的回答却是没有，或者有的认为现在这样就挺好了。可以看出，当知识接受主体认同当前现状时，知识接受主体就会按部就班地生活下去，很少自主性地产生新的知识需求，由此，图书馆应当一方面综合考量知识接受主体的生存场域，另一方面，建立新的认同关系，促进知识接受主体内在的知识需求。

其三，关系质量。知识不仅通过网络中的亲密关系而流动，还通过关系质量而流动，关系质量对于双方信息和知识传递的数量和质量至关重要，对创新发展的成败有着直接影响，关系质量的维度通常包括信任、沟通、承诺三个方面。❶ 信任是主体间及组织间知识转移与知识共享的基础。知识转移中双方信任的程度，是影响知识交流最重要的先行变量。为提升知识传播时知识吸收方的知识转移意愿，以及知识吸收方对知识传播方所提供知识的信任，双方应尽量建立起透明的合作关系，推进彼此的信任。按此逻辑，为了提高图书馆服务质量，通过沟通可以了解到用户的知识意愿，并获得用户的信任、理解、支持与参与，沟通质量则是图书馆服务评价的一个重要属性，更多地反映了知识接受主体对图书馆双方知识沟通情况的评估。研究表明，知识转移双方的沟通越有效，机会主义行为越少，信任度就会越高，就越趋向于相互合作意愿，越有利于知识转移。

---

❶ 张首魁，党兴华.关系结构、关系质量对合作创新企业间知识转移的影响研究[J].研究与发展管理，2009（3）：1-7.

3.3 精准文化帮扶中的知识转移层次与模式

3.3.1 精准文化帮扶中的知识转移层次

综上所述,知识转移研究的是一种"知识匹配关系的建立和发展",即知识接受主体的知识吸收与图书馆的知识传播之间的匹配。由于知识接受主体既缺少知识基础,又受各种客观环境影响,不可能一蹴而就地实现知识需求与知识供给之间的匹配。对于图书馆而言,为知识接受主体探索适宜的发展路径,一方面需要根据知识接受主体的实际情境,另一方面还要依据知识转移的科学规律。中国科学院王兆祥博士对知识转移的一般过程进行分析,认为任何知识转移的过程都包含物理层、数据层、语言层、知识层、能力层、应用层等六个层次,并且只有实现了全部六个层次转移的知识转移才是成功的。❶

其中:①物理层作为知识转移的基础层,包括承载着各类文件资料的图书或者各类模型样品,如果没有物理意义上的物质运动,任何知识转移活动都无法实现,因此,它构成了知识转移的基础;②数据层是写入到物理层上的相关知识信息,知识传播方将知识信息写到物理层上,知识接收方从物理层上进行读取,物理层与数据层是服务和被服务的关系;③语言层就是要保障知识接收方能够读懂、弄清知识传播方的知识内容所用的语言,知识传播方和知识接收方在同一种语境下,才会使知识接收方明白知识传播方所要表达的意思,语言的表达方式不限于美术语言、肢体语言和图形语言等,可以说,有效的语言能力会极大地提高知识转移的效果;④知识层与物理媒介层不同,它主要指代的是能够将物理媒介层的知识讲清楚的技术人员,知识传播方不仅是传播的知识内容,更是要让知识接收方能够清楚了解和理解这些知识内容,知识转移才算形成;⑤能力层是指不仅要让知识接收方接收到知识,还要使其对知识进行理解和应用,没有很好的知识应用就不能算作真正的知识转移。因为,人们通过知识才会有效地提高自身能力,知识是能力的载体,是为能力服务的,只有提升知识

---

❶ 王兆祥. 知识转移过程的层次模型[J]. 中国管理科学,2006(3):122-127.

接收方的能力，知识转移的价值才会更好地体现；⑥应用层是主体对知识的应用，因为，知识转移中一切工作的最终目的是知识的应用，这符合知识转移双方的初衷，知识传播方目标是使知识接收方更好地接收知识，而知识接收方关切的是通过知识转移来提升能力，这种知识能力要通过知识应用来体现。

根据知识转移的难易程度和知识转移从吸收到运用的过程演变，建构从简单的物理层开始向复杂的应用层深化的发展过程，见表3-4。

表3-4 图书馆精准文化帮扶中的知识转移各层次工作的内容和特点

	图书馆所要从事的主要工作	知识接受主体所要从事的主要工作	参与工作人员	知识特征
应用层	根据知识接受主体实际和精准文化帮扶策略，调整、修正决策方案，为增进知识接受主体知识能力形成后续方案等	应用图书馆转移的知识，在掌握一定知识的基础上，进一步确定知识发展策略以及知识目标	帮扶馆员和相关组织	隐性+显性
能力层	根据知识接受主体的具体能力，确定具体的知识内容，并保障知识接受主体的能力生成	消化、吸收图书馆转移的相关精准文化帮扶知识，并形成自身能力	帮扶馆员和相关组织	隐性
知识层	构思并梳理各知识要点，确定知识转移的方式和方法，注重讲解顺序等，形成认同	理解、学习图书馆转移的相关精准文化帮扶知识	馆员、馆际联盟成员	隐性
语言层	拉近与知识接受主体的关系，用恰当的语言对知识信息进行描述和解析，把知识信息转化为语言信息、美术信息、肢体信息和图形信息等	构建精准文化帮扶中的知识转移关系，并从语言信息、美术信息、肢体信息和图形信息中解读知识信息	帮扶馆员以及馆际联盟成员	隐性
数据层	选择知识信息，管理知识信息，包括重新写入知识信息的物理层	建立知识信息匹配对接	帮扶馆员	显性
物理层	选择适宜的物理传输介质（图书、光盘、实物、样品、数据库等）	获取物理介质	帮扶馆员	显性

如表 3-4 所示，具体内容如下：①物理层，精准文化帮扶中的知识转移的第一个层次开始于物理层次，看起来简单，但是容易出现不匹配的问题，包括提供的实物、设备与当地基础设施不匹配，它的前提是，精准文化帮扶所需要的新的技术和知识要包含于转移的技术设备和图书实物。②数据层，精准文化帮扶知识转移的第二个层次为数据层，要求图书馆与知识接受主体匹配对接，选择和调整与知识接受主体密切关联的知识信息，要求图书馆精准文化帮扶人员花费更多的时间和精力，来确定知识接受主体当前所需要的，以及潜在需要的知识资源，必要时可以重新为知识接受主体"量身定制"知识资源。③语言层，要求图书馆拉近与知识接受主体的关系，由以往的松散的社会外在关系向紧密的内在关系发展，并为深化知识转移关系打下扎实基础，语言层还要求图书馆将知识内容用知识接受主体能够听明白、能理解的语言讲述出来，耐心地将知识信息和预设发展目标讲清楚，必要时还需要用及肢体信息、美术信息以及图形信息等，语言层容易出现的问题是缺少对知识接受主体现实生活和思维模式的理解，缺少必要的沟通能力。④知识层，要求图书馆对知识转移的知识进行必要的梳理，了解转移给知识接受主体的知识存在哪些重点、难点，清楚按照怎样的顺序对知识接受主体进行讲解，更为关键的是，知识层要求图书馆提前吸收所要转移的知识内容，将显性知识转换为隐性知识，遵循日常知识接受主体接受知识的习惯进行知识讲解，知识层容易出现的问题是图书馆通常会延续传统服务方式，将知识接受主体作为一般用户看待，知识接受主体提出知识需求之后，再为其提供服务，缺少换位思考，缺少服务经验，从而难以有效地将知识讲清楚，让知识接受主体很难接受。⑤能力层，精准文化帮扶知识转移的第五个层次为能力层，能力层要求图书馆根据知识接受主体的具体能力，确定具体的知识内容，并保障知识接受主体的能力生成，如何保障知识接受主体的能力生成呢？了解知识接受主体对转移知识的消化和吸收情况，是否对关键性的知识内容完全掌握、知识能力的空间等，能力层容易出现的问题是图书馆对知识接受主体知识跟踪不及时、不到位，没能达到反复性地重复向知识接受主体进行知识输入，另外，由于知识情境的动态性发展，对知识接受主体的能力发展还需要应用动态思维等内容。⑥应用层，精准文化帮扶知识转移的第六个层次为应用层，应用层要求图书馆根据知识接受主体实际和精准文化帮扶策略，调整、修正决策方案，为提高知识接受主体知识能力形成后续方案等，要求知识接受主体能够应用图书馆转移的知识，在掌握一定知识的基础上，进一步确定知识发展策略及知识目标，应用层容易出现的问题是图书馆对知识接受主体知识转移策略调整的科学性和合理性，即在某个层面存在问题的情况下，如何调整知识转移策略，以及如何制定后续的知识方案等内容。

3.3.2 精准文化帮扶中的知识转移模式

对于图书馆精准文化帮扶中的知识转移，我们不仅需要从横向层次的角度来了解精准文化帮扶中的知识转移的深化机制和运行逻辑，还需要从纵向结构的角度进一步探析这些知识转移机制和逻辑如何与图书馆精准文化帮扶有机结合，为了明晰上述内容，本研究引进层次分析法构建精准文化帮扶中的知识转移模式并对其进行说明。

3.3.2.1 精准文化帮扶中的知识转移特征分析

传统的文化帮扶通常涵盖物理层和数据层两个层面，突出特点就是以图书馆为主导、以资源为核心，采用向经济欠发达区域捐赠图书、报刊，以及帮扶经济欠发达区域的农家书屋建设为主要形式的帮扶模式，对其提供的知识内容不加干预，知识接受主体的知识吸收程度主要依靠其自主性和自身能力，而图书馆文化帮扶的评价方式也是模糊式的自我评价方式，至少在客观上没能对知识接受主体的知识利用进行评价。根据表3-4所示，从整体层面看，图书馆向知识接受主体进行精准文化帮扶中的知识转移需要经由外在化的物理层向内在化的数据层、语言层、知识层、能力层及应用层进行深化的过程，可以看出，知识转移不仅是知识传递的形式，还是知识对知识接受主体知识结构的改变，这就要求图书馆不是简单地进行知识资源补给，而是因地制宜地根据知识接受主体实际情况提供所需要的知识内容，图书馆需要将知识再次进行知识重组、知识分类、知识加工、知识讲解、知识监管，根据知识接受主体知识转移不足的地方和需要深化的方面，进行不断修正、不断完善、不断反复，这是一个循环过程，直至达到知识转移的预设目标状态。传统文化帮扶与精准文化帮扶中的知识转移的主要情况对比，如表3-5所示。

表 3-5 传统文化帮扶与精准文化帮扶中的知识转移对比

	传统文化帮扶	精准文化帮扶中的知识转移
图书馆	文化资源管理者、传授者	精准知识传播者、精准指导者、精准促进者
知识接受主体	被动接受者	精准知识接受者、协同研究者、知识应用者
知识特征	显性知识为主	隐性知识为主 + 显性知识
知识内容	普适帮扶文化	精准文化帮扶问题探究
技术应用	内容展示	精准监管、交流反思、协作探讨
评价方式	模糊评价机制	精准文化帮扶预设目标评价

其一，图书馆角色的重要转变。图书馆精准文化帮扶中的知识转移使图书馆馆员由文化资源管理者转变为知识精准的传播者、精准推动者、精准指导者、精准促进者和精准保障者。这意味着图书馆不仅是文化知识与知识接受主体之间的中间传递者，更是文化知识与知识接受主体吸收知识过程中匹配关系的建设者。当知识接受主体还没有意识到知识需求的时候，图书馆便要对知识接受主体进行多样化的知识服务预设，一旦通过某种途径打开知识接受主体的知识门户，便要向知识接受主体提供所需的、持续的和系统的知识支持与知识服务。图书馆便成为知识接受主体获取和运用知识的推动者、指导者和保障者。伴随着图书馆身份的转变，图书馆迎来的是知识能力的考验和发展能力的检验。

其二，知识价值的重新分配。图书馆精准文化帮扶中的知识转移的第二个核心特点就是减少对知识资源外在化的主要依赖，也就是说，不再以捐赠图书、报刊等为主要形式，而是以提高社会"知识价值分配力"为导向。通过图书馆对社会各类知识源筛选、组织、重构出适宜知识接受主体发展的知识产品，来提高知识接受主体知识存量的"可利用性"，向兼具知识接受主体"知识能力定题培育"的专业服务建设功能转化，并使之成为提升知识接受主体"知识创新增值链"中具有重要作用的一个环节，这应当是图书馆未来发展的必然走向。对于图书馆精准文化帮扶中的知识转移的具体发展而言，包含以显性知识为起点，经由隐性知识的加工，再次回到显性知识的应用，即构成一种螺旋向上的循环状态。对知识接受主体提供的知识资源，一是要贴合知识接受主体的真实情境；二是要让知识接受主体听得明白，增强知识接受主体的知识吸收能力，要将原来书本上的知识转化为知识研讨和知识交流，增强知识接受主体在精准文化帮扶进程中的交互性，进而提升知识接受主体对知识的理解。学习是人的本能，变换知识传递形式是打开知识接受主体知识瓶颈的关键步骤。

其三，知识接受主体角色的变化。在整个社会环境和图书馆精准文化帮扶的影响下，新时代的知识接受主体正处于快速变化中，其生活的各个阶段都面临着全面升级和变化，知识接受主体融入新时代的步伐正在加快。一般来讲，随着精准文化帮扶宣传、引导、教育、建构等知识要素的不断渗透，可促使知识接受主体转变其以往的"认命"、懒惰、依赖、功利等消极思想，知识接受主体会逐渐认识到依靠知识力量能够实现发展，知识接受主体就会自主地获取所需的知识。在图书馆精准文化帮扶中的知识转移的进程中，知识接受主体身为知识接受者、帮扶响应者和发展实现者，可以就所需的知识内容提出具体想法。由此可见，知识转移是一个深度的知识匹配和协同的过程，知识接受主体在这个过程中扮演主要角色。

3.3.2.2 基于层次分析法的理论基础

层次分析法（AHP）由美国著名运筹学家萨蒂（Saaty）提出，本书引入层次分析法意在：一是将复杂的知识贫困问题进行系统化、结构化和数量化处理，把图书馆精准文化帮扶中的知识转移形成一个多层次的分析结构模型，从而为图书馆精准文化帮扶提供科学和直观决策的方案；二是运用层次分析法，有助于图书馆对知识接受主体知识结构、潜在知识需求和模糊性知识进行判断，如图3-2所示。主体知识结构包含显性知识、隐性知识、知识范畴；显性知识和隐性知识又可分解为知识子领域；知识子领域又可细分为知识单元点。图书馆可以从上向下逐层分析知识接受主体知识架构的程度和范围，降低知识转移的不确定性，加强对知识接受主体知识转移的正确把握。

3.3.2.3 精准文化帮扶中的知识转移模式构建

应用AHP解决实际问题一般要对所解决的问题进行层次化处理，建立目标层、准则层和方案层，三类层次呈现递进关系，在层级之间存在较大的关联用于解析所构建的关系和结构，如图3-3所示。第一步，根据知识转移机制，确立包括图书馆知识传播能力、知识接受主体知识吸收能

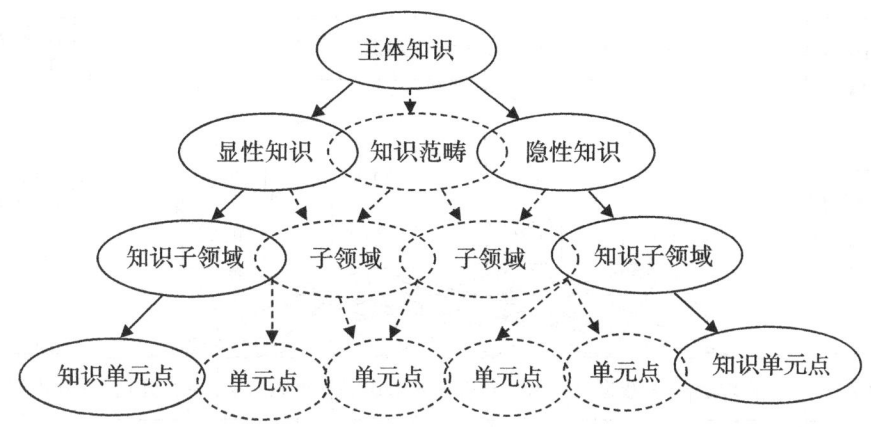

图 3-2 图书馆精准文化帮扶中的知识转移层次关联演示图

力、知识资源和知识情境的图书馆精准文化帮扶中的知识转移影响维度，在这个层面，由图书馆根据相关资料精准识别知识接受主体能力、意愿、知识需求、发展所需要的知识、外部性知识情境及自身知识传播能力等内容；由于每个维度还包含着较为复杂的内容，第二步，根据物理层、数据层、语言层、知识层、能力层和应用层的递进步骤对知识接受主体、知识资源及知识情境所采取的精准帮扶措施具体化；由于物理层涉及知识实体内容，确立为直接精准文化帮扶模式；数据层涉及对知识内容聚类和重组，而且这些工作主要是针对知识接受主体亟须和欠缺的知识内容，由此将数据层确立为知识补偿模式；在语言层面，涉及图书馆与知识接受主体深入沟通和交流，目标在于使知识接受主体对图书馆精准文化帮扶产生理解、认同、信任等，并对图书馆传播知识的不足之处进行及时发声，由此确立为认同模式；知识层涉及图书馆所确立的知识要点与知识接受主体对接，包含显性知识和隐性知识，通过适宜知识接受主体吸收的方式和方法进行有效输入，由于这些知识不一定是系统化的，但却是适宜知识接受主体吸收的知识，由此确立此模式为嵌入模式；能力层涉及知识接受主体运用知识的发展方向，由此确立为发展模式；而应用层涉及知识接受主体的一些调整策略，修正一些不合时宜的知识内容或知识传播方式，由此确立为实践模式。这些图书馆精准文化帮扶中的知识转移模式既是对知识接受主体有效进行知识转移的策略，也是精准评价对知识接受主体知识转移的效果，如果符合目标要求，即完成知识转移；反之，则继续重复精准识别内容，修正精准帮扶和精准管理的相关内容。

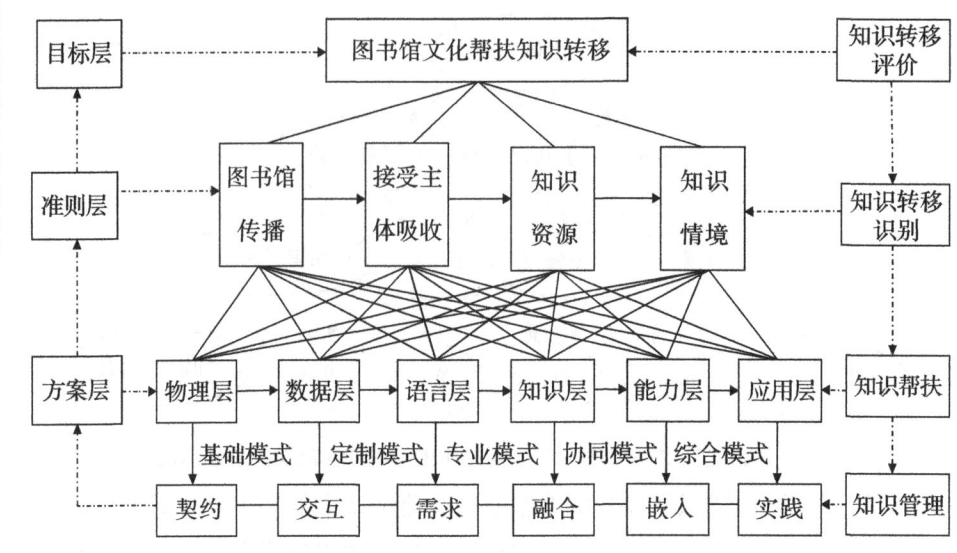

图 3-3　图书馆精准文化帮扶中的知识转移层次分析

根据图书馆精准文化帮扶中的知识转移的层次分析，可以将图书馆精准文化帮扶中的知识转移模式划分为自我强化模式和精准文化帮扶拓展模式。自我强化模式强调图书馆服务能力、知识管理能力、知识传播能力、知识经济发展能力等，自我强化模式呈现高度专业化和系统化的特征，或者强调图书馆运用专业化知识为知识接受主体提供服务，或者利用智库和大数据为知识接受主体提供知识保障，或者针对知识接受主体某一特长，为其提供知识支持，强调图书馆精准文化帮扶中的知识转移的深度。精准文化帮扶拓展模式是图书馆的一种拓展式服务，在全社会都在为社会治理进行发展创新时，产业精准文化帮扶和社会工作都助力于精准文化帮扶，从多方精准文化帮扶力量中获得支持，图书馆精准文化帮扶中的知识转移需要嵌入到有效的精准文化帮扶模式中，从而发挥图书馆力量。实质上，精准文化帮扶拓展模式强调的是图书馆精准文化帮扶中的知识转移的广度。

结合图书馆精准文化帮扶中的知识转移层次分析与图书馆精准文化帮扶具体实践，可将图书馆精准文化帮扶中的知识转移模式进一步划分为基础模式、定制模式、专业模式、协同模式和综合模式共五种模式。其中，基础模式归属于图书馆自我强化模式；而定制模式、专业模式、协同模式和综合模式则归属于图书馆精准文化帮扶拓展模式，见表 3-6。

表 3-6 图书馆精准文化帮扶中的知识转移模式表

模式分类	具体模式	依托的重要条件
自我强化模式	基础模式	职业能力
		知识管理
		社会责任
精准文化帮扶拓展模式	定制模式	知识组织
		知识表达
		知识聚合
	专业模式	知识需求
		知识融合
		知识构建
	协同模式	知识整合
		知识嵌入
	综合模式	知识保障
		知识服务
		知识创新

其一，图书馆精准文化帮扶中的知识转移基础模式。该模式是典型的图书馆传统用户服务模式，依托于图书馆职业能力、知识管理和社会责任等，为用户提供图书馆服务。该模式主要建基于社会契约关系。具体而言，图书馆无论作为公益性的社会机构，还是作为社会的一种制度安排，其本质都在于图书馆与社会之间的契约关系，正是由于契约关系这一前提，图书馆会承担更多的社会责任，为自身拓展更多的发展路径。该模式的最大好处是直接、简单，在服务方式上不用做太大调整就能最大限度地延续传统用户服务模式，尤其对于能够主动利用图书馆显性知识资源的知识接受主体或者通过培养能够自主利用图书馆显性知识资源的知识接受主体更为适宜。然而，对于没有利用过图书馆的知识接受主体或对知识呈消极态度的知识接受主体，则不宜运用该模式，学者刁丽琳等研究显示❶：契约控制机制有利于提高显性知识转移效果，却会抑制隐性知识的转移。基于以

---

❶ 刁丽琳，朱桂龙.产学研联盟契约和信任对知识转移的影响研究[J].科学学研究，2015（5）：723-733.

往研究和调研数据，隐性知识转移的知识接受主体占大多数，由此，较为理性的办法是：一方面，图书馆应当杜绝服务模式的简单化应用；另一方面，应当以图书馆基础模式为根本，提出更为可靠和深化的发展模式。

其二，图书馆精准文化帮扶中的知识转移定制模式。该模式主要有两种定制原则：一种是针对知识接受主体知识关联度的定制，通过了解知识接受主体兴趣爱好、学习倾向、生活需求及知识应用范围等，重点关注知识接受主体的因果关系、内隐关系及建构关系等，通过分析知识接受主体的各方面知识关联，吸引知识接受主体参与到图书馆精准文化帮扶体系中来，进而培育知识接受主体的知识能力；另一种则是针对知识经济欠发达场域的知识内容定制，图书馆整体评价场域中的知识应用和知识影响等，从知识的全面发展向具体指导方向努力，知识接受主体知识学习一般来自关联群体系统、乡村职能机构系统和社会环境发展系统，要求图书馆分析知识接受主体与关联群体系统、乡村职能机构系统和社会环境发展系统的关系，进而进行知识组织、知识表达和知识聚合，形成适宜于知识接受主体的知识内容。该模式的优点在于，可根据知识接受主体和场域分析出知识接受主体所需要的知识内容；不足之处则在于图书馆需要对馆内知识以及外部知识都有广泛的了解和掌握，会花费图书馆馆员更大的精力，但该模式也属于图书馆在泛在知识环境下的一种服务模式的自我增强。

其三，图书馆精准文化帮扶中的知识转移专业模式。该模式强调图书馆专业优势的有效发挥，也可以理解为，构建起具有图书馆属性的精准文化帮扶中的知识转移模式，重点涉及知识构建、知识融合和知识拓展等核心领域。主要有三种实践形式：一是图书馆针对知识接受主体的"学科化"精准文化帮扶服务，重点依托图书馆学科化服务。例如，图书馆学科服务的核心观点就是凝聚图书馆学科优势和知识服务优势、融入过程、嵌入过程的新型知识服务关系，图书馆精准文化帮扶中的知识转移也是如此，图书馆要利用专业化的方式和方法，根据知识接受主体的特点和背景，嵌入用户的知识环境当中、嵌入知识接受主体与其亲属朋友的交流环境当中、嵌入知识培育和知识经济发展当中、嵌入知识接受主体的工作需求当中，等等。二是政府购买图书馆服务，"政府购买服务"是一种全新的公共服务供给方式和理念，是以项目合同制管理为手段，以智力支持为内容，以提升基层文化机构服务软实力为目标，探索文化"精准文化帮扶"新机制❶，图书馆不仅限于学科化服务，还在智库领域、大数据领域和知识分析领域占有优势。由此，图书馆应当积极发挥专业优势、人才优势、设备优势、项目优势以及知识组织的对接优势，在完成自身任务的同时，积极为政府精准文化帮扶治理提供服务。三是图书馆联盟发展，联盟合作是促进知识在图书馆集群内有序流动和有效流动的创新发展，尤其对纸质文献资源短缺的图书馆发挥了重要作用。

其四，图书馆精准文化帮扶中的知识转移协同模式。从精准文化帮扶社会治理实践来看，政府、企业、高校、旅游部门、科研机构、金融机构、科技和教育机构等都在精准文化帮扶进程中扮演着重要角色，而且形成多种多样的精准文化帮扶模式。在各行业主导的精准文化帮扶模式中包含着许多交叉，这种交叉实质就是本着协同推进和协同创新的理念。例如，江西上饶市上饶县大力发展产业帮扶，采取"合作社＋企业＋基地＋知识接受主体"的帮扶模式；河北省魏县在实施精准文化帮扶过程中采取"公司＋基地＋农户"经营管理模式；宁夏回族自治区教育精准文化帮扶的"技能培训＋营养改善计划"，等等。努杰森（Nujssen）等指出❷，知识转移与合作伙伴的协同关系密切相关，尤其在创新网络中，合作伙伴的知识、能力以及与合作伙伴的关系会直接影响产品创新的最终效果。图书馆在参与协同模式中讲求的方式是知识嵌入，就是以知识要素为协同模式的核心载体，分析图书馆知识资源、技术与知识接受主体的相互影响、相互合作，通过相互配合与协调共同构成图书馆精准文化帮扶中的知识转移协同模式，实现精准文化帮扶的既定目标。

其五，图书馆精准文化帮扶中的知识转移综合模式。综合模式强调系统性、关联性和开放性，建立起涵盖基础保障、专业拓展、多元参与、协同构建以及包含显性知识和隐性知识等在内的图书馆精准文化帮扶中的知识转移综合体系，目的在于提高知识转移效率、发挥知识效能、提升图

---

❶ 段小虎，张惠君，万行明.政府购买公共文化服务制度安排与项目制"文化扶贫"研究[J].图书馆论坛，2016（4）：5-12.

❷ 李培哲，菅利荣，刘勇.知识转移视角下复杂产品产学研协同创新管理机制研究[J].科技管理研究，2019（2）：203-208.

书馆知识服务能力、履行图书馆社会责任。图书馆精准文化帮扶中的知识转移通过三个方面展开：一是图书馆知识体系化运行，包括刚性管理知识，如图书馆精准文化帮扶中的知识转移制度、图书馆精准文化帮扶中的知识转移标准、图书馆精准文化帮扶中的知识转移规范、图书馆精准文化帮扶中的知识转移的控制和激励等；柔性管理知识，如图书馆精准文化帮扶中的知识转移理念、图书馆精准文化帮扶中的知识转移使命、图书馆精准文化帮扶价值、图书馆精准文化帮扶中的知识转移认同及图书馆精准文化帮扶中的知识转移技巧等内容。二是图书馆与知识接受主体的关联性知识嵌入，哲学家波兰尼（Polanyi）在其代表作《个体知识》中提出人类有两种类型的知识❶，即隐性知识（tacit knowledge）和显性知识（explicit knowledge），隐性知识通常以个人经验、印象、感悟、技术诀窍、风俗等形式存在；而显性知识以语言、文字等结构化的形式存储，表现为产品说明书、知识文献、政策文件、法律法规等，图书馆精准文化帮扶中的知识转移的整个过程离不开显性知识和隐性知识。当前，图书馆精准文化帮扶多以显性知识转移为工作重心。笔者主张，应当将隐性知识作为图书馆精准文化帮扶的工作重心，并辅以显性知识为必要补充。因为隐性知识作为一种启发性的、主观的和内在化的知识体系，知识接受主体更易于接受，在现实的精准文化帮扶工作中有着独特的价值。三是图书馆与社会组织的多维度创新知识整合，知识要素一旦走进知识接受主体的生活，就会对其产生深刻影响，也会使其对知识形成新的认识。例如，从不关注妆容的女人同样会对"美学知识"感兴趣，在湖南省永州市双牌县五星岭乡一些人家里连镜子都没有，而周文娟为村里的阿姨们免费化妆，并用视频记录阿姨们妆前妆后的变化，并向她们普及"美学知识"，看到村里的阿姨们在镜子前又惊喜又兴奋的样子，周文娟觉得自己所做的努力非常值得。这个例子值得我们思考的是，精准文化帮扶有许多空间值得探索、有许多方法等待开发、有许多路径需要利用。如果图书馆精准文化帮扶将此作为知识转移的突破口，一方面，图书馆可以为知识接受主体提供化妆类知识，让知识接受主体亲身感受知识兴趣和知识魅力，进而向更为复杂的知识能力

---

❶ 周城雄.隐性知识与显性知识的概念辨析[J].情报理论与实践，2004（2）：127-129.

引导；另一方面，图书馆可以将相关知识资料先提供给周文娟，由她边做示范边讲解给知识接受主体进行知识传递，从而拓展知识转移路径。表面看来，这个实例似乎与精准文化帮扶不相干，但是，图书馆不仅可以直接为知识接受主体提供知识服务，还可以为其他社会精准文化帮扶组织和个人提供知识支撑和智力支持，更可以通过这些社会组织和个人间接促进知识转移，从而构建立体化的知识转移综合模式。

我们结合调研讨论了图书馆个体层面精准文化帮扶中的知识转移的秩序化进行和模式化发展，然而，图书馆除了具有个体层面的优势，还拥有集群层面的亮点，实践已经证实，图书馆联盟不仅可以弥补个体图书馆的自身不足，还可以提高文献保障能力，实现资源共享最大化。那么，图书馆知识联盟与精准文化帮扶存在怎样的关系呢？或者说，图书馆知识联盟可以对图书馆精准文化帮扶中的知识转移产生怎样的影响呢？我们有必要对此进行深入探讨。

3.4　图书馆精准文化帮扶知识联盟的知识转移协同

鲁斯·帕特里克（Ruth Partrick）早在1972年就把图书馆联盟的任务总结为如下六项[1]：①借阅特许（给予联盟的成员馆读者借阅权，并在借阅的数量上给予优惠）；②馆际互借服务；③联合目录或资源目录共享；④复印优惠；⑤参考咨询服务协作；⑥传递服务。随着图书馆联盟的深入发展和技术的支持，现代的图书馆联盟任务已经有了更新的变化。例如，中国高等教育文献保障系统（China Academic Library and Information System，CALIS），虽然同样是馆际层面的馆际互借，但是已经超出以往的规模和形式；欧美图书馆联盟（加拿大研究图书馆协会、美国研究图书馆协会、加州大学数字图书馆、马克斯·普朗克数字图书馆等）参与到OA出版的模式。[2] 跨系统区域图书馆联盟（上海文献资源共建共享协作网、重庆市科技文献资源共享服务平台、江苏省工程技术文献信息中心、吉林

---

[1] 戴龙基，张红扬.图书馆联盟——实现资源共享和互利互惠的组织形式[J].大学图书馆学报，2000（3）：36-39.

[2] 王宁宁.欧美图书馆联盟参与OA出版的模式及其对我国的启示[J].图书馆建设，2018（3）：22-28.

省图书馆联盟和宁波市数字图书馆等)以一种图书馆集群的方式,克服系统壁垒,实现了跨界合作。❶可以看出,图书馆联盟已然在向更为广泛和更加深入的领域拓展。

国际图联(IFLA)颁布《IFLA 2019—2024年战略规划》之前,在希腊雅典举行的全球愿景(global vision)高级别会议上,着重探讨了图书馆领域如何加强内在联系,展望未来的机遇和挑战,并找到应对社会快速变化的对策。我们知道,图书馆联盟可以帮助单一图书馆获取到集群力量,这既是一种图书馆服务结构的变化,更是一种服务战术上的谋划。当图书馆与知识接受主体、政府部门、农民合作经济组织、高校教育精准文化帮扶、产业精准文化帮扶、金融精准文化帮扶及旅游精准文化帮扶等机构项目之间建立知识联盟,根据国家精准文化帮扶战略目标,彼此加强,互相促进,支持图书馆精准文化帮扶的长远目标,这时的知识联盟就具有了战略性。浙江大学陈菲琼教授指出,在所有的知识需要者和知识拥有者之间的知识模仿中,知识联盟为其提供了一个最为充分,但也最具挑战性的机制。❷实质而言,图书馆知识联盟是图书馆精准文化帮扶的一种形式,更是深化精准文化帮扶发展的一种要求,由此,我们有必要对其进行深入理解和认识。

其一,图书馆知识联盟是一种创新性的知识联结,这种联结更加有助于知识转移和知识流动。虽然图书馆联盟具有联盟的意蕴,但其表现一般为"松散"结构和"泛式"合作状态,在某种程度上缺少服务的专指性和精细度,图书馆联盟多以知识溢出的状态呈现;而图书馆知识联盟则是一种带有明确目的并以转移知识和知识创造为中心任务的联盟,其主要目标是通过联盟合作与协作来促进知识技能的应用、知识能力的吸收和积累。传统的图书馆联盟主要是基于劳动力资本、图书资料等有形资产要素的合作,而现代的图书馆知识联盟侧重的是基于知识技能和能力等无形资产要素的融合。由于知识联盟通过组织整合,形成有目标、有战略性质的机制,

---

❶ 张俊,赵乃瑄.跨系统区域图书馆联盟的集群化模型研究[J].图书馆学研究,2017(1):76-81.

❷ 陈菲琼.我国企业与跨国公司知识联盟的知识转移层次研究[J].科研管理,2001(2):66-73.

当某一图书馆精准文化帮扶过程中存有重点、难点问题时，就可以及时依托集群力量形成知识解决方案；当某一图书馆遇到难题而出现消极心理时，图书馆知识联盟会以带动的形式激发成员的积极性、主动性，形成"互助型"的知识联盟组织结构。虽然一般情况下图书馆是以个体图书馆或个别图书馆馆员进行精准文化帮扶，可一旦形成图书馆知识联盟，图书馆就可以打破地域限制，强化精准文化帮扶中的知识转移能力，这对于经济欠发达区域范围的图书馆及知识传播能力较弱的图书馆作用尤其明显，将有效提升知识共享效率，降低共享成本，共同探索精准文化帮扶规律，规避一些不合理的做法，使图书馆精准文化帮扶在更加有效的发展模式下进行。

其二，图书馆知识联盟本身就是一个开放的系统与合作的平台，主张打破传统的各自为政的独立模式，为知识管理、知识转移和知识共享创造更好的基础平台。上海大学赵炎教授等通过研究知识共享、团队成员、创新成果之间的关系发现❶：知识团队之间形成知识共享能够显著正向影响新产品的开发绩效，所获得的绩效对联盟成员主动性人格具有正向促进作用，而联盟成员获得主动性人格对后续新目标发展及开发绩效有正向影响。图书馆知识联盟不仅作为建立一个以"知识"为核心的平台，更是能够为联盟成员创造相互交流的机会，从本质上讲，知识联盟可以称为"无边界知识联盟"。一方面，对于图书馆精准文化帮扶中的知识转移来讲，图书馆有必要进行更为广泛性的知识联盟来解决知识接受主体制约发展的复杂性和满足精准文化帮扶多维性的需要，因此需要图书馆利用多元且广泛的合作来发挥知识的作用；另一方面，学者们认为异质性的团队能够实现知识、技能、网络、资金以及认知等多方面的共享，能够给合作组织带来多样化的视角和观点，进而提升决策水平和质量，发挥集体优势。❷ 广泛的知识联盟既可以发挥出行业内部优势，又能得到其他行业组织的外部助力，这对于图书馆提升知识传播能力来说尤为关键。越来越多的图书馆开始尝试探索以自身为主导，带动多元创新主体紧密联结形成图书馆知识

---

❶ 赵炎，杨笑然，王玉仙，等.善事先利器：团队知识共享与新产品开发绩效[J].科学学研究，2021（11）：2035-2043.

❷ 胡望斌，张玉利，杨俊.同质性还是异质性：创业导向对技术创业团队与新企业绩效关系的调节作用研究[J].管理世界，2014（6）：92-109.

联盟融合模式。例如，重庆图书馆作为中国图书馆学会图书馆帮扶工作委员会主任单位，通过"四联四帮"，挖掘区域联盟资源优势和潜力，搭建东西部帮扶机制，形成多主体参与帮扶的大格局态势，有效弥补了以政府为主导的"一元"主体的不足，其构成包括图书馆、社会团体、民营企业单位、媒体机构、学者、大学生、文化志愿者等，通过"梦想书屋""乡村民宿""旅游区旅图驿站"等多个项目的帮扶创建与落地实施，联动开展群众文化品牌活动等形式，增加经济欠发达地区群众对图书馆的黏性，实现基层图书馆服务效能的跨越式提升。❶ 精准文化帮扶需要社会各种组织的广泛参与，最怕的就是各自为政和各行其是。"多联盟并举、多项目并进"的图书馆知识联盟模式成为今后图书馆精准文化帮扶发展的一种趋势。

其三，图书馆知识联盟更加有利于图书馆精准文化帮扶中的知识转移进程中的知识重组和知识创新。科恩（Cohen）和利文索尔（Levinthal）最早界定吸收能力这一概念，认为主体吸收能力是主体对外部新知识的一种评价、同化及应用，最终形成自身发展的能力，并认为主体吸收能力是影响知识溢出效应的关键因素。如若从图书馆精准文化帮扶中的知识转移角度来看，不在于图书馆向知识接受主体转移了多少知识，而在于知识接受主体吸收和应用了多少知识，以及应用图书馆转移而来的知识所起的作用。上述内容隐含着一个重要信息，即要想改善知识接受主体的知识结构，图书馆必须改变原有的知识服务结构，要改变原有的知识服务结构必然要求图书馆重新组织知识，这种全新的知识组织既是图书馆服务的一部分，也是图书馆延伸服务的一种知识创新。图书馆精准文化帮扶针对的是不同的知识弱势个体和不同的知识贫困场域，不可能只用一种服务模式，每一个成功的图书馆精准文化帮扶案例都是图书馆向知识接受主体知识重组和知识创新的凝结。

从上述内容可以看出，图书馆知识联盟是图书馆对知识接受主体精准文化帮扶的一种调节效应，这种调节效应的显现将有助于弥补知识接受主体知识吸收能力的一些问题，特别是对于知识内容多样化发布、知识吸收和知识创新的相互交织、知识流的有效监测与客观评估等，同时也会助推图书馆知识服务能力的有效拓展。

---

❶ 任竞. 发挥区域联盟优势，助推文化精准文化帮扶 [N]. 新华书目报，2020-7-10.

如图3-4所示。我们将图书馆知识联盟参与精准文化帮扶协同归结为三种模式：第一种是图书馆内源式的精准文化帮扶模式，即精准文化帮扶知识协同，就是图书馆通过知识联盟合力，对知识接受主体精准文化帮扶整个过程进行服务和监管，共同应对精准文化帮扶进程中所遇到的难点，其中参与知识联盟的图书馆不仅要管理知识和重组知识，积极提升自身知识传播能力，还要为精准文化帮扶问题提供必要的解决策略，直至问题最终解决。第二种是图书馆外源式的精准文化帮扶模式，即精准文化帮扶组织协同，就是图书馆不仅要形成具有自己特色的图书馆精准文化帮扶模式，还要积极借鉴业界以外的精准文化帮扶方案融合政府组织策略，在更大范围内探索精准文化帮扶中的知识转移的可能，进而优化图书馆精准文化帮扶中的知识转移的方案，使图书馆精准文化帮扶方案更加成熟。第三种是图书馆创新式的精准文化帮扶模式，即精准文化帮扶战略协同，就是图书馆根据精准文化帮扶发展情况需要自行组建基础单元、参与单元和行动单元，与成员馆及其他产业精准文化帮扶机构共同构建知识生态圈，不是强调精准文化帮扶由哪个组织主导，而是强调如何针对知识贫困场域、知识接受主体进行知识配置与知识创新，探寻如何通过知识重组和知识创新来发展知识经济，在更大范围和更多层面推进为知识接受主体提供知识转移的可能，从而促进精准帮扶效能的提升。

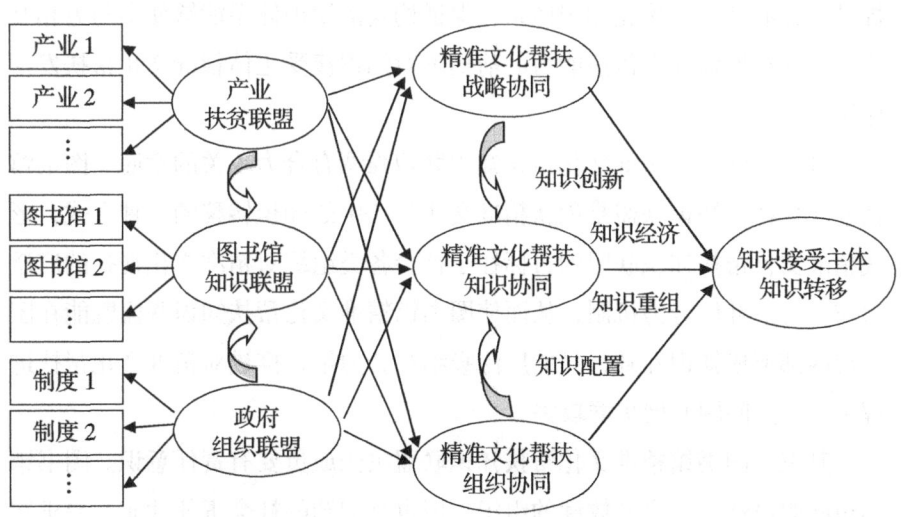

图 3-4　图书馆知识联盟与精准文化帮扶中的知识转移协同结构

知识联盟路线为图书馆精准文化帮扶中的知识转移提供了更多可能，从图书馆精准文化帮扶背景来看，图书馆知识联盟既体现着知识协同，也反映着战略协同和组织协同等知识联盟特征。具体而言，图书馆知识联盟是以联盟理念为基础，以知识为纽带，致力于形成知识协同、战略协同和组织协同的服务系统，目的在于有效配置知识资源、强化知识重组、促进知识转移和提升知识竞争力，为实现自身发展、社会需求及集中合力攻克社会问题而创新合作。图书馆精准文化帮扶一旦形成知识联盟，就能够有效地放大图书馆集群的价值，从而加快找到精准文化帮扶的有效方案和措施，巩固精准文化帮扶成果。

但是，由于图书馆知识联盟在资源、行政、经济、技术等现实层面缺少必要的约束机制，而且动机强度不尽相同，在某种程度上联盟成员处于"松散状态"，存在随意解除合作关系的可能，从长期发展来看，容易造成知识联盟的不稳定。为了提升图书馆精准文化帮扶知识联盟成功率，降低其不稳定性，图书馆在构建知识联盟时，应当着重把握以下几个方面。

其一，图书馆精准文化帮扶知识联盟形成的前提是构建知识体系。构建知识体系一方面是为了打造合作平台，另一方面是为了增强知识传播能力。图书馆知识联盟一般由图书馆主动发起并进行组织规划，成员主要由各类图书馆构成，并积极邀请社会组织以及社会群体和个体参与，受邀前提是各方能够参与构建知识体系，保证构建的知识体系能够使参与方相互受益，并在增强知识传播能力的前提下对知识接受主体精准文化帮扶发挥作用。

其二，图书馆精准文化帮扶知识联盟强调有合力攻关的意愿。图书馆精准文化帮扶知识联盟是创新精准文化帮扶中的知识转移的一种方式，形成精准文化帮扶知识联盟的目标在于社会各类组织对精准文化帮扶的广泛参与，有效补偿合力机制，从而使图书馆精准文化帮扶知识联盟既能在图书馆内部形成知识互补，又能广泛吸纳社会力量，推进对精准文化帮扶进程中的难点问题开展集群攻关。

其三，图书馆精准文化帮扶知识联盟主张成员要有责任意识。图书馆知识联盟虽然是一个开放性的组织，但也有契约的社会责任性质，要求知识联盟成员履行社会责任和创新服务，主动、积极、效率和效果等因素是评价知识联盟成员的主要指标。

其四，图书馆精准文化帮扶知识联盟需要建立制度作为保障。图书馆精准文化帮扶知识联盟体现着国家的战略目标，使图书馆、科研机构、企事业单位、行业专家和村镇帮扶工作人员建立密切联系，图书馆应当运用道德、制度和经济等多种方式来促进和保障联盟合作。图书馆精准文化帮扶知识联盟的本质是提升图书馆知识传播能力。

3.5 图书馆精准文化帮扶中的知识转移体系管理

图书馆精准文化帮扶中的知识转移的体系管理是针对图书馆精准文化帮扶中的知识转移体系发展、知识转移评价机制、多方位激励管理机制、多部门协作与协调管理机制、创新机制及制度保障机制等多方面开展的管理活动，其核心是对图书馆精准文化帮扶中的知识转移活动的一种质量管理。在图书馆精准文化帮扶发展日益深入和体系化的进程中，体系管理图书馆精准文化帮扶已经成为精准文化帮扶发展的必要手段，通过建立必要的管理机制，采取一系列必要措施，应用技术、科学、规划与管理手段，可以对图书馆精准文化帮扶中的知识转移发展进行有效保障。

3.5.1 图书馆精准文化帮扶中的知识转移体系管理及其构成

体系管理的目的在于给图书馆精准文化帮扶创造一个有利的环境，保障知识转移顺利和可持续发展。学者们在研究跨国公司、企业和大学知识转移的体系化分析时一般会涉及来自内部系统、外部网络以及来自集群的知识。这些方面既可独立存在，又存在于体系管理中。因为只有将相对独立的构件进行系统化管理才能保障知识的有效流动和转移。我们借鉴这部分研究观点，提出将图书馆精准文化帮扶中的知识转移的体系分解为：图书馆与知识接受主体、图书馆内部、图书馆联盟和图书馆集群、图书馆与外部社会组织四个部分进行体系管理，来保障图书馆精准文化帮扶中的知识转移的顺利和可持续发展。由于精准文化帮扶中的知识转移的实质在于图书馆与知识接受主体之间的知识活动，其他三个方面分别起着基础性、支撑性和拓展性的作用。由此，我们将图书馆与知识接受主体之间知识活动的管理称为"实质性"管理；其他三类，图书馆内部的知识转移为"基础性"管理、图书馆联盟和图书馆集群为"支撑性"管理、图书馆与外部社会组织为"拓展性"管理,上述四类管理构成精准文化帮扶中的知识转移的管理体系。

一是"实质性"管理。注重体现结果导向和过程导向两方面内容。既关注对帮扶馆员结果、绩效和改进体系的评价,又关注馆员与知识接受主体互动过程的成效。主要包含:选人用人制度、激励管理制度、过程管理制度等。细化包含:选人、用人、互动频次、知识渠道选择、精准文化帮扶效果、创新、价值、活动情况、信任关系、投入时间和精力、改善情况、知识接受主体反馈、知识接受主体知识吸收情况、激励等内容。具体对馆员的能力要求见表3-7。

表3-7 知识转移质量体系

一级指标	二级指标	三级指标
知识转移能力	知识转移传播能力	表达能力
		知识转化能力
		评估知识接受者需求与能力的能力
		编码能力
		解决问题能力
		方向引导能力
		换位思考能力
		建立信任能力
		知识呈现能力
	知识转移接收能力	学习能力
		理解能力
		逻辑思维
		互动能力
		联结能力
		专注力
		换位思考能力
		知识挖掘能力
	双方交互能力	知识补偿能力
		沟通能力
		关系强度
		知识响应能力
		合作创新绩效

二是"基础性"管理。重点涉及图书馆内部部门之间、馆员之间的相互配合的管理制度和保障制度。包括：精准文化帮扶部门的设置、精准文化帮扶兴趣小组和攻坚先锋队的支撑措施、对精准文化帮扶馆员的保障制度（如技术保障、知识资源保障）、复杂问题攻坚和创新激励制度等。如用刚性制度和柔性制度来系统划分，则刚性制度方面包括保障制度、激励制度、经验交流制度和培训制度等；柔性制度方面包括价值导向、图书馆社会责任、使命、文化、发展理念、领导艺术和管理技巧等。

三是"支撑性"管理。注重体现规范性和建设性相结合的优势，强化区域图书馆之间、图书馆上下级之间、图书馆联盟之间的合作制度。主要包含联盟创新制度、集群发展制度、资金匹配制度、竞争合作制度、决策制度、激励制度以及奖惩绩效制度等内容。

四是"拓展性"管理。关注知识从外部组织向图书馆精准文化帮扶注入，以及图书馆向外部精准文化帮扶组织输入两个方面。注重建立图书馆与外部组织知识转移平台深度合作制度，使图书馆知识资源优势与地区组织优势有机协调。

图书馆与企业一样，也追求效率。从图书馆精准文化帮扶角色定位考虑，图书馆精准文化帮扶中的知识转移能力是图书馆服务知识接受主体的本领。

其一，知识转移质量体系。对于图书馆精准文化帮扶中的知识转移的能力体系，在外延上理解，是经济化结构体系的构建，就是通过优化图书馆精准文化帮扶中的知识转移结构来实现知识接受主体的经济发展目标；从内涵上理解，是策略化发展体系的构建，就是通过提升图书馆精准文化帮扶中的知识转移能力来实现知识接受主体的知识转移，进而达到内生性发展的目的，如表3-7所示。由此，可以得出以下结论：①图书馆精准文化帮扶中的知识转移是一个能力的集合体；②能力是对图书馆精准文化帮扶中的知识转移进行分析的基本单元；③图书馆拥有的核心能力是图书馆精准文化帮扶中的知识转移长期发展优势的源泉；④积累、保持、运用能力是图书馆精准文化帮扶中的知识转移的根本性战略。

其二，知识转移评价机制。对图书馆精准文化帮扶中的知识转移的评价过程，其实质是实行服务质量管理、提高服务质量的过程。图书馆精准文化帮扶中的知识转移评价机制，可以用两类指标进行反映：第一类是图书馆馆员能力的变化。在精准文化帮扶中的知识转移前、精准文化帮扶中的知识转移中、精准文化帮扶中的知识转移后，图书馆馆员能够感知自己的能力发生了哪些变化，或者由于图书馆馆员能力的变化而导致的精准文化帮扶中的知识转移产出的变化，这种能力的变化又会对精准文化帮扶的绩效产生积极作用。因此，可以通过对图书馆馆员能力的测试来反映精准文化帮扶中的知识转移的效果。例如，评估人员对图书馆馆员精准文化帮扶时的反应能力、方向引导能力、感知能力、表达能力、编码能力、解决知识接受主体问题能力的变化等进行打分，表3-7中知识转移传播能力所对应的三级指标，对知识转移前后，可以量化的图书馆馆员能力的变化进行简单的判断：

$$Y=(P'-P)/P \qquad (2)$$

式中，Y表示精准文化帮扶中的知识转移后的变化率；P'表示精准文化帮扶中的知识转移后的产出；P表示精准文化帮扶中的知识转移前的产出。Y越大，说明图书馆馆员的能力在知识转移前后变化越大，精准文化帮扶中的知识转移的效果越明显。第二类是考察图书馆用于精准文化帮扶中的知识转移的投资成本。由以下3个主要部分构成：①图书馆用于精准文化帮扶相关培训、考察、精力等的投入，包括邀请精准文化帮扶专家和图书馆学专家讲解的费用、图书馆馆员带职培训的薪水、实地考察的费用和补助、馆际间和与其他组织沟通的费用、各类操作技术培训的费用等；②图书馆用于精准文化帮扶中的知识转移的激励性支出，包括对精准文化帮扶中的知识转移做出贡献的人员进行现金或物质奖励的支出、有贡献图书馆馆员职位的晋升；③图书馆为营建良好的知识转移环境而发生的支出，图书馆精准文化帮扶中的知识转移经验交流的费用、图书馆知识共享平台建设的费用、为知识接受主体知识接收所进行的投入、信任机制建立以及改善文化场域的费用等。综上所述，图书馆精准文化帮扶中的知识转移的投资成本（I）可以表示为：

$$I=E+S+C \qquad (3)$$

式中，E表示图书馆用于精准文化帮扶中的知识转移相关培训、考察、精力等的投入；S表示图书馆用于精准文化帮扶中的知识转移的激励性支出；

C 表示图书馆为营建良好的知识转移环境而产生的支出。一般来讲，图书馆精准文化帮扶中的知识转移投入越大，在某种程度上说明图书馆对精准文化帮扶知识转移越重视。在精准文化帮扶中的知识转移的进程中，知识传播能力对精准文化帮扶中的知识转移的顺利进行具有关键作用。由于知识接受主体自身意愿、认知、信任及情境等存在许多不确定性，特别是要从馆藏知识资源或其他知识体系中查找到适宜知识接受主体的知识，使知识接受主体意愿吸收，并改变知识接受主体生存现状是较为复杂且很难一蹴而就的，需要图书馆深入经济欠发达区域、深入研究、分层次才能达到目标，由此，需要建立必要的服务评价机制，经由开展精准文化帮扶的图书馆提交相关资料，包括精准识别、精准帮扶、精准管理等相关内容，提交给同行有经验的图书馆进行同行评议，提交给相关专家进行指导，提交给第三方机构进行专业评估等，使图书馆精准文化帮扶能够在缺少科学依据的前提下，借助服务评价机制推进精准文化帮扶发展。

其三，多方位的激励管理机制。激励就是不断地鼓励、激发图书馆精准文化帮扶的工作积极性和工作投入力度，为实现精准文化帮扶目标和期望而努力。社会交换理论主张主体的一切行为都是社会交换活动的结果，主体的社会交换行为都是为了获得奖励和报酬。社会交换理论有两个基本的价值取向：一是集体社会取向，强调将主体的社会交换行为归因为社会大环境的规范化引导；二是个体价值取向，强调主体的内在动机和价值取向对于其社会交换关系的影响。图书馆精准文化帮扶中的知识转移有如下几个方面的特征：一是创造性和挑战性，精准文化帮扶不同于一般性的帮扶帮助，倡导的是效率、重视的是策略、注重的是结果，以及克服困难的能力和勇气等，需要帮扶人员采取高效灵活的精准文化帮扶方法和不懈的努力，追求知识接受主体内生动力的变化和精准文化帮扶能力的形成；二是个性化强，由于图书馆精准文化帮扶面对的知识接受主体存在个体性差异，每个知识接受主体的处境和知识基础等条件都不相同，所以很难根据图书馆馆员的行为识别出他们所付出的努力；三是模糊性因素，面对知识接受主体和知识贫困场域，图书馆馆员的工作在很大程度上依赖于自身的智力投入，而一些知识产品是无形的，难以准确度量。因此，图书馆精准文化帮扶中的知识转移需要多方位的激励管理。

多方位的激励管理包括三个方面：一是目标激励，图书馆管理者要充分调动馆员的精准文化帮扶中的知识转移使命目标，通过倡导图书馆社会责任与馆员自身职责相结合，将图书馆社会价值与馆员自身发展相结合，将图书馆发展与馆员勇于接受挑战相结合，激励馆员自主性工作努力和挑战性创新相结合，激励馆员在传统工作模式和精准知识服务的角色上形成转变。二是评价激励，图书馆管理者要善于将精准文化帮扶中的知识转移任务分解，根据任务为馆员创造挑战空间和发展空间，让馆员在"空间"中找到自己的位置，使馆员都有机会参与，为馆员建立激励档案，来考察馆员的努力程度，为完成任务较好的馆员配备团队，为其提供更好、更大的发展空间。三是构建和谐的组织文化，图书馆管理者要尊重帮扶馆员，鼓励其对创新想法的应用，而且要打造相互配合的组织环境，使馆领导激励与同事激励相协调，从而形成有利于图书馆精准文化帮扶发展的自我激励。总之，为了能够有效地激励，必须从图书馆精准文化帮扶的特征出发，研究知识转移需求，掌握馆员的心理和行为特点，采取多方位的策略，才能有效激发馆员的工作热情和积极性，进一步推动图书馆精准文化帮扶的有效发展。

其四，多部门协作与协调管理机制。图书馆精准文化帮扶从个体图书馆到图书馆联盟都会涉及多部门协作与协调管理机制，可以从如下三个层面进行探讨：第一个层面，是针对某个图书馆精准文化帮扶内部的协作与协调管理，如前所述，图书馆精准文化帮扶中的知识转移所展现的往往是图书馆整体的力量，即便参与图书馆精准文化帮扶中的知识转移的是个体图书馆馆员，在个体图书馆馆员的背后仍凝聚着图书馆整体的力量，可以说，图书馆精准文化帮扶知识传播能力是一个系统动力学的展现，具体涉及知识分析、知识收集、知识整理、知识编码、经济分析以及技术支撑等多个领域；第二个层面，是针对图书馆精准文化帮扶中的知识转移体系的协作与协调管理，图书馆精准文化帮扶中的知识转移不仅需要对图书馆内部进行协调和协作管理，还需要对图书馆精准文化帮扶中的知识转移体系进行整体把握，具体包括图书馆对自身的知识传播能力进行管理，对知识接受主体的知识吸收能力进行管理，对知识关系、知识距离和环境质量等要素进行必要的管理；第三个层面，是针对图书馆精准文化帮扶知识联盟的协作与协调管理，为了发挥集群的作用，相关机构应当同时鼓励与集群内组织存在相近性或认知相近性较强的组织进入集群，不可偏失，并鼓励集群内组织相互学习先进的经验，从而提升自身的知识和竞争力。[1]同理，要想使图书馆精准文化帮扶知识联盟发挥作用，除了鼓励相关组织加入精准文化帮扶联盟，相互取长补短，发挥各自优势，还可以从协作与协调管理的角度出发，将组织结构、制度安排、标准化、利益相关者关注、人员管理、持续自我评估、培训和改进等作为不同刚性的协调工具。

其五，制度保障机制。科斯托瓦（Kostova）提出制度距离以来，制度距离在知识转移领域引起学术界广泛重视，学者们在研究制度距离对知识转移的影响时发现，知识转移在不同的制度环境中效果有所不同，不总是顺畅和高效的。例如，跨国公司在母国的制度环境下知识流动比较顺畅，而在国外差异化的制度环境中知识转移就可能会存在困难。学者陈怀超等在研究制度距离对中国跨国公司知识转移效果的影响时提及[2]，有多种内部和外部因素会阻碍组织知识转移，其中，制度距离对知识转移的影响较大，科斯托瓦提出的制度距离是一种制度环境，进一步提出了由管制、规范和认知要素构成的国家制度轮廓，也解释了一个国家的政策、共享的社会知识以及价值体系对企业活动的影响。如表3-8所示，管制距离描绘了不同地域之间法制环境的差异，吴晓云等认为[3]，制度距离可以用文化距离、经济距离、政治距离和管制距离来衡量，描绘了"可以/不可以"开展的活动。例如，对一些知识产权的管制，即便在组织之间存有管制距离，也不能进行不合法的知识转移；规范距离体现了不同地域之间行业规范和标准的差异，描绘了"应该/不应该"开展的活动；认知距离用于衡量主体与主体之间感知、理解和评价客观世界的相似性，有学者也将其称为文化——认知距离，描绘了"能/不能"开展的活动。

---

[1] 李琰，杨勇，钟念，等.基于知识传播的集群聚集能力系统动力学研究[J].系统管理学报，2011（1）：94-97.

[2] 陈怀超，范建红，牛冲槐.制度距离对中国跨国公司知识转移效果的影响研究——国际经验和社会资本的调节效应[J].科学学研究，2014（4）：593-603.

[3] 吴晓云，陈怀超.制度距离在国际商务中的应用：研究脉络梳理与未来展望[J].管理评论，2013（4）：12-22.

表 3-8 制度的分类、特征及其构成要素❶

制度三个支柱	构成要素	特征	制度二分法
管理支柱	规章、规则、法律	可以/不可以	正式制度
规范支柱	规范、价值观、信仰、假设	应该/不应该	非正式制度
认知支柱	共享的社会知识、认知结构、文化	能/不能	

从图书馆精准文化帮扶中的知识转移角度看，图书馆在馆内环境面向到馆读者服务与图书馆到知识贫困场域面向知识接受主体服务相比较，在制度距离上呈现出巨大差异，而这种差异对图书馆精准文化帮扶中的知识转移活动会产生深刻影响。需要指出的是，不同图书馆也存在着不同的制度差异，与拥有良好制度设计的图书馆相比，这种差异在用户接受知识服务中表现得尤为明显。制度变迁理论告诉我们：图书馆为了保持竞争力，需要持续地对技术和知识方面进行"投入"，才能得以生存；这些技能和知识得以"应用"的方法将渐进改变我们的制度。

---

❶ 吴晓云，陈怀超.制度距离在国际商务中的应用：研究脉络梳理与未来展望[J].管理评论，2013（4）：12-22

第4章　图书馆精准文化帮扶中的知识转移机制研究

知识的转移是知识管理过程的主要活动，有效的知识管理是知识转移成功的必要条件。对知识接受主体知识转移最大的障碍就是如何形成知识转移。因此，必须厘清知识接受主体的知识能力和精准文化帮扶中的知识障碍、精准文化帮扶中的知识转移的动因与类型、精准文化帮扶组织的知识转移、图书馆知识管理与智库支持及区域文化资源优势向知识接受主体的知识转换与转化，并作出科学判断。

4.1　知识接受主体的知识能力与知识障碍

知识转移的意义在于将知识看作是一种融入问题而不是物理现象，这就需要我们通过内在的观点和辩证的思维来看待图书馆精准文化帮扶中的知识转移发展，可以说，掌握知识接受主体的知识能力是图书馆精准文化帮扶中的知识转移的必然依据。

4.1.1　知识接受主体的知识能力

4.1.1.1　关于知识接受主体的知识能力

知识接受主体的知识能力是反映知识接受主体综合运用知识力量发展生产、改善生活、实现富裕的价值创造尺度，一般情况下，知识能力的高低主要体现在知识接受主体的学历层次或文化水平、技术特长、信息素养等能力方面。

其一，学历偏低、文化水平不高，自主知识吸收能力较为薄弱。

一般来讲，主体吸收新的知识与自身的知识基础具有较高的关联性，特别是主体对哪类知识比较精通或对哪类知识感兴趣，就可能优先选择吸收哪些新知识。因此，主体所拥有的知识或者感兴趣的知识会影响主体吸收新知识的态度。总体来看，学历偏低，文化水平不高在知识接受主体中是极为普遍的现象。尤其一些偏远地区的知识接受主体由于地理位置、环境、经济、疾病、自然灾害等客观原因，以及自身的主观因素，失去了接受现代教育的机会，其学历、文化水平都处于较低水平。然而，大多数知识接受主体过着质朴的乡村生活，这种乡村生活与现代社会发展已经形成大面积断裂，致使知识接受主体很难依靠自身的力量改善知识能力，也就是所谓的"知识发展困局"。

其二，缺少一技之长，知识动态发展能力不足。

探究知识接受主体发展能力不足的根源，以及从当前知识接受主体发展的诸多案例来看，知识技能对知识接受主体发展起着关键作用。一技之长是指在某一方面具有某种技能或特长，它通常不是通过专业知识学习获得的知识，而是通过技术传授获得的经验知识。拥有一技之长的人可能没有高学历、高文化水平，但是在某些领域却是不可替代的。比如，某些高科技领域、现代化职场确实需要高学历、高文化水平的现代化人才；而某些特殊领域和岗位，则不是很看重学历和文化水平，更看重人的一技之长，因为它在某种程度上同样能带来较高的经济效益。但是在知识接受主体中具备这样一技之长的人是极为少数，知识接受主体往往由于经济、疾病、生理等原因没有条件或能力去学习一项技术。因此，只能依靠简单的体力劳动如传统种植、养殖等，或依靠国家低保、帮扶救助等来维持现有生活。所以，缺少一技之长也是知识接受主体现有知识能力的一个重要表现。

其三，缺乏信息素养，知识发现能力较为匮乏。

信息素养能力是现如今社会终身学习的法宝，能够促进知识的不断更新和进步，是除学校教育外，较为重要的自我学习方法，有利于培养和提升知识能力。然而我国知识接受主体在信息获取、信息处理、信息利用等方面的意识和能力普遍较低，他们长期生活在相对闭塞的信息环境中，无法及时、有效地获取用于提升个人素养、提高生产水平和生活质量所需的知识和技能，在一定程度上制约了进一步发展进程甚至导致不发展在部分个体范围内恶性循环。在现代信息社会，信息素养在日常生活、工作、学习中发挥着越来越重要的作用，而对于大多数知识接受主体来说，信息素养能力的缺乏，必然会导致知识接受主体逐渐失去与现代信息社会接轨的能力，并导致其故步自封，从而陷入可怕的发展消极无力的恶性循环中。

由于知识接受主体生活在相对封闭的、落后的生活空间里，具有很弱的知识能力，与快速发展的社会契合性较差，很难适应社会的发展、竞争和创新，自然不会通过较差的文化资本来获取社会地位和经济优势，从而形成欠发展现象。世界银行提出，贫困即"缺少达到最低生活水准的能力"，其中包括四个方面的内容：收入过低、营养不良、健康状况差和知识贫困。有时土地本身并不是导致主体能力不足的主要因素，而主体的能力和素质却会成为决定主体生存空间的关键。❶ 清华大学胡鞍钢教授等在其《新世纪的新贫困：知识贫困》一文中指出，在知识化和信息化发展日新月异的 21 世纪，知识成为创造财富的基本手段，将有越来越多的经济贫困和人类贫困是由于缺乏获取知识、吸收知识和交流知识的能力所致。贫困的根本原因在于能力的缺乏，而知识能力则是发展能力中至关重要的能力。❷

知识能力是如何形成的呢？笔者借助科学管理领域的相关研究，例如，宁烨等指出，知识能力是指一个组织/主体所拥有的知识、资源和能力，以及对组织/主体内外知识、资源和能力进行协调、重构并更新的一种学识，它反映了一个组织/主体不断地从外界汲取能量，以实现与外界环境协调发展的能力。❸ 根据三元交互理论，主体行为、自身因素和环境因素是相互连接和相互影响的，而主体的知识能力正是在三者之间的相互作用与动态需求中产生的。本书认为知识接受主体的知识能力包含三个方面的内容，即基础资源能力、知识运作能力和知识机制，其关系如图 4-1 所示。

---

❶ 侯军岐，员晓哲.新阶段我国贫困与反贫困策略[J].西北农林科技大学学报（社会科学版），2006（5）：10-13.

❷ 胡鞍钢，李春波.新世纪的新贫困：知识贫困[J].中国社会科学，2001（3）：70-81.

❸ 宁烨，樊治平.知识能力的内涵与特征研究[J].科学学与科学技术管理，2008（5）：80-85.

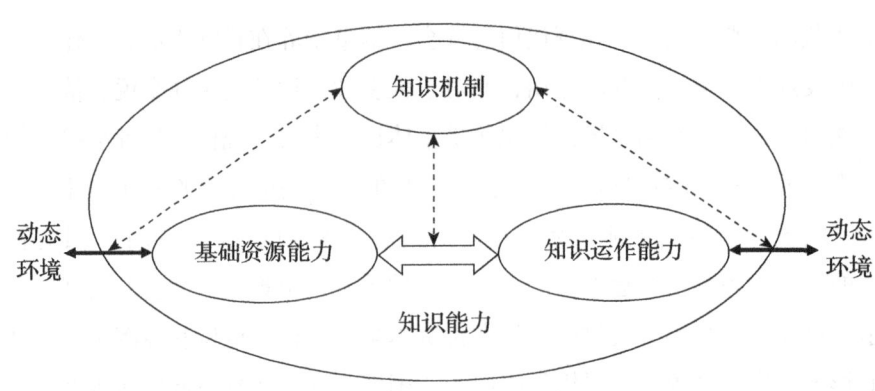

图 4-1　知识接受主体知识能力的内涵 ❶

通过图 4-1 可知，主体知识能力受外部动态环境影响、知识运作需求及知识机制构建的多重作用，而且知识能力的发展是一个动态的过程。图中实线含义代表外部交流，虚线含义代表内部交互。主体基础资源能力与知识运作能力及知识机制相互之间越协调，就越有助于主体知识能力的积累，知识能力越强大，就越适应外部动态环境的发展，而主体在外部动态环境的刺激下，也会激发主体对基础资源能力、知识运作能力及知识机制的匹配与需求，同时也会对以往的思维方式、行为模式、直觉判断、价值取向进行反思，以求进一步优化，提升知识能力。对于经济欠发达场域而言，知识流动、发展波动或幅度很小，通过外部环境对知识接受主体的影响力很小，致使知识接受主体在经济欠发达场域始终保持一种"知识低频发展"的节奏，知识接受主体的知识结构、知识能力、知识发展与知识机制之间的联结关系将呈松散状态或者失去有效关联。那么，知识接受主体的知识成分在知识动作层面及知识机制的发展层面不具有影响力，使知识处于可有可无状态，从而失去了知识的重要性。知识接受主体由于失去知识发展的机会和能力，形成了一系列的不平衡、不对称、不发展以及不经济等问题的连锁反应。

综上所述，本书将知识接受主体知识能力概括为知识接受主体以知识为核心要素动态发展能力的一种综合体现，反映了知识接受主体运用自身基础知识的能力、从外界汲取知识的能力及两者间的相互协调、融合、吸

---

❶ 宁烨，樊治平. 知识能力——演化过程与提升路径研究 [M]. 北京：经济科学出版社，2007：45.

收和运用，以实现知识接受主体与社会发展相适应的知识机制。

4.1.1.2 知识接受主体知识能力的发展要素

根据能够反映知识接受主体知识能力的研究范畴：基本技能、知识获取、知识偏好、知识设施、知识条件、知识感知、知识距离、意愿、满足、原因等主要内容，综合王子舟教授等的研究成果，将其研究内容进行概括分类处理；个体知识能力是以知识为核心要素的各种能力的综合，它分为隐性知识能力和显性知识能力两种类型，同时借鉴学者宁烨对知识能力所采取的功能分析法和能力构架观，认为知识接受主体的知识要素主要包括基础资源能力、知识运作能力和知识机制，如图4-2所示。其中基础资源能力主要包括知识存量、知识结构和沟通能力；知识运作能力主要包括知识认知、知识接受、知识吸收、知识融合、知识运用；知识机制主要包括学习机制、制度保障和匹配能力。

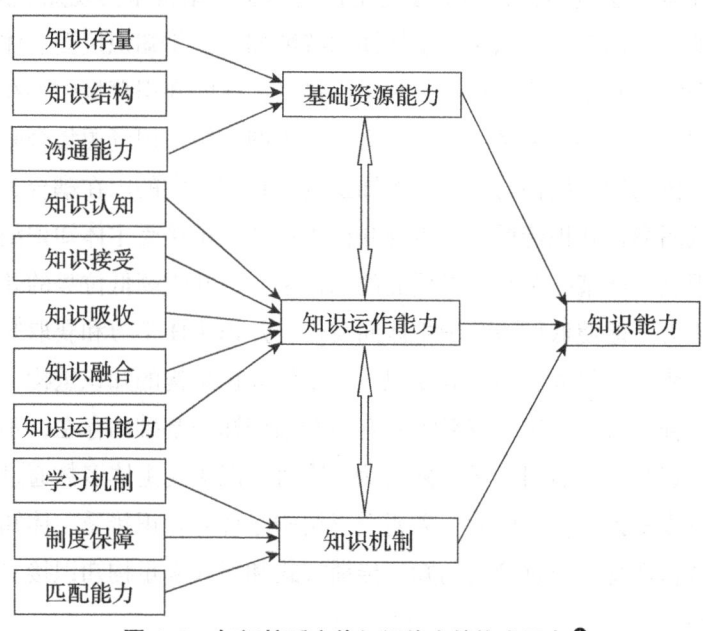

图4-2 知识接受主体知识能力的构成要素 ❶

其一，知识存量。知识接受主体的知识存量是包括显性知识和隐性知识在内的所有构成知识接受主体知识的集合。知识接受主体知识存量的特

---

❶ 宁烨，樊治平.知识能力：演化过程和提升路径研究[M].北京：经济科学出版社，2007：55-57

征如下：①知识接受主体知识存量"静止的动态"，如图4-2所示。一般来讲，社会主体与动态环境进行着活跃的知识动态发展过程，这往往与动态环境（知识情境）的关联度较大，由于知识接受主体的知识情境处于动态性静止化的状态，知识接受主体的知识存量也相对静止；②知识接受主体知识存量的位势单一，任何知识主体并不是仅包含几个细分的领域，它拥有的可能是与核心业务相关的方方面面的领域知识，其中每个领域的知识都拥有在相应的知识区位中相对的知识位势❶，知识接受主体在耕作、手工业和养殖业领域有一定的知识存量，但是在多样化知识能力方面有所欠缺；③知识接受主体的知识存量具有自己特有的"格式"，这是因为特殊的环境造就了这种"格式"的存在，而且形成了知识接受主体特有的对知识的表达方式和对问题的处理方式。

其二，知识结构。知识接受主体的知识结构是其所拥有的知识或技能为知识元素的层级结构，知识接受主体凭借层级结构来实现知识的积累、交流、整合和创造。知识接受主体知识特征如下：①知识接受主体知识结构的耦合性，基于知识的观点，对知识接受主体的知识存量中存在与其他任何知识元素有耦合关系的知识元素，对于图书馆知识资源集合来讲，知识接受主体的知识结构与图书馆的知识资源存在一定的内在耦合关系，但是需要从图书馆知识传播方来审视和促进；②知识接受主体知识结构受知识势差限制，就某一个领域或层面的知识来看，知识高低位势的差距形成的自然压力，促使低位势知识主体向高位势知识主体学习和获取知识，知识由高位势向低位势流动；③知识接受主体知识结构的知识重构，基于认识论，一种有目的的实践背后需要有一套系统知识基础的存在，不存在没有任何知识基础的有目的的实践行为。❷而知识接受主体多数通过隐性知识渠道形成知识结构。由此，需要图书馆构建针对知识接受主体知识结构的知识转移理念，通过恰当的知识传播方式和模式来重构知识接受主体的知识结构。

其三，沟通能力。沟通能力是主体知识能力的重要构成要素。知识的

---

❶ 杜静，魏江.知识存量的增长机理分析[J].科学学与科学技术管理，2004（1）：24-27.

❷ 黄小莲.整合"缄默教育知识"重构"教育教学图式"——兼谈对教育教学理论进行"有效教学"的途径[J].高等师范教育研究，2003（1）：42-48.

获取和知识运用依赖于沟通，沟通往往是知识的获取和知识运用的前提。在知识转移过程中，图书馆知识传播应根据知识特征和实际需要选择合适的媒介进行编码，而知识接受主体需要将接收到的信息进行解码，并根据自身的认知能力，形成可理解的知识，如图 4-3 所示。知识接受主体沟通能力的特征如下：①知识接受主体的沟通能力具有习惯性，这归因于知识接受主体自身知识存量和一贯的表达方式，当知识接受主体吸收知识并进行反馈时，继续沿用习惯的表达方式，就可能造成知识匹配的错位现象；②知识接受主体的沟通能力具有路径依赖性，与知识接受主体知识距离较近的是亲属和邻里，当知识接受主体有知识需求时，他们就会首选亲属和邻里，越过可信度更高的图书馆或其他机构，沟通越深，认同度越高，依赖性也会越强，沟通一定是相互的。那么，图书馆要想破解知识接受主体原有知识吸收格局，就需要与知识接受主体建立有效的沟通关系，图书馆由原有的一元关系向多元关系转变，对知识接受主体形成选择、互动、探究的深层次沟通关系。

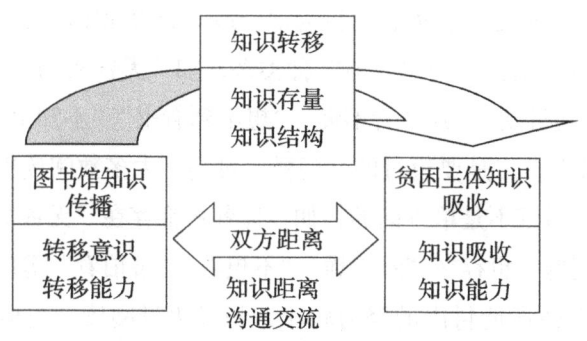

图 4-3　知识接受主体与图书馆进行知识沟通交流模拟

其四，知识认知。知识认知是指主体获得知识或应用知识的过程，是人的最基本的心理过程。它包括感觉、知觉、记忆、思维、想象和语言等。人脑接受外界输入的信息，经过大脑的加工处理，转换成内在的心理活动，进而支配人的行为，这个过程就是信息加工的过程，也就是认知过程。知识接受主体知识认知的主要特征如下：①知识接受主体知识认知具有隐藏性，认知策略是一种对内调控的技能，它所涉及的概念和规则反映人类自身认识活动的规律，而人类认识活动潜藏于人的内部，无法从外部直接观察到❶，因而这类概念和规则难以通过直观的方法观测到知识接受主体的知识认知情况；②知识接受主体的知识认知具有固化性，认知主义强调主体的认知不是由外部刺激直接给予的，而是由外部刺激和认知主体内部心理过程相互作用的结果，知识接受主体所生存的外部环境长期处于知识"贫瘠"状态，同时知识接受主体自身受知识存量和知识结构的限制，如果知识接受主体长期不能接收外部知识，而自身也不具有主动寻求知识的条件，在长期的双重知识"贫瘠"状态的影响下，知识接受主体的知识认知必然处于固化状态。

其五，知识接受。知识接受突出强调知识接受主体在知识转移进程中的重要地位，知识接受主体接受知识需要其自身有内在的动机、意愿和态度，如果知识接受主体出于自身原因，不愿意接受打破陈规的知识，知识传播者的努力就会白白付出。知识接受主体知识接受的主要特征在于：①知识接受主体知识接受遵循最小努力原则，最小努力原则理论认为，人们都遵循最小努力原则从事各种活动，图书馆精准文化帮扶领域也是如此，无论服务者还是被服务者的行为都受最小努力原则的支配，目前有三方面问题比较突出：一是"门槛"种类多，如"无钱买书""买书或借书不便""找不到喜欢的书""看不懂""想不到看书""不知道看啥书""压根儿不想看书"；二是要迈过的"门槛"过高，大多数阅读困难人士的最小努力原则障碍都不是单方面的，如各地各村都存在"无钱买书"或"借书不便"等问题，也存在"看不懂""不想看""害怕看"等问题；三是农村阅读困难群体所能付出的努力较小，积极迈过阅读"门槛"的勇气偏弱。❷②知识接受主体知识接受的无目的性，一般认为知识接受主体知识接受者与图书馆知识传播方之间存在的知识势差，知识接受主体就能接受知识，如果知识接受主体不知道接受知识有哪些用处，接受知识比不接受知识更轻松，或者知识接受不能持续给知识接受主体带来兴趣，都可能影响知识接受主体的知识接受。

---

❶ 张二虎.论陈述性知识与程序性知识的关系[J].太原师范学院学报（社会科学版），2005（1）：128-129.

❷ 王虹.农村阅读困难群体的最小努力原则需求探究[J].图书馆论坛，2015（2）：31-37.

其六，知识吸收。知识吸收与知识接受不同，知识接受突出的是主体的动机、意愿和态度，而知识吸收强调的是主体对知识的内化过程和对自身知识结构的调整。在知识经济时代，主体要想获得并维持知识能力，就必须不断地吸收外部知识并调整能够适应外部环境变化的知识结构。能力背后是知识，知识接受主体知识吸收的主要特征如下：①知识接受主体知识吸收的区隔性，在社会场域中，知识接受主体处于场域"边缘化"位置，地理环境、生产条件普遍落后，尤其在知识资源保障方面更是如此。②知识接受主体知识吸收的模糊性，由于知识要素对于知识接受主体的生活并非不可或缺的，致使知识接受主体对知识的重视程度相对较弱。例如，知识接受主体向亲戚和邻里求教耕作技术，他们不一定认为这是在学"知识"；如若认为知识接受主体对知识不重视，在问及知识的重要性或者问及在条件允许的情况下是否让孩子读书学知识时，普遍持肯定态度，课题组在调研走访时与学者王虹等发现的突出问题是一致的，即认为阅读重要的人多而阅读的人较少，争取阅读援助的人多而利用阅读设施的人较少，表现出明显的知和行不一致的状态。❶③知识接受主体知识吸收的潜在性，学知识、用知识和发展知识是主体的天性，尽管知识接受主体对知识作用存在一定的模糊性，而且受客观条件的分隔限制，但是知识接受主体在潜意识还是认可知识的作用，否则他们也不会表现出知和行不一致的矛盾现象。实质而言，图书馆促进知识接受主体知识吸收，是在构造能够激活知识接受主体潜在知识能力的条件。

其七，知识融合。知识融合是解决数据多源异构问题的有效途径，是指从众多分布式异构的知识资源中搜索和抽取相关知识，并转换为统一的知识模式，从而为某一领域的问题谋求构造有效的知识资源。知识接受主体不仅要融合图书馆知识，还涉及产业精准文化帮扶以及本区域其他知识资源的知识融合，这些知识同时助推知识接受主体精准文化帮扶，可以产生更大的力量，更会有效提升知识接受主体的知识能力。知识融合既涉及知识资源又涉及知识结构。由于知识融合是建立在信息融合和数据融合基础上的，因而利用知识融合对于提升知识接受主体知识能力具有较强的科

---

❶ 王虹，岳景艳，杨红岩，等．农村居民阅读的知与行——嫩江流域少数民族地区阅读情况调查[J]．中国图书馆学报，2015（5）：47-62．

学性。知识接受主体知识融合的主要特征如下：①知识接受主体知识融合的异构性，图书馆的知识资源是包罗万象的各类知识的集合，而知识接受主体的知识结构侧重于某一集合中的某一部分，从形态和内容上，图书馆知识包含知识接受主体知识，但从结构上，两者并不一致，要求图书馆以知识这一核心要素，从各种显性和隐性的异构情报来源中重新组织知识，融合到知识接受主体的知识结构中。②知识接受主体知识融合的固化性，如果知识接受主体多年或者几代人处于经济欠发达场域生活，其知识结构由于多年处于不变或者微量变化状态，知识接受主体对不富裕的生活和自身知识结构已经适应，以致外部知识资源对知识接受主体知识融合时需要耗费较大的力气。

其八，知识运用。知识运用能力是主体对知识系统地调动起来，用于实践活动的能力，如图4-4所示。知识运用既是联结知识认知、知识接受、知识吸收及知识融合等主观知识的纽带，更是联结基础资源知识、知识运作和知识匹配的桥梁。就其实质而言，知识运用能力始终是一个发展的过程，而且是从"知识认知—知识接受—知识吸收—知识融合—知识运用"的循环发展过程。在知识运用过程中，对于得到满意结果的个人知识进行基础资源知识存储，对于不满意的或者还需要进一步补充验证，在知识认知中发生，然后进行外部知识匹配，进而再次形成知识接受、知识吸收、知识融合和知识运用的过程，从而使主体能力不断地更新和发展。

图4-4 知识接受主体知识能力运作

其九，学习机制。学习机制一般是指各个要素之间知识流动的渠道和作用方式。知识能力的提升依赖于学习机制的建立和知识积累，而知识积累又需要学习机制的建立。1983年里文斯（Revans）指出，一个有机体要想在环境中生存下，其学习的速度必须大于或等于其环境变化的速度。1996年格兰特（Grant）指出，学习机制是设计出一组制度化的互动程序，用以促进知识交换、分享、转移、重组的过程。有些知识接受主体缺失制度化的学习机制的建立，而图书馆精准文化帮扶中的知识转移需要重新构建知识接受主体的学习机制。笔者认为，知识接受主体的学习机制由近期和远期两种机制构成：近期学习机制在于解决当前知识接受主体所面临的生存问题而构建的让知识接受主体感知知识、接受知识、吸收知识和融合知识的临时性的学习体系；远期学习机制是指以近期学习机制为契机而形成的知识接受主体基础资源知识、知识运作能力和知识机制的有序整合，构建能够使知识接受主体融入整个社会发展体系的知识融通"立交桥"，从而使知识接受主体自我管理知识，实现终身学习。

其十，制度保障。制度保障是图书馆精准文化帮扶中的知识转移的关键，只有在制度的规范和保障下，才能有效促进知识传播方主动、系统地想方设法传播知识。著名制度经济学家道格拉斯·诺思（Douglass C.North）认为：制度是一个社会的游戏规则，更规范地说他们是为决定人们的相互关系而人为设定的一些制约❶。对于图书馆的启示就是：①制度不单纯是一种规范和约束，有时能起到"双轨治理"帮扶的作用，图书馆可以通过正式制度和非正式制度为知识接受主体提供知识保障。②知识接受主体一贯缺少知识能力，当知识资源向知识接受主体聚集时，最为关键的是知识接受主体保存了多少知识，即有效转移给知识接受主体多少知识，或者说有多少知识转化为知识接受主体的知识能力。可以说，非正式制度层面的知识转移激励制度、协同制度及针对知识接受主体的"学科馆员"制度将是一个突破口。另外，对于知识接受主体应注重从信任、互惠合作、社会规范和文化层面进行"多轨"综合调控。

---

❶ 韩国元. 高校科研团队知识共享研究 [D/OL]. 哈尔滨：哈尔滨工程大学，2012 [2023-6-6]. https://kns.cnki.net/kcms2/article/abstract?v=.

其十一，匹配能力。用户与图书馆之间的良好匹配是实现用户知识预期目标，并与图书馆长期存在知识服务关系的关键。尽管用户具有学习知识偏好，由于外部供给的知识与主体知识动机、感知能力、主观评价、调控能力、情绪体验有所区别，导致用户进行了一定程度的知识匹配，但是所产生的主体行为策略却存在很大差异，如图 4-5 所示。对于经济欠发达场域中的主体也是一样，绝大多数主体都有一个共同的目标，就是过上好日子，这些主体可以分为两类：一类是把过上好日子当成现实目标，不断获取知识，尝试知识匹配，渴望获得有效的行为策略，其结果是成为乡村精英；另一类是把过上好日子当成虚幻目标，他们担心自己的感知能力、调控能力和重组能力与现实不符，反而使生活变得更糟。那么可以看出：①不同主体、不同时间、不同地域、不同偏好，进行着不同程度的知识匹配，由于影响主体匹配能力不同，其行为策略不同。②知识匹配影响行为策略，尤其正向影响会产生积极的情绪，研究表明，在调节性匹配条件下，主体对预期积极的结果情绪体验更积极，而对预期消极的结果情绪体验更消极。可以理解，主体利用知识获得了一些"小的成功"，在积极情绪的影响下，就会产生更为积极的动机。③精准文化帮扶在于"精准"，要求图书馆对知识接受主体知识匹配在多层次性、方向性和动态性方面予以准确把握，提升知识接受主体的知识能力。

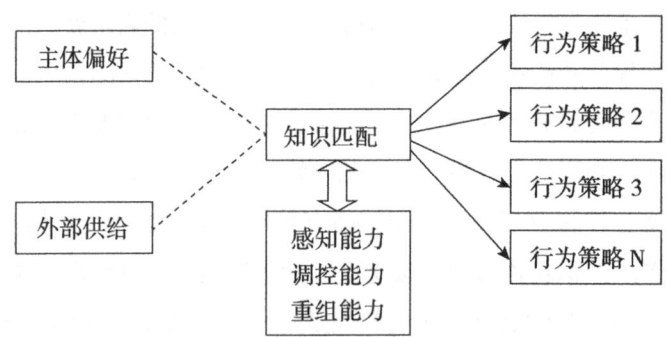

图 4-5　主体知识匹配与行为策略示意

4.1.2　精准文化帮扶的知识障碍

精准文化帮扶的知识障碍是指影响知识接受主体知识能力形成和提高的各种制约性因素。这些因素包括知识接受主体的思想观念、身体条件、读书量及当地的教育发展水平、公共文化服务水平等要素。

其一，知识认知障碍。从知识主体角度看，影响知识接受主体知识转移的主要因素是知识传播方与知识接受方在认知结构上的差异性导致知识转移的不兼容，从而影响知识转移的形成和效率。

其二，知识凝聚度障碍。这里的凝聚度是指图书馆与知识接受主体之间进行联系、交流、合作的程度。一般来讲，凝聚度偏低，会导致沟通不畅，联系中断，从而加剧误解和错误的产生，甚至形成一些知识排斥反应，从而影响知识转移的效率，甚至会误导知识转移的方向。

其三，知识接收障碍。课题组在与知识接受主体沟通时发现，如果没有沟通的"前奏"、没有谈及他们的兴趣点、没有沿用他们的说话方式，知识接受主体会表现出缺少互动、答非所问和似懂非懂的神情。为了探究知识接受主体知识接收情况，课题组修正沟通方式，尝试与下一位知识接受主体沟通时，改变沟通用语，改变引入"正题"的方式。例如，表扬知识接受主体自食其力的地方、卫生搞得好的方面、园子侍弄得很好以及自身很要强的方面等，然后，再用他们熟悉的说话方式穿插正式话题，就会比之前好得多。

其四，情境条件障碍。知识是一定情境下的产物，嵌入特定的情境之中。情境的不同，决定了知识的差异。

其五，知识转移方障碍。知识转移方知识能力是指对知识接受主体公共文化服务支持能力和识别知识接受主体的潜在用途能力及其适用条件。知识转移方障碍主要表现在：①公共文化设施建设比较薄弱，文化活动室、文化大院等农民较为需要的公共文化设施建设比较落后。②公共文化活动供给不足，如政府主导的文化下乡活动大多流于形式，基层政府仅仅是响应号召，按照指令行事。③图书馆建设发展不足，目前，我国经济欠发达乡村要么没有图书室或图书馆，要么设立了图书室和图书馆却存在资源、人才等软硬件条件缺失等运营问题，利用率不高。④馆员的自身能力和内在驱动力不足。总体来看，我国农村公共文化供给与农民文化需求存在明显的供需矛盾，说明图书馆与知识接受主体存在现实的知识距离。

其六，知识本身性质障碍。野中郁次郎（Nonaka）认为，隐性知识与显性知识不是截然分开的，而是可以相互转化的，并且显性知识和隐性知识是在不断转化的过程中创造的。在实践中，隐性知识具有非格式化和路径依赖等特性，而显性知识则要求编码准确，才能真正实现知识的有效转移。因此，无论是显性知识还是隐性知识，在转移过程中都有其自身障碍。

4.2 图书馆精准文化帮扶中的知识转移动因与类型

4.2.1 图书馆精准文化帮扶中的知识转移动因

动因问题是精准文化帮扶中的知识转移必须面对的问题，也是推动精准文化帮扶中的知识转移发展的根本途径。因此，我们将知识转移属性的知识势差、图书馆知识传播方的内驱力、职业精神、情境层面的外助力及知识接受主体的知识需求变化与知识接受主体间的知识变化作为精准文化帮扶中的知识转移动因考虑的因素。具体如下：

其一，知识势差。势能和势差是物理学概念。物理学认为，能量总会倾向于从势能高处流向热能低处，知识具有同样的属性，以能量聚集的形式存在，并会像液体一样从高区位向低区位流淌。知识势差的动因来自于：一是图书馆知识存量，尤其是涉及与知识接受主体和地域知识生态领域方面的知识量；二是图书馆人才，人才处于知识位势较高的位置，对精准文化帮扶有独特的见解，能够提高精准文化帮扶效率；三是图书馆要认清知识势差不仅在于知识数量，还在于知识质量，要积极与外部组织形成合作来提升图书馆精准文化帮扶发展关系；四是知识势差不是越大越好，恰当的知识势差更易于保持知识动能的持久。

其二，馆员内驱力。精准文化帮扶中的知识转移的动因除了专业层面的，还来自于馆员内驱力。内驱力来源于社会责任、价值、尊重和个人成就。美国著名心理学家马斯洛将人类基本需要层次分为五个层次：生理的需要、安全的需要、社会的需要、尊重的需要以及自我实现的需要。图书馆面向知识接受主体精准文化帮扶中的知识转移的驱动力来源于后三者，即社会层面、尊重层面及自我实现层面。需要强调的是，图书馆面向知识接受主体知识转移需要面临较大的难题和挑战，而且需要较大的创新和开拓，需要馆员在个人动机层面表现出较强的动机倾向、勇于接受挑战的兴趣和勇气，甚至在馆内及馆际之间形成正式或非正式团体的兴趣小组和攻坚小组，相互间形成一种激励，并将激励形成动力。

其三，职业精神。图书馆职业精神是图书馆有别于其他行业的一种存在。于良芝教授提出世界图书馆职业的基本精神包括崇尚理性和知识、维护个人获取知识的平等权利、追求知识资源的最大利用。《中华人民共和国公共图书馆法》要求，县级人民政府应当因地制宜建立符合当地特点的以县级公共图书馆为总馆，乡镇（街道）综合文化站、村（社区）图书室等为分馆或者基层服务点的总分馆制，促进公共图书馆服务向城乡基层延伸。《中华人民共和国公共文化服务保障法》明确规定，国务院和省、自治区、直辖市人民政府应当增加投入，重点扶助革命老区、民族地区、边疆地区、经济欠发达地区开展公共文化服务。加强公共文化设施建设，完善公共文化服务体系，提高公共文化服务效能。

其四，图书馆外助力。习近平总书记特别关注民生，要求必须多谋民生之利、多解民生之忧，我们的人民热爱生活，期盼有更好的教育、更稳定的工作、更满意的收入、更可靠的社会保障，我们必须动员全党全国全社会力量。❶图书馆能够成为其中的重要力量，也会凝结更多的外部力量，形成针对不同主体的知识发展体系。

其五，知识接受主体的知识接受力。随着乡村振兴等国家战略的实施，会出台一系列的鼓励政策，带动经济欠发达场域发生巨大的变化，知识接受主体会随着外部环境的变化产生知识需求和增强知识接受力。另外，知识接受主体间也会形成一种竞争力。例如，某个知识接受主体通过接受知识而增强致富能力，这个知识接受主体就会产生示范效应，而其他知识接受主体也会不同程度地形成知识获取"欲望"，来改善生活条件。

4.2.2　图书馆精准文化帮扶中的知识转移类型

知识转移是指知识跨组织或个体边界的有目的、有计划的知识共享。知识总是附着在某些载体（主体）之中，按照野中郁次郎和竹内宏高

---

❶ 习近平谈扶贫：必须多谋民生之利、多解民生之忧 [EB/OL].（2018-10-11）[2023-8-31]. https://www.12-371.gov.cn/item/529441.aspx.

（Takeuchi）的划分，知识在主体间分四个层次，即个体、群体、组织与组织间。❶知识主体的四个维度，一方面可以明确组织知识的形成与基础；另一方面也强调知识转移发生在四个层次，即个体与群体、个体与组织、群体与组织、组织与组织之间的内在关系。

笔者依据学者对知识转移主体层次的划分情况，并结合知识转移的主要构成要素特征，包括知识源特征、知识特征、知识转移情境特征和接受者特征等，认为可将知识转移分为组织内部的知识转移和组织外部的知识转移。组织内部的知识转移是组织实现组织知识共享、知识创新的重要途径，组织外部的知识转移是组织进行内部知识转移的终极目标。组织内部的知识转移主要包括个体与群体、个体与组织、群体与组织三种类型，组织外部的知识转移主要包括组织与组织、组织与群体、组织与个体三种类型。

其一，个体类型。主要是指个体知识源向知识接受主体知识转移的类型，具体表现在精准文化帮扶实践中，馆员对知识接受主体实施精准文化帮扶中的知识转移，馆员不仅担负精准识别、深入沟通、建立信任关系、营造和谐氛围和精准施策等职责，还应当体现出馆员作为知识传播者的意愿、努力程度、能力、方式和创新思维等。由于以往图书馆与知识接受主体的服务关系不够紧密，甚至存有许多"空白"，这就更加需要馆员投入和付出大量的智慧和努力，构建关系，传递知识。而且，馆员与知识接受主体之间还存有"跨文化"问题，馆员理解并认可的发展目标，不一定能够得到知识接受主体的理解和认可，致使馆员与知识接受主体需要弥合文化与"亚文化"的关系。例如，课题组2019年10月在山东菏泽市鄄城县临濮镇孙寨村等多地调研时发现，知识接受主体的行为方式、习惯、礼仪、风俗、心理定式、生活态度和价值观等非物质形式的内容严重影响着知识接受主体对知识的认知和认同，当馆员遇到这些难题时，只有坚定攻坚理念和坚持创新理念来替代避重就轻、含糊的、片段式的知识，对知识接受主体知识转移才会产生更为积极的作用。

另外，馆员还要善于抓住知识转移的时机，知识接受主体遇到生产、生活难题而沿用传统方法无法解决问题时，馆员需要千方百计地运用知识

---

❶ 唐炎华，石金涛.国外知识转移研究综述[J].情报科学，2006（1）.

来"化解"知识接受主体的问题，他们才能够真正地相信知识和相信馆员。对于馆员来讲，知识表达能力也很关键，有时用规范用语无法讲明白的问题，就要尝试用知识接受主体够理解的语言来细致讲解，一次讲不明白的还需要多次讲解，甚至借助知识接受主体的亲属来间接讲解，为了让知识接受主体获得成就感，馆员还要善于激励和表扬知识接受主体，调动知识接受主体的积极性，消减知识接受主体的消极心理和阻断知识接受主体的惰性和惯性思维，利用知识使知识接受主体从小成就变为大成功，并且形成示范效应。

其二，群体类型。主要是指多个知识源向知识接受主体知识转移的类型。群体是由两个或两个以上，为了完成一个特定的目标而组成的集合体。群体可以是正式团队，也可以是非正式团队。其特点在于群成员运用各自的聪明才智，通力合作，开发出创新的动机和灵感、激活个人的未编码知识。在精准文化帮扶中的知识转移进程中，涉及群体类型的，如农业技术人员、知识专家、图书馆、产业帮扶者、志愿者、大学生村官及知识接受主体的亲朋等，都能成为知识接受主体的知识源，也能够在两者或多者之间形成群体向知识接受主体形成知识转移，在结构较为"松散"的群体中，个体之间的相互信任、较好的人际关系、激励要素以及对待创新的态度都会对知识转移产生影响。

在图书馆内部同样存在着群体类型。例如，个体馆员对知识接受主体精准文化帮扶中的知识转移，其背后或者其本身就是精准文化帮扶馆员群体的一员，在精准文化帮扶进程中，遇到难题，可以对其进行分解和分工，针对分解的问题进行逐一攻坚和创新发展，充分利用群体优势，而对于图书馆领导应当多支持和鼓励这种"非正式组织"的存在，形成兴趣小组或攻坚冲锋队。

其三，组织类型。主要是指知识转移发生在组织之间的类型。知识转移不仅包括个体层面和群体层面的知识转移，还包括组织间的知识转移。不同区域图书馆精准文化帮扶的经验交流、知识共享和联合服务，虽然知识接受主体不同，但是精准文化帮扶的类型和性质是相通的。例如，南京图书馆向新疆克孜勒苏柯尔克孜自治州图书馆精准文化帮扶中的知识转移，南京图书馆指派专业人员赴克州现场进行培训指导、规范操作和资源管理，协助制定工作方案，并签订《南京图书馆援建新疆克州图书馆》协议，承诺长期开展协助活动等。由于图书馆之间有着相同的服务宗旨和相近的服务模式，使知识在图书馆之间流动变得更为容易。另外，图书馆之间合作的深度和广度还来源于信任机制、激励政策及联结紧密程度，如果知识转移在组织层面开展得较为顺畅，同样，会引起馆际之间馆员的相互合作、经验交流和知识互补，形成馆际之间的馆员合作关系，反过来，也会更加深化组织层面的影响。

其四，区域类型。主要是指知识转移发生在区域内或区域间的类型。区域层面是相同区域不同组织间为了一个共同的目标而进行的"共赢"合作，这种不同性质组织之间的合作是一种"互补"性合作。例如，重庆图书馆携手妇联、共青团、教育系统及社会NGO组织及全市公共图书馆共同打造"蒲公英梦想书屋"；重庆图书馆与重庆有线开展深度合作，依托重庆广电（IPTV）电台，不断推广入户服务，打造了"巴渝文化云平台"等。虽然同在一个区域，但是工作性质却不相同，正是出于共同愿景、共同合作、凝聚"共赢"，不同组织之间的知识转移取决于共同目标、信任程度、开放力度、投入强度和挖掘深度，合作得越具体、创新意愿越强、思想碰撞越有力，在图书馆精准文化帮扶中的知识转移发展方面就会产生越多的成果。由此，区域层面类型的知识转移绝不仅限于一个区域，如果条件成熟，不同区域的知识转移也会形成，如知识转移平台建设，就为其搭建平台提供可能。

4.3 精准文化帮扶组织的知识转移

依据知识转移类型的划分，精准文化帮扶组织的知识转移，是指以精准文化帮扶为目标，以组织为边界，通过组织内部知识共享、创新，以推动组织外部知识转移类型。

4.3.1 知识距离与组织内的知识转移效率

知识距离是研究知识转移、共享和交换的重要概念，是知识提供方和知识接收方之间所积累或者拥有的知识的差异性和相似度。知识距离不仅是指知识距离的远近，更代表着知识获取的难易程度。为了更好地说明上述问题，我们进一步延伸知识距离研究，从知识深度差距和知识宽度差距方面对其进行解析。

张莉、和金生认为，知识的深度距离是指主体间在某专业领域内的知识水平差距，如专家和普通学者；而知识的宽度距离是指主体拥有知识的多样性所产生知识结构的不同，如"百科全书式的学者""通才"。无论是知识深度差距还是知识宽度差距对知识转移的效率都会产生影响。如图4-6所示，T代表效率，D代表知识深度。当D值处于坐标原点或者无限大时，理论上不发生知识转移，T等于零；当D值较小时，T值较大，知识转移效率较高。这说明图书馆对于知识接受主体知识转移时，不存在知识深度距离（图书馆与知识接受主体知识量相等）或者两者之间过大，都不容易发生知识转移，并非知识量越大，越容易形成知识转移，知识转移效率越高，可能会适得其反。这就是从理论层面，为什么知识接受主体的乡亲和邻居对其容易形成知识转移，而如果图书馆仅从自身知识量的角度出发，其实对知识接受主体是不容易形成知识转移的。

分析完知识深度差距，我们再来看一下知识宽度差距，知识的宽度距离是指主体拥有知识的多样性所产生知识结构的不同，如图4-7所示。T代表知识转移效率，B代表知识深度；当B值在坐标原点时，两者知识结构完全相同，T效率值为零，不发生知识转移；当B值趋于无限大，效率T值也会趋于无限大，在理论层面上，可转移的知识也会无限多。这说明图书馆知识的多样性对于知识接受主体知识转移是有利的。

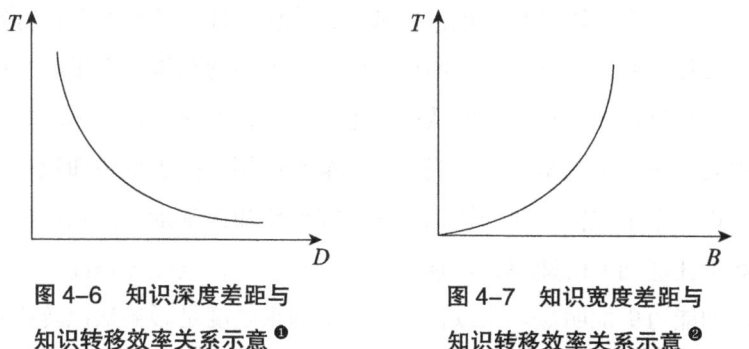

图4-6　知识深度差距与
知识转移效率关系示意❶

图4-7　知识宽度差距与
知识转移效率关系示意❷

---

❶ 张莉，和金生．知识距离与组织内知识转移效率[J]．现代管理科学，2009（3）：43-44．

❷ 同❶。

当我们理解了图书馆与知识接受主体之间如何处理知识深度差距和知识宽度差距，还需要考虑图书馆组织内部如何处理知识距离问题。事实上，图书馆组织内部也需要正确处理知识深度差距和知识宽度差距。一方面，缩小知识深度差距有利于提升图书馆组织内部的知识转移效率，如馆领导要把知识转移的方式、方法告知馆员，需要对馆员进行精准文化帮扶专题技术培训，定期在馆内举办不同部门的交流活动，鼓励馆员自行组合成非正式组织（团队）来攻克精准文化帮扶难点，针对难点问题开展"头脑风暴"等活动；另一方面，通过拓展知识宽度差距来提升图书馆组织的知识转移效率，如通过分析不同图书馆精准文化帮扶方案来确定本馆的精准文化帮扶策略，通过邀请其他行业的专家（农科院专家）来讲解他们与知识接受主体沟通交流的方式和方法，通过馆员的跨馆际交流来吸收其他图书馆的精准文化帮扶知识等，一方面，促进馆员不断吸收新知识，为组织学习提供知识转移入口，另一方面，通过吸收来的知识，为本馆的精准文化帮扶中的知识转移提供出口。

4.3.2　重叠知识与组织内的知识转移效率

重叠知识是指知识源与接受者所共有的最大知识基（knowledge base）。学者胡汉辉和潘安成指出，重叠知识在组织或个人演化过程中发挥着调节知识转移效率和改进组织学习能力两大作用。其一，重叠知识能够促使组织或个人系统地识别有价值的知识和技能，在组织或个人的社会关系和社会实践中，通常会以重叠知识作为基础，或作为评估"标准"进行知识搜索、筛选和转移。尤其对于一些用过的或者熟悉的知识，有重叠知识作为基础，就容易形成心理层面的认同，也就更容易形成知识转移。其二，重叠知识对组织或个人学习能力提升具有推动作用，由于重叠知识是主体积存的知识，也是主体信任的知识，建立在重叠知识基础上的知识也是建立认同和信任基础上的知识，特别是在复杂情况下，重叠知识促进知识流动和扩散的能力更加明显。所以，组织知识的重叠度是影响知识转移效率与学习能力的关键变量。❶

---

❶ 胡汉辉，潘安成.组织知识转移与学习能力的系统研究[J].管理科学学报，2006（3）：81-87.

我们可以提出如下问题：图书馆能够对知识接受主体进行精准文化帮扶中的知识转移，那么，其他社会组织（如农科院）能否对知识接受主体进行知识转移，究竟区别在哪儿呢？

我们可以尝试运用重叠知识和学习能力的关系进行阐释。学习是由重叠知识引发的一系列反应和一系列行为的集合。重叠知识也是决定主体学习和学习能力的关键因素。如图 4-8 所示，在知识转移过程中，知识源与知识接受方的联结纽带就是重叠知识，随着时间的推移，知识源与知识接受方在知识转移不断发展的作用下，形成更多的重叠知识，从而提升知识转移效率。关键在于，重叠知识也为主体知识转移开拓了一个路径，以重叠知识为基础，构建起知识转移关系，以知识转移关系作为纽带，形成更多其他类型的知识转移，也就是从"同质性"知识向"异质性"知识发展。另外，随着知识源与知识接受方重叠知识的不断缩小甚至"重合"，知识转移的效率会逐渐下降。所以，重叠知识在一定范围内呈正相关性，超过了这一范围，知识重叠度与知识转移效率和学习能力呈负相关性。

图 4-8　知识转移与学习能力的深化关系 ❶

我们以农业科学院精准文化帮扶中的知识转移为例进行说明。农业科学院担负着国家和区域农业重大基础与应用基础研究、应用研究和高新技术研究的任务，致力于解决农业及农村经济发展中基础性、方向性、全局性、关键性的重大科技问题，为农业增产、增效、农民增收注入了强劲动力。由于农科院的实践特性，需要与村民和知识接受主体建立长期的"合作发展关系"，这种合作与发展就是建立在双方"天然的"农业技术重叠知识基础上的关系，而且，随着时间的推移，重叠知识强度和范围不断扩大，一方面农科院与时俱进，针对不同的农业问题，不断地加强研究；另一方面，村民和知识接受主体也由于重叠知识的不断积累，更加信任和认同农科院的知识，并且农科院与村民和知识接受主体都在不断地增加知

---

❶ 胡汉辉，潘安成.组织知识转移与学习能力的系统研究[J].管理科学学报，2006（3）：81-87.

识，使重叠知识保持在一个较为"理想"的正相关范围，使知识转移得以较好地实施。

对于图书馆来讲，应当对重叠知识予以充分重视，我们通过或借助重叠知识既可以发展原有"知识基"基础上的知识，即在知识接受主体原有知识的基础上进行知识转移，更为重要的是，图书馆还可以利用"知识基"建立信任和认同关系，在原有"知识基"基础上进行知识拓展，利用图书馆信息中心优势、智库优势、知识多样性优势、联盟优势及其他职能优势，使知识接受主体对图书馆知识服务产生信任和认同，从而提升知识转移效率。

4.3.3　精准文化帮扶下的组织知识转移

组织知识转移分为组织内部知识转移和组织外部知识转移。组织内部知识转移是组织内部的知识共享，是组织内生动力形成的重要通道。为此，作为组织必须创造条件让共享的结果符合组织内个体利益，从而使个体知识顺利实现知识转移，这些条件主要有互惠、名声、兴趣，他们在"组织中起着支付机制的作用，是组织内个体之间、群体之间信任关系顺利运作的必要条件"。根据"知识螺旋"（SECI）模型，个体知识转移过程分为社会化（个体到个体、隐性到隐性）、外化（个体到团体、隐性到显性）、整合（团体到组织、显性到显性）、内化（组织到个体、显性到隐性）四种模式，这实际上也是组织内部知识转移的四个阶段。❶

依据这四个阶段，精准文化帮扶条件下组织内部的知识转移必须依据知识转移对象的主观诉求和客观条件。首先，知识转移主体要明确知识转移对象的地域文化、知识需求和文化水平；其次，知识转移主体通过对知识转移对象的知识需求、知识水平进行分析和评估，通过组织内部的知识转移和知识共享，制定合适的知识转移方案；再次，知识转移主体依据定期跟踪、考察的结果，在组织内部进行知识共享，及时修正知识转移方案；最后，知识转移主体对最终的知识转移成果进行评估，通过组织内部知识转移，总结经验，调整方案，为后续的知识转移做好准备。以上是精

---

❶ 唐炎华，石金涛. 国外知识转移研究综述[J]. 情报科学，2006（1）：153-160.

准文化帮扶组织内部知识转移情况，精准文化帮扶组织外部知识转移发生在组织之间，其知识转移目标主要是提升知识转移对象的知识能力，以增强其发展能力。

4.3.4　精准文化帮扶下图书馆组织知识转移的前提条件和流程

图书馆知识转移是以图书馆馆员为知识转移主体，基于图书馆自身的知识信息资源、人力资源、现代信息技术，对图书馆内外部知识资源进行挖掘、加工、整合、存储、输出等，向组织外部提供知识资源或知识产品（经过加工、整合处理的），使知识在不同主体（组织、团体或个人）之间流动，从而缩小知识差距，促进知识传播和共享的过程。图书馆知识转移是知识转移的一种特殊模式，它是以图书馆为媒介展开知识转移与共享活动的。❶ 图书馆由于其自身拥有丰富的知识信息资源、人力资源、技术资源，先天具有进行知识转移的优势；而知识转移则有利于图书馆资源优势的充分发挥，有利于图书馆知识的创新和增值，有利于图书馆职能的扩展和社会价值的实现。

4.3.4.1　图书馆知识转移的内容

图书馆知识转移主要包括显性知识与隐性知识，二者可以相互转化。显性知识主要包括各类纸质文献资源（书籍、期刊、报纸等）、"数字化资源"和"网络虚拟资源"等。"数字化资源"是将图书馆收藏的纸质文献进行数字化加工、处理生成的数据库资源，如书目数据库、特色数据库、全文数据库等馆藏数字化资源。"网络虚拟资源"是指对大量网络虚拟资源进行筛查、选择、加工、整合，使大量无序信息有序化，以形成图书馆特色数据库资源。而隐性知识则主要存在于人的头脑中，隐性知识需要通过图书馆组织内部的知识转移实现知识共享，通过隐性知识向显性知识的转化，形成图书馆组织创造性知识产品，可以通过图书馆专题讲座、文化宣传活动、主题展览等方式实现知识的外部转移。

虽然图书馆精准文化帮扶可分为显性知识与隐性知识，但从精准文化帮扶功能实现上以合成性知识和引导性知识进行额外的帮衬。合成性知

---

❶ 周九常，莫祖英. 制度安排对图书馆知识转移与共享的推进 [J]. 图书馆理论与实践，2009（4）：1-5.

和引导性知识不是独立于显性知识与隐性知识之外的知识类型，而是由显性知识与隐性知识交互而成的知识策略。因为人脑本身具有合成作用，而接受知识却需要一定的引导条件，无论是馆员还是知识接受主体，知识发展都会涉及将显性知识或隐性知识接收过来融入自身的知识体系当中，然后，进行输出形成新的知识，在此过程中既有合成性知识的内在作用，也有引导性知识的参与。所以，在对知识接受主体进行精准文化帮扶中的知识转移时，馆员时常充当知识接受主体的"外脑"，帮助知识接受主体进行判断、分析和求证，确定知识是否精准和恰当，然后由馆员对相关知识进行"合成"，再辅以引导知识接受主体所能接受的方式输出给知识接受主体。需要强调的是，精准文化帮扶中的知识转移不是一次性的活动，而是过程性的结果。笔者认为，图书馆知识转移的内容除了必要的馆藏显性知识，更需要图书馆对显性知识转化而成的隐性知识，还需要心理学、知识科学、营销学、经济学以及社会学等多方面的知识合成与引导。

4.3.4.2 精准文化帮扶下图书馆组织知识转移的前提条件

依据知识转移的一般影响因素和组织知识转移的特点，精准文化帮扶下图书馆组织知识转移需要具备必要的前提条件，这些前提条件包括：知识转移的战略定位、知识转移的激励机制、知识转移的信息技术、知识转移的馆藏资源建设、知识转移的组织文化。

其一，知识转移的战略定位。精准文化帮扶下图书馆知识转移的战略定位关系到图书馆知识转移的发展方向，是图书馆知识转移工作的重要前提。因为精准文化帮扶下图书馆只有先明确知识转移的战略定位，才能在知识转移过程中做到有的放矢。

其二，知识转移的激励机制。精准文化帮扶下图书馆知识转移的高效率离不相关人员的积极性、创造性工作。通过调动馆员的工作积极性和主动性，激发馆员的创造性潜力，以促进组织内部隐性知识与显性知识的转化，实现组织内部知识的共享和创新。

其三，知识转移的信息技术。随着现代信息技术的迅猛发展和图书馆海量的知识信息发展的需求日益扩大，图书馆需要更加先进的信息管理技术、更加智能的信息管理系统和更加完善的信息服务，才能为读者和社会提供更高效、便捷的综合性信息服务。

其四，知识转移的馆藏资源建设。丰富的馆藏资源，是精准文化帮扶下图书馆进行知识转移的重要前提和物质保障。图书馆馆藏资源主要有图书、报纸、期刊等纸质文献和数据库、多媒体等数字化文献。

其五，知识转移的组织文化。组织文化是指组织成员的共同价值观体系。良好的组织文化有利于组织内部形成团结、稳定的工作氛围，有利于增强组织的凝聚力与知识创造力，有利于激发组织个体工作积极性、责任心和创造性。

4.3.4.3 精准文化帮扶下图书馆组织知识转移的流程

精准文化帮扶下的图书馆组织转移要在精准识别知识接受主体的基础上，向知识接受主体进行精准知识转移和动态管理，并对知识转移成果进行精准考核。

其一，精准识别知识接受主体。图书馆要在充分了解所在经济欠发达地区的公共文化服务水平、教育发展水平、文化发展背景及文化发展建设水平等情况的基础上，精准识别工作主要是在以往知识能力不足人员识别的基础上，查漏补缺，并着重以精准识别知识接受主体的知识能力、文化需求为工作重点，通过入户走访调查、问卷调查、网络调查、动态管理等方式进行精准识别。

第一，入户走访调查。通过入户走访调查能够更直观、详细地了解知识接受主体的知识能力、文化需求、精神状态等情况，但其耗时长，需要足够的人力，因此，入户走访调查方式主要针对的是身体条件差、学历水平不高的知识接受主体，这类知识接受主体有的由于长期患病或意外事故导致身体不便，而有的是不识字，因此无法采用问卷调查、网络调查方式，只能通过入户走访调查方式了解其精神面貌、文化心理诉求、知识能力。

第二，问卷调查。问卷调查方式的优势是不需要投入大量的人力即可了解调查对象的相关信息。只要是能识字、具备基本读写能力的知识接受主体，都可以采用问卷调查方式。

第三，网络调查。网络调查方式具有即时性、互动性的特点，主要针对的是网络服务覆盖地区且有条件上网的主体。

第四，动态管理。为了提高识别的精准度，图书馆要对识别出的知识接受主体进行多次核实、校对，以尽可能避免失误现象发生。对于知识发展能力较好的知识接受主体要做好动态跟踪，及时查漏补缺。

其二，精准文化帮扶下图书馆知识转移。图书馆在精准识别出知识接受主体及其精神状况、知识能力、文化需求之后，首先要制定精准文化帮扶下知识转移的策略，然后依据策略有针对性地开展知识转移，具体包括以下几个方面。

第一，制定知识转移策略。精准文化帮扶下图书馆知识转移策略制定得是否精准，直接关系到图书馆知识转移工作的成效和精准文化帮扶的精准性。制定知识转移策略需要充分考虑知识接受主体所在地区的文化发展传统和地方特色文化，以及知识接受主体的知识能力和文化需求等方面的诸多因素，只有综合考虑，才能确保精准文化帮扶下图书馆知识转移工作成效的大大提高。

第二，激发内生动力。由于知识接受主体的旧有思维习惯受地方风俗习惯、文化发展水平、经济发展水平、教育发展水平等因素的影响较深，原有思维定式的改变和内生动力的形成不是一朝一夕之功，它需要长期、持续性地渗透、影响。由此，图书馆可以与村镇负责人、驻村工作队、文化部门协作，经常性地以电影、文艺演出、专题讲座等老百姓喜闻乐见的方式不断地渗透、激发知识接受主体的内生动力。

第三，分层次进行知识转移。基于知识接受主体的知识能力、文化需求的不同，图书馆进行知识转移要因人而异。其一，图书馆要与村镇负责人、驻村帮扶工作队、文化帮扶机构或组织、志愿者进行知识交流、共享，并达成共识，分工协作，分层次、分区域向知识接受主体进行知识转移；其二，对于缺乏识字能力的知识接受主体，图书馆可以通过放映科教纪录片、科教电影，举办科教知识讲座、文艺演出的方式为其传授可操作性强、难度适中的相关专业技术知识，以提高其相关专业技能；其三，对于具有小学、初中以上文化水平的知识接受主体，可以通过定期举办专家讲座、专题讲座和展览、文化活动、阅读推广等方式向知识接受主体进行推广，向其推荐合宜的科技书籍，提高其阅读兴趣和阅读能力，培养其自我学习专业技术知识的能力，并通过定期动态跟踪、专家指导监督其知识学习；其四，对于网络服务覆盖地区有能力上网的知识接受主体，可以在采用上述方法的基础上，通过图书馆的官网、微信公众号向知识接受主体推送相关信息，通过与知识接受主体的及时互动，既拓宽了图书馆知识转移的渠道，又提高了图书馆知识转移效率；其五，图书馆应该与当地的文化机构、组织合作，推动当地特色文化产业的开发，并向当地企业进行知识转移，形成地方特色文化产品和文化品牌，以推动当地非遗文化产业的开发与保护。

其三，适时，想表达恰当的时候和适宜的时候，时间上正合适、动态跟踪考察可以使图书馆及时了解知识接受主体的知识接收、知识能力提升情况，能够反映出图书馆知识转移的策略是否精确、合理，以便于图书馆适时调整知识转移策略，更好地促进知识接受主体的知识转移。首先，能力考察，根据知识接受主体对问题的解决能力进行考察，知识要点掌握情况，依然存在的问题等，通过谈话了解知识能力不足主体的精神状况、知识接收情况、存在的问题，并做好记录；其次，项目考察，根据知识接受主体对项目参与的态度，以及项目实施的正确性等，通过直接沟通、实地调研和问卷调查的方式了解知识接受主体的精神状况、知识接收情况、存在问题、反馈意见等；再次，融汇考察，根据知识接受主体与其他村民的知识交流情况和变化等内容，通过知识接受主体自述的方式来了解，也可以通过走访村干部和村民了解知识接受主体的知识变化；最后，进程考察，根据图书馆精准文化帮扶计划和策略的实施综合考察知识接受主体的知识发展等内容，通过分解计划并辅以分值，进行客观性打分来衡量计划的科学性、策略的有效性和图书馆的创新性。

4.4 图书馆知识管理与智库支持

知识管理与智库是致力于知识创新和知识实践的重要范畴。可以说，这两大领域与图书馆有着天然的联系，更是图书馆知识服务和面向未来发展的重要"工具"。在知识经济背景下，"知识"被当作组织的一种重要战略资源参与竞争，它被认为是提高组织核心竞争力，并能够获得持续竞争优势的源泉。

4.4.1 以知识转移为核心的图书馆精准文化帮扶知识管理

知识管理的出发点是把知识视为最重要的资源，将最大限度地开发和利用知识作为提高组织发展能力的关键，其过程就是对知识进行挖掘、组织、管理和利用。

4.4.1.1 精准文化帮扶下图书馆的知识获取、存储与创新

图书馆的知识主要包括显性知识和隐性知识，精准文化帮扶下的知识管理要求图书馆在显性知识管理的基础上加强对隐性知识的挖掘、存储、创新和利用，其终极目标是通过对知识的高效管理为精准文化帮扶下图书馆的知识转移提供重要保障。

其一，相关政策知识的挖掘、存储。精准文化帮扶相关政策知识是精准文化帮扶下图书馆知识转移的重要依据。图书馆要充分地挖掘、存储、管理有关我国精准文化帮扶政策精髓、要义的核心知识。首先，政府部门是我国精准文化帮扶政策隐性知识的主要拥有者，图书馆可以邀请相关专家和政府相关部门人员通过专题讲座、座谈会等方式讲解精准文化帮扶政策核心知识；其次，图书馆可以通过视频、音频、图片等存储方式，对专家或政府工作人员的相关政策隐性知识加以记录、存储；再次，图书馆可以通过业内的知识交流、学习和知识共享，形成行业共识，确立精准文化帮扶下图书馆的行业服务定位、服务规范、服务方向；最后，图书馆可以通过组织内部的交流、学习，明确各个图书馆在精准文化帮扶中的服务对象、工作规划、工作目标。此外，图书馆还要与相关政府部门合作，获取、共享其政策、文件精髓性知识资源，增强精准文化帮扶政策隐性知识的储备和管理。

其二，精准文化帮扶下相关知识的获取、存储与创新。精准文化帮扶下的图书馆知识管理就是要最大限度地实现知识的获取、存储、创造和应用。首先，图书馆要通过对经济欠发达地区的事先实地调研考察进行相应的分析评估，并依据分析结果结合本馆的现有馆藏资源，通过组织内部的知识交流、共享，实现组织内部的知识增值，制定出合理、适宜的知识转移方案；其次，图书馆要充分地了解相关文化部门、文化机构、文化企业和文化团体的信息，可以通过交流会、座谈会、讲座等方式获取其文化精

准文化帮扶隐性知识，并采用多种记录方式加以存储和管理；再次，图书馆可以通过官网知识资源共享、知识传递实现图书馆与其他部门、机构、组织、企业和团体的知识最大化共享、管理和利用；最后，图书馆馆际间要充分实现隐性知识资源的共享和利用，通过隐性知识的共享、利用实现知识的有效管理。此外，图书馆可以通过实体馆藏、多媒体数据库、网站、微信公众号、微博等方式对隐性知识加以存储，以确保知识管理方式的灵活性和多样性。

4.4.1.2 精准文化帮扶下图书馆的知识利用

通过图书馆精准文化帮扶知识管理体系发展精准文化帮扶动力。图书馆精准文化帮扶重点在于知识传播能力，而知识传播能力的基础和保障在于知识管理。知识管理研究的关键在于人的管理、组织行为的管理和各类战略资本的管理。

其一，人的管理。人的管理就是对人力资本的管理，也是对智力结构资本的管理，集中反映了图书馆集体乃至图书馆群体的智慧，包括图书馆群体的技能、创造力、解决问题的能力、领导能力和管理技能等。知识管理重点是发挥人才的作用，开发馆员的潜力，把馆员个人的知识汇聚成图书馆集体的知识，并将汇聚而来的知识恰当地应用，确保知识得到良好的循环应用。对于图书馆精准文化帮扶来讲，建立精准文化帮扶专家库、精准文化帮扶经验库、研究成果库、方法库、相关新闻库、知识接受主体知识发展库等是必要的，还要建立知识交流机制管理，鼓励图书馆精准文化帮扶领域的知识创造与共享，提高图书馆精准文化帮扶的智慧应变和知识创新。

其二，组织行为的管理。一个组织的发展仅依靠自身能力是不明智的，对于图书馆精准文化帮扶中的知识转移来讲：①建立组织内部交流网。在精准文化帮扶中的知识转移流程中实现知识的交流和传递，从而促进整个图书馆内部的知识协作。②动态知识管理。全面管理图书馆精准文化帮扶的动态知识，确保图书馆拥有的知识能够更好地发挥作用，还要关注外部知识，使图书馆通过学习外部知识，强化图书馆精准文化帮扶中的知识转移。③数据仓库。储存图书馆通过各种来源积累起来的历史发展数据和现有政策数据，以及其他精准文化帮扶组织，整合后用于图书馆精准文化帮扶管理和分析。④工作流管理。工作流是指一系列连续性的行为或步骤，往往涉及多人。这项工作旨在通过对图书馆知识的结构化流动和利用来提高精准文化帮扶处理的相关性和效率。⑤协作和工作管理。保证图书馆与知识接受主体在协作性的环境中管理文档、处理关键工作。

其三，各类战略资本的管理。在图书馆精准文化帮扶进程中，除了上述常规知识管理，还需要外部知识和外部智慧来丰富图书馆精准文化帮扶发展，使知识有更为广阔的发展空间。以湖北恩施为例，恩施市有吉心村、杉木坝村、穿洞村、大木村等40余个国家经济欠发达村，尽管全州有3358种药用植物，有丰富的环境资源，有恩施黑猪、恩施黄牛、恩施马头羊、恩施黑山羊、恩施麻鸭、景阳鸡、华中中蜂等重要的畜禽类地方生物遗传资源，但这些资源在以往并未受到应有的重视。图书馆帮扶馆员与相关工作者以"生态+技术+智力"开展智力精准文化帮扶，提升连片特困区竞争力与自生能力，利用恩施市富硒区域生长的红三叶、白三叶、紫花苜蓿等牧草及红薯、马铃薯、玉米等粗粮为饲料，利用富硒农业环境，发展恩施黑猪、恩施黄牛、恩施马头羊等特色富硒牧业；通过申报土家腊肉传统制作技艺等国家级非物质文化遗产打造区域特色品牌；通过发展"互联网+富硒畜牧业+精准文化帮扶"，实现畜牧业的智能感知、智能决策、智能分析、专家在线指导和智能化决策。可以看出，图书馆一方面利用知识资源和知识管理优势参与到本地精准文化帮扶项目中；另一方面，对本地的非物质文化遗产、中华老字号、中国重要农业文化遗产以及涉农资本进行特色知识管理，丰富精准文化帮扶路径。

4.4.2 精准文化帮扶下图书馆智库支持

4.4.2.1 智库

智库是一种以知识为核心的"软实力"组织，与图书馆有着不解之缘。从智库的发展历程来看，智库离不开图书馆，图书馆也需要具备智库的功能。例如，中国社会科学院图书馆一直发挥着社科智库的功能；广东省科技图书馆，其功能中明确提出了为省委、省政府提供战略决策参考的功能和为产业化发展提供服务。

4.4.2.2 图书馆智库与精准文化帮扶中的知识转移

智库的生产原料是知识，所产出的也是知识，知识经过智库向图书馆内部转移,我们称之为内循环;向政府传导的知识,我们称之为外循环。如图4-9所示。需要说明的是,内循环经过智库的输入、智库知识活动和智库输出,也会向政府转移形成外循环;而外循环经过同样的路径也可以转向内循环。由此,我们进行详细分析。

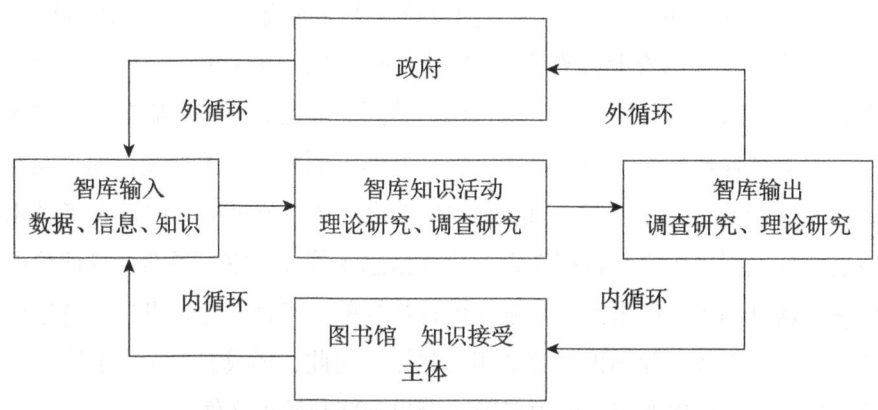

图4-9 智库与图书馆精准文化帮扶中的知识转移

其一,内循环。重点体现在以下几个方面:一是助力图书馆形成科学的行业精准文化帮扶中的知识转移战略规划、政策分析建议、咨询分析报告及决策分析报告等,促进图书馆精准文化帮扶中的知识转移顶层设计的形成,促进各类图书馆对精准文化帮扶战略形成认同,促进更为强大的知识传播力生成。二是为图书馆精准文化帮扶中的知识转移的关键环节提供方略选择,图书馆在精准文化帮扶中的知识转移进程中,会遇到各种疑难问题,有些问题表面无足轻重,但会影响到图书馆的声誉;有些问题难以取舍,甚至会影响到知识转移的成败,自然就关乎到精准文化帮扶的成败,如果能得到图书馆智库保驾护航,可以提高基层图书馆精准文化帮扶中的知识转移的效率。三是通过智库影响力使图书馆精准文化帮扶中的知识转移获取外部力量的支持,智库的影响力是权力的一个方面,这种权力不是通过强迫,而是采用言语的方式或者某些潜移默化的行为,借助各种传播手段达到影响他人决策的目的❶,那么,智库可以通过影响力的能动作用获得,如农业专家的知识支持、政府部门的政策支持等。四是促进多领

---

❶ 陈媛媛,李刚,关琳.中外智库影响力评价研究述评[J].新疆师范大学学报(哲学社会科学版),2015(4):35-45.

域智库的合作，形成跨领域合作。图书馆智库可以在智库层面与其他领域智库开展合作，图书馆可以及时掌握精准文化帮扶发展动态、经济情报、舆论情报以及各类调研数据，并积极参与到其他领域的精准文化帮扶中来，从而开展更大范围的联盟合作。

其二，外循环。图4-10为美国农业部农业研究服务局（USDA-ARS）的一个实例，美国农业部农业研究服务局成立于1953年，是典型的官方农业智库，图书馆与该智库交流合作，共同为美国农业事务服务。通过运用知识促进各州的农业知识技术发展，并影响到联邦相关立法，如《联邦农业完善和改革法案》等。如图4-10所示，在办公机构专门设置了技术传递办公室用于传递和转移知识；成立信息主管办公室、科学质量评价办公室及信息部等部门来保障政策和评价指标的准确性；通过设置在各地区的实验室获得数据和知识及验证相关数据。由此，形成有影响力的研究报告，反馈给美国农业部，助力美国政府出台联邦政策文件。

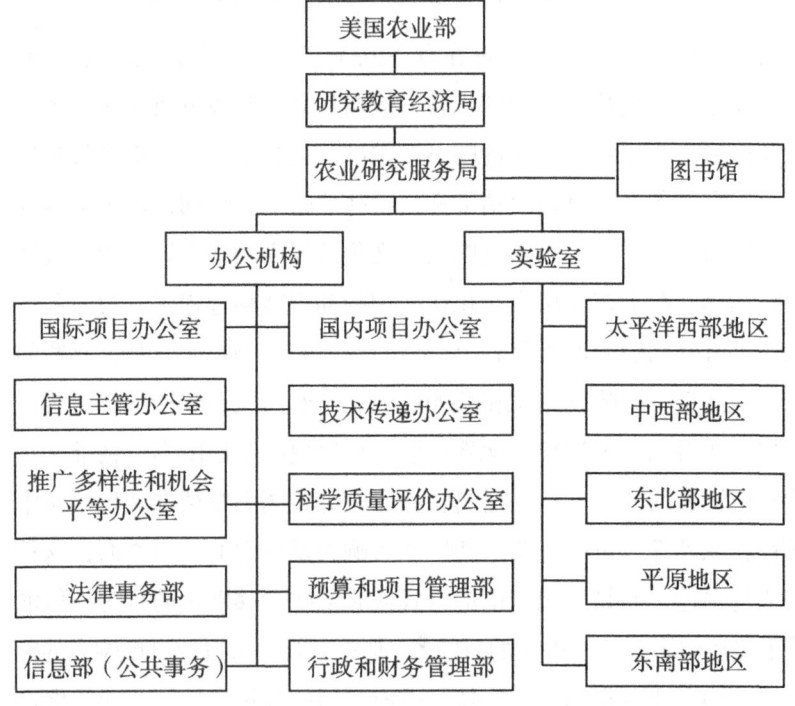

图4-10　美国农业智库（农业研究服务局）结构图❶

---

❶ 梁丽，张学福.美国农业智库组织结构、运作机制及启示[J].中国农村经济，2016（6）：81-92.

图书馆精准文化帮扶中的知识转移也需要智库承担起相应的责任：一是搜集数据、知识为政府出台相应文件助力；二是在建设图书馆知识转移平台为知识交互的准确性提供保障；三是为各区域的知识转移提供知识数据和指导；四是为形成图书馆精准文化帮扶"催化超循环"贡献智慧（详见6.4节）。

4.4.2.3 构建图书馆智库促进精准文化帮扶中的知识转移科学发展

图书馆提供精准文化帮扶智库支持主要通过精准文化帮扶智库建设来进行，分为四个层面：一是成立图书馆智库服务部门，二是图书馆智库平台建设，三是图书馆智库人才培养，四是加大人才交流和宣传引导力度。

其一，成立精准文化帮扶智库服务部门。构建精准文化帮扶智库服务是图书馆开展精准文化帮扶智库建设的重要保障，只有具有统一工作目标、工作内容的团队协作才能确保服务的专指性、高效率。因此，图书馆要确保为精准文化帮扶专家、机构、组织和知识接受主体提供专业化的智库支持，包括信息服务层面、技术层面和知识保障层面的内容。

其二，智库平台建设。图书馆在做好知识管理的基础上，利用信息技术，搭建智库服务平台，以确保智库服务平台与时俱进。首先，图书馆要做好相关专家学者、组织机构的需求调研工作，以充实现有文献资源，调整现有文献资源组织形式与内容；其次，图书馆要与相关领域的专家、学者进行交流与协作，通过集思广益搭建智库服务平台，以确保平台建设的专业性、科学性和实用性；最后，图书馆要充分利用大数据、云计算等先进技术，进行不同类型平台的探索与搭建，如智库云平台、智库微信平台、智库情报服务平台等。

其三，智库人才队伍。智库人才是图书馆智库服务的提供者，也是图书馆开展智库服务的重要前提。首先，注重引进图书情报学、哲学、政治学、计算机、统计学等多领域专业人才并进行智库人才的培养；其次，激发本馆知识型人才的潜力，鼓励馆员参加智库会议及相关培训，培养、充实智库人才队伍，以提高图书馆智库服务能力；最后，聘请各个领域的专家、学者充实到图书馆智库服务队伍中，以实现借智借力。特别要指出的是，入库专家要由智库服务领域的资深人员组成，主要负责对帮扶开发重大决策及其实施，提出咨询意见和建议以及对重要帮扶规划和重点帮扶项目等进行评审、论证，评估帮扶攻坚责任、专项规划和重大政策措施落实情况等。

其四，加大人才交流和宣传引导力度。图书馆要经常组织智库人才交流会或座谈会，通过交流激发馆员的创造力，实现隐性知识和显性知识的有效转移，以不断提升其智库服务能力。加大智库的媒体交流力度，引起社会多方的注意，吸引更多的社会组织参与到图书馆精准文化帮扶发展中，提升智库建设和精准文化帮扶中的知识转移的发展水平。

4.5 区域文化资源优势向知识接受主体的知识转移与转化

4.5.1 区域文化资源与文化资本

文化资源是非独占的、可再生的动态财富，对于经济活动和主体发展具有重要作用。文化资源本身具有鲜明的区域性特征，不同人文、不同民族在特定的地理区域范围内，积淀下来的物质性和精神性载体会有所不同。对于一些经济欠发达区域来讲，其文化资源反而会保存得较为完整，造成这种文化资源丰富，但处于经济欠发达状态的根源，是知识链断裂所形成的"文化孤岛"现象。

20世纪70年代，美国及欧洲各国在面临内城衰败和经济结构性衰退问题时，提出运用文化政策来引导文化资源进入"经济欠发达区域"。因此，一种新的合作方式在政府、社会组织和私人之间形成，文化资源成为重要的投资、杠杆、就业、直接与间接收入的文化资本、社会与空间定位的发展机制，经过学术界研究和实践探索形成了装饰性文化政策、旅游性文化政策和产业性文化政策，如表4-1所示。通过文化资源的有效引入，例如，毕尔巴鄂等城市从一个默默无闻的衰败港口城市发展成为文化旅游的重要目的地；格拉斯哥等城市成功地由衰败的工业城市转变为吸引旅游者前往的文化城市；谢菲尔德等城市成为富有活力而不断发展的城市中心。

表 4-1 文化政策与城市更新相结合的类型 ❶

文化政策类型	城市更新主要途径	空间发展重点	城市更新实例
装饰性文化政策	文化设施建设、城市公共艺术、雕塑建设	文化消费空间	毕尔巴鄂、法兰克福博物馆之堤等
旅游性文化政策	举办文化活动、结合文化活动进行城市更新改造	文化消费空间	格拉斯哥结合众多文化活动的城市更新、巴塞罗那结合 2004 文化论坛进行的滨水衰败区的改造等
产业性文化政策	文化产业区建设	文化生产空间	谢菲尔德文化产业地区、伯明翰媒体地区和卡迪夫艺术综合体地区

4.5.2 如何实现向知识接受主体知识转移和转化

4.5.2.1 区域文化资源的体系开发

如果想要增强图书馆精准文化帮扶的效果并提高效率，对于图书馆来讲，首要任务就是强化知识资源、强化馆员能力以及强化图书馆精准文化帮扶作用力，只有自身强大了，才有精准文化帮扶的底气。由此，图书馆要积极地深度开发区域文化资源，尤其对于潜在的可以形成经济价值的文化资源更要不断挖掘。全面掌握区域文化资源，有效拓宽知识接受主体的经济渠道。以旅游文化资源为例，在许多经济欠发达区域都拥有丰富多彩的旅游资源和民族民间文化，正是由于经济欠发达区域以往没有开发，有些文化资源得以较好地留存。图书馆应当围绕着知识接受主体与区域"共生"的意识，提炼区域文化资源，向知识接受主体、乡村干部和社会组织宣介文化资源价值，让知识接受主体认识到这些资源的重要性，引领他们学习这些知识、展开培训，使他们融入当地的旅游文化、绿色文化以及民族文化发展当中；让乡村干部和社会组织意识到区域文化资源的重要性，促进外部资本的注入和开发，实现知识接受主体和文化资源的实效发展。

---

❶ 黄鹤.文化政策主导下的城市更新——西方城市运用文化资源促进城市发展的相关经验和启示 [J]. 国外城市规划，2006（1）：34-39.

4.5.2.2 区域文化资源的深度开发

兰州大学聂华林教授等指出❶，区域文化资源的深度挖掘和开发，也是对文化资源的再造，文化再造就是不拘泥于原有文化资源的原型，主旨在于延续中有新发展。区域文化资源优势向知识接受主体进行转移是在图书馆对区域文化资源进行收集、整理、保存的基础上，结合知识接受主体的知识需求、知识水平，并充分发挥图书馆的知识管理职能和优势，运用现代信息技术手段，实现区域文化资源优势向知识接受主体的充分转移。

其一，对图书馆区域文化资源知识转移的SWOT分析。随着现代信息技术在图书馆的广泛运用，知识资源的管理、传播可以更便捷、科学和高效，换言之，信息技术的发展正在强化图书馆区域文化资源管理及知识转移的能力。表4-2为对图书馆区域文化资源知识转移的SWOT分析，可以看出图书馆区域文化资源知识转移的资源和人力优势，以及劣势和可以规避的风险。

其二，图书馆区域文化资源优势转移与转化。图书馆作为地方文献信息资源中心，通过对区域特色文化资源的收藏、整理和保存，实现向帮扶主体的区域文化资源优势的转移与转化。首先，图书馆应根据掌握的区域文化资源结合帮扶主体的知识需求、知识能力为其进行知识转移，使帮扶主体的知识能力、知识需求与区域文化资源优势有机结合，形成独具地方特色的文化知识技能。其次，图书馆可以与区域内文化机构、文化部门及文化企业协作，通过区域文化资源优势的转移，促进帮扶主体区域文化资源优势转移后的资源转化，如掌握代表区域文化特色文化产品的加工、制作技能。最后，图书馆可以通过自身的组织内部知识创造，并根据自身掌握的区域文化特色资源，创造出独具区域特色的文化产品、文化品牌，并向帮扶主体、文化企业进行知识转移、共享，以实现区域文化资源优势的转移与转化。

---

❶ 聂华林，李莹华. 论甘肃省西向发展战略[J]. 兰州商学院学报，2005（4）：36-40.

表 4-2 对图书馆区域文化资源知识转移的 SWOT 分析

内部、外部分析	O 机会	T 威胁
S 优势	充分发挥图书馆的知识管理职能，利用图书馆的知识资源管理职能及人才及技术优势，以区域文化资源的搜集、整理、保存为基础，组建图书馆知识服务团队，通过深入挖掘、整理、保存本土特色文化元素，为图书馆区域文化资源优势的知识转移提供必要的知识资源保障	大力加强馆外合作，全面整合区域文化资源，充分发挥和利用各类区域文化资源优势，有效实现区域文化资源优势向精准文化帮扶对象的最大化知识转移
W 劣势	由于受到图书馆和知识转移对象的知识、地域、文化、情感等距离的影响，图书馆向帮扶对象进行区域文化资源优势的知识转移难度较大	充分运用现代先进信息技术，加强区域文化资源优势的挖掘、整理、保存，运用多种信息平台传播区域文化资源优势知识资源，以扩大图书馆区域文化资源优势知识转移的社会效应

总之，图书馆作为区域文化资源中心，有责任和义务促进地方特色文化资源的开发和利用。知识资源、技术、人才、服务等优势使图书馆具有区域文化资源优势转移和转化的先天优势，并为图书馆区域文化资源优势的成功转移和转化提供了重要的文献资源、人力资源、技术资源保障。

第 5 章　图书馆精准文化帮扶中的知识转移影响因素与服务方案

影响图书馆精准文化帮扶中的知识转移发展的关键因素是图书馆关心的重要理论和现实问题，既关乎精准文化帮扶成效，又关涉图书馆作用的发挥。尤其知识转移理论着重强调的社会关系质量与社会联系强度、知识黏性、知识发送方的动机和表达能力、知识接受方的吸收能力及知识转移的传播媒介。这些因素既影响着精准文化帮扶中的知识转移的效率，又与图书馆知识服务的方式、方法密切相关。由此，本章将对这些内容进行具体分析和探讨。

5.1　社会关系质量与社会联系强度

5.1.1　社会关系质量

社会学家马克·格拉诺维特（Mark Granovetter）在《经济行动和社会结构：嵌入性问题》一书中指出，人类行为嵌入在具体的、动态的社会关系中，研究经济现象必须考虑行动者所处的社会关系网络以及成员和组织间的互动。❶ 如果知识接受主体从图书馆获取知识，一方面源于图书馆所收藏的知识资源，另一方面需要将知识资源与知识接受主体建立"联系"，其中联系的质量和联系的强弱直接影响知识接受主体的知识获取和知识发展。

关系质量是关系营销领域的一个重要概念。刘人怀院士等将关系质量进行了定义。作为感知总质量的一部分，关系质量是关系主体根据一定的

---

❶ 兰宏. 全球价值链下的学习障碍和低端锁定研究 [D/OL]. 武汉：华中科技大学，2013 [2023–5–5]. https://kns.cnki.net/kns8/AdvSearch.

标准对关系满足各自需求程度的共同认知评价。其实质就是能够增加组织提供物的价值，加强关系双方的信任与承诺，维持长久关系的一组无形利益。❶只有关系主体能够体会到图书馆的价值才会有利用图书馆的动力，感知到知识的价值，关系主体才可能唤起利用知识的自主性。图书馆精准文化帮扶要想有所作为，就需要将知识接受主体的社会行为纳入图书馆服务的思考范畴，并使其成为图书馆知识精准文化帮扶服务链中的重要一环，将知识接受主体某种"潜在"的力量激发出来，知识接受主体就能够自主、自愿地与知识形成关联。

学界较为认同信任和满意度是社会关系质量领域的两个衡量维度。为了厘清社会关系质量的基本问题，学界并没有止步，而是着眼于社会关系质量的进一步深化，提出应当将承诺、合作、信任、沟通质量、冲突解决和双方关系的管理等因素作为重要指标，以此减少不必要的机会主义行为的发生。也有学者深化融入新的人际关系元素，从而形成人际交往与关系、承诺、共同目标及关系利益等维度。在深化社会关系质量的研究进程中，也有学者不再将用户看作被动"评价者"，认为个人资源决定了一个人在因社会交往而发生的社会交换中给他人提供回报的能力，这就意味着个人拥有的资源越多，就越有能力为他人提供回报，因此，通过社会网络摄取他人资源的能力也就越强。❷

我们应当如何看待图书馆与知识接受主体之间的社会关系质量呢？其一，社会关系质量有助于重新打造知识接受主体的知识行为路径。一般情况下，知识接受主体参与图书馆精准文化帮扶受自身因素和外部条件的双重影响，其中，知识接受主体本身的认知能力和文化程度是影响其社会行为的重要条件之一，如图 5-1 所示。图书馆精准文化帮扶作为图书馆与知识接受主体的共同战略目标，受到知识接受主体自身因素的影响，直接进行合作价值评价和判断，决定知识接受主体的知识行为和社会行为。1969 年希克斯在《经济史理论》❸一书中提到，当外来的冲击罕见时，一个社会在漫长的没有变化的生活中倾向于把日常行为习惯化。如果知识接受主体

---

❶ 刘人怀，姚作为.关系质量研究述评[J].外国经济与管理，2005（1）：27-33.

❷ 胡荣.社会经济地位与网络资源[J].社会学研究，2003（5）：58-69.

❸ 约翰·希克斯.经济史理论[M].厉以平，译，北京：商务印书馆，1987.

长期生活在知识资源匮乏的区域内,那么其知识需求主要依赖于邻里和亲属。如果图书馆精准文化帮扶没有让知识接受主体确实感知到实质性的变化,他们仍会延续以往的习惯化状态,而这种感知到的变化就是一种认知和认同的评价。其二,社会关系质量有助于打造有感知的图书馆精准文化帮扶活动。感知公平可以提升社会组织的声誉和可信性,进而转化为竞争优势。由于知识接受主体的社会边缘化境遇,致使知识接受主体在心理上形成认知局限。其三,社会关系质量有助于知识接受主体回归服务对象本位。将知识接受主体纳入图书馆服务对象,不仅是图书馆精准文化帮扶的战略任务使然,也是图书馆公共服务发展目标的选择,知识接受主体一直处于图书馆服务的边界对象范畴。尽管图书馆称之为用户,但知识接受主体仍"游离"于服务核心圈之外,说明图书馆等文化机构还没有达到让知识接受主体充分的信任和满意的程度。

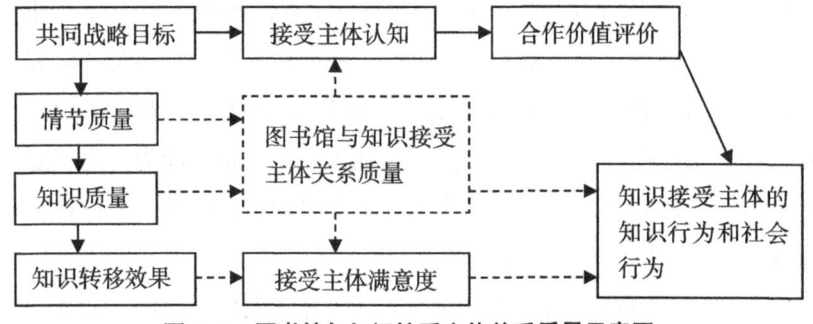

图 5-1　图书馆与知识接受主体关系质量示意图

图书馆精准文化帮扶社会关系质量的实质就是知识转移的"联结"成分,该成分不仅关注对知识的营销,还包含信任、满意、忠诚和承诺等关键内容。以往图书馆开展送书下乡知识帮扶活动或是通过农家书屋建设促进民众素质提升,虽然知识接受主体表面上接受了知识资料,但在接受意愿和实际利用方面却不尽如人意,原因有多种,但是主要根源在于没有处理好图书馆、知识接受主体和知识资源之间的关系,致使知识接受主体与知识资源之间缺少必要的"凝聚力"。

本研究有两方面主张:一是社会认同。认同是信任的基础,信任才能产生依赖。最为关键的是要让知识接受主体认同图书馆精准文化帮扶能力和作用,使知识接受主体与图书馆形成呼应关系,从多渠道沟通、多方位联系，促进图书馆与知识接受主体的知识关系和社会关系，使知识接受主体从内心认同、信任和接受图书馆精准文化帮扶的行为和意图。知识接受主体感受到他们也可以通过学习知识有所作为，促使知识接受主体不仅学习知识，更能主动与图书馆交流所需的知识，形成知识转移的递增循环，这是图书馆精准文化帮扶的关键所在。二是换位思考。科尔曼（Coleman）指出，主体的行动是为达到一定目的而通过人际交往或社会交换所表现出来的社会性行动，这种行动需要理性地考虑（或计算）对其目的有影响的各种因素。但是判断"理性"与"非理性"不能以局外人的标准，而是要用行动者的眼光来衡量。❶也就是说，我们在判断知识接受主体社会行为时，不能仅依据知识接受主体的现状，图书馆需要了解更多的知识接受主体的经历，甚至与知识相关的其他社会关系来换位思考知识接受主体当前的行为。例如，知识接受主体发生知识需求时，所依赖的知识对象，知识对象所掌握的知识水平和知识能力，图书馆如何实现对知识对象的替代，来影响知识接受主体发展。

5.1.2 社会联系强度

社会联系强度是一个从弱联系的极端到强联系的极端的概念，以双方关系亲密性和交往频率为特征。学者伯特（Burt）认为，强联系是指主体之间情感密切或频繁互动形成的联系，弱联系是主体之间交流频次低、情感较为淡漠、比较松散，更多表现为一种间接性接触的关系。❷社会学家马克·格拉诺维特对社会网络分析做了开创性研究，在马萨诸塞州的牛顿镇，格拉诺维特对282名技术专家和管理人员开展了访谈。访谈结果显示，那些使用人际关系渠道的人可以得到更满意的、更高工作收入的机会。由此，指出了弱联系的假设，通过弱联系能够在个体与那些具有他们自身的群体内无法得到的信息的群体之间架起连接的桥梁，而且这些信息对个体们来说是有用的❸。格拉诺维特通过调研发现，真正有用的关系不

---

❶ 文军. 从生存理性到社会理性选择：当代中国农民外出就业动因的社会学分析[J]. 社会学研究，2001（6）：19-31.

❷ 于玲玲，赵西萍，周密，等. 知识转移中知识特性与联系强度的联合调节效应研究——基于成本视角的分析[J]. 科学学与科学技术管理，2012（10）：49-57.

❸ 林南，俞弘强. 社会网络与地位获得[J]. 马克思主义与现实，2003（2）：46-59.

是亲朋好友这种经常见面的强联系，而是弱联系，弱联系的真正意义在于把不同的社交圈联结起来，将圈外有价值的信息进行及时分享，匹配和学习，促进主体向上发展。

如果说弱联系关注的重点在于分享、匹配和学习，联结的是新思路和新机遇，那么，强联系关注的在于某种合作、信任及稳定，联结的则是知识的流动。强联系具有以下特点❶：①强联系容易在社会特征较为相似的群体中发生，因为主体频繁交流容易形成强烈的感情依附，更容易促进分享知识。②强联系容易形成信任，当信任存在时，人们更愿意给予他人有用的知识，并聆听和吸收他人的知识，通过减少筛选、冲突、核查以及整合知识的需要，使得信任降低知识转移的成本。③强联系容易促进知识扩散，这是因为强联系建基于主体间频繁的互动和交流，为深入沟通和交流创造了条件，形成了共同的语言，可以让知识接受者更容易理解和吸收转移的知识。

综上所述，主体获取信息资源和知识资源较为理想的结构是通过弱联系来接受较为广泛的信息资源，通过强联系来获取更为深入的知识资源。那么，图书馆应与知识接受主体建立怎样的社会联系？也就是说，图书馆应与知识接受主体建立弱联系还是强联系呢？

知识接受主体及家庭群体是以传统的农村社会关系类型（如亲缘、地缘以及历史因素等）为基础，拥有社会联系。对于传统的家庭来讲，常常把"熟人"称为自己人，把"陌生人"称为外人，对外人会本能地形成一种心理距离。涂尔干认为，传统社会是一个机械团结社会，即通过一定的社会情感联系起来，而现代社会则是有机团结社会，即通过劳动分工、功能互赖的原则联系起来的。传统社会更多的是采用特殊性、先赋性等原则组织起来，而现代社会则是通过普遍性、获致性原则组织起来的。❷ 正是由于缺少情感层面的交流，尽管图书馆与知识接受主体在理论上可以构成社会联系，但在现实层面有时并无联系。这就使图书馆与知识接受主体之

---

❶ 周密，赵文红，姚小涛. 社会关系视角下的知识转移理论研究评述及展望[J]. 科研管理，2007（3）：78-85.

❷ 王春光，刘雨龙. 中国现代化进程中基层社会联系的嬗变、断裂与建构——对沿海某发达县级市的社会学观察与分析[J]. 河北学刊，2016（1）：150-158.

间弱联系没有形成，而强联系也不存在，导致图书馆在知识接受主体心目中处于可有可无的状态。学者王虹等在对嫩江地区农民进行知识获取调查时指出，农民认为知识阅读重要的人多，但真正参与知识学习的人却很少，在调查的五十几个农家书屋中，除了几个与乡村会议室共用而开放的以外，其余都是大门紧闭，甚至有的连开门钥匙都找不到了，这说明平时知识接受主体很少光顾这些农家书屋。正如格兰诺维特所强调的社会关系的重要性：社会关系在经济行动和社会结构中普遍存在，它也潜藏在理性的经济活动中，并会产生与正式权威相对抗的力量，同时它也会发展很多非正式的规则。❶

图书馆精准文化帮扶中的知识转移引入社会关系强度在于提升知识接受主体对知识的调动和利用。事实上，图书馆与知识接受主体的社会关系强度会随着精准文化帮扶的不同阶段有所差异。例如，精准识别是图书馆对知识接受主体的了解阶段，社会关系强度处于弱联系阶段，易于让知识接受主体对图书馆有"新鲜感"；而精准帮扶是图书馆与知识接受主体的知识交互阶段，社会关系强度处于由弱到强的提升阶段，此阶段中图书馆与知识接受主体双方的信任度、情感和密切性都会有所增强，知识帮扶诱发压力相对加大；精准管理是图书馆对知识接受主体的观察阶段，社会关系强度处于较强阶段，图书馆对知识接受主体的影响力加大，依附程度逐渐提高，知识转移的系统化逐渐形成；精准考核是图书馆对知识接受主体的评估阶段，社会关系强度处于强阶段，这一阶段的显著特征是图书馆的影响力较好，知识性增强，图书馆与知识接受主体共同审核和查找不足，为图书馆精准文化帮扶中的知识转移的后续发展提供参考依据。

弱联系并不代表图书馆与知识接受主体之间的关系不能建立起来，相反，这个阶段的知识新颖性和价值性对知识接受主体更具吸引力。而强联系一旦建立，图书馆将对知识接受主体形成影响力，以影响力提升为基础，有助于为知识强度增加提供保障。

姚小涛教授指出❷，无论是强联系还是弱联系，必须是在获得的可能性

---

❶ 苟天来，左停.农村社会关系研究述评[J].安徽师范大学学报（人文社会科学版），2007（4）：405-410.

❷ 姚小涛，张田，席酉民.强关系与弱关系：企业成长的社会关系依赖研究[J].管理科学学报，2008（1）：143-152.

（或获得的方便性）及有效性的基础之上方能显其"力量"。图书馆与知识接受主体存在一定的社会关系，但是，如果知识接受主体有知识需求时得不到图书馆帮助，他们就会自然转向具有强联系的亲属和邻里。这进一步证实了前文提及的知识接受主体的知识获取来自于亲属和邻里的原因。事实上，知识接受主体处于较矛盾的现实状态，一方面，知识接受主体局限于他们所在的社会关系强度，知识接受主体的强联系局限在群体内部，他们的知识需求和知识获取也只能局限于群体内部，这就使知识接受主体很难通过自身摆脱知识发展不足的困境；另一方面，这一矛盾关系也限制了知识接受主体与图书馆之间的社会关系，因为，知识接受主体的知识求助者不是图书馆，即便图书馆具有为用户开展知识服务的职能和精准文化帮扶的能力，也只像两个没有"交集"的领域。

根据社会关系强度理论，本书有三个观点：一是在知识层面，由于知识接受主体缺少正规知识获取层面的社会关系，即便有了知识需求，也只能主观地将希望寄托于强关系的亲属和邻里，因而图书馆不容易及时了解到知识接受主体的知识需求，更难及时向知识接受主体提供知识服务，由此，图书馆需要改变和改善以往与知识接受主体之间的社会关系，弥补在此层面上存在的"空白点"；二是在经济层面，由于弱联系充当了沟通不同群体的"关系桥"，连接相异质的人群和异质性知识信息，由此，图书馆要善于运用来自弱联系的新颖性和价值性，包括其他社会组织对知识接受主体的弱联系，以及其他产业精准文化帮扶对知识接受主体的影响，即能够对知识接受主体产生"知识交集"的和能够产生经济效益的，都应当及时纳入图书馆精准文化帮扶的视野；三是在声誉机制层面，声誉是一种无形资产，也是知识接受主体对图书馆建立关系的一种渠道，因为关系强度越强，就越容易产生声誉机制，而且也有助于增加图书馆知识转移的动力。

在讨论图书馆与知识接受主体社会联系时，我们不能忽略"结构洞"这一视角，通过结构洞分析我们既可能了解知识发展不足现象的形成，也可能找到图书馆精准文化帮扶的定位点。美国社会学家罗纳德·伯特（Ronald Burt）在《结构洞：竞争的社会结构》一书中，通过研究社会联系、社会网络的结构形态与社会资本之间的关系来阐释社会竞争机会与知识发展的逻辑，总结出了"结构洞理论"❶。罗纳德·伯特将"结构洞"描述为社会网络中某个或某些主体发生直接联系，但与其他个体或某些主体不发生直接联系或存在关系间断的现象，从网络整体看好像网络结构中出现了隔断了的洞穴，即主体社会联系中存在的连接空白。如图5-2（a）所示，我们可以做一替代性描述，如果 A 代表图书馆，B 代表知识接受主体，C 代表知识创新组织，D 代表产业机构，其中，B、C、D 分别与 A 有联系，B、C、D 三者之间没有联系，因此，A 占据了 BC、BD 与 CD 三个结构洞，从而 A 成为关键的行动者。产业机构可以形成产业集群，在产业集群内部可以形成高凝聚力，从而形成冗余关系；知识创新组织也可以形成知识联盟或智库组织等，也会在群体内或群体外形成结构等位产生冗余关系。

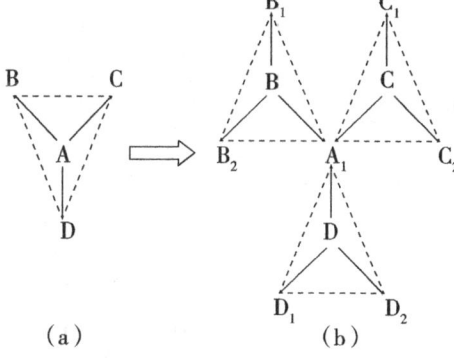

图 5-2　结构洞示意图

知识接受主体的社会联系相对弱化和固化，尽管也会发生一些变化，但是知识接受主体如果不通过第三方关键者则很难与产业机构和知识创新组织形成直接联系，而结构洞理论认为，结构洞就存在于社会网络中没有冗余关系的地方。这是因为，社会网络由于结构洞的存在不是不断地复制，而是不断地重构。一个网络就像是一片"大海"，充斥着关系稠密的座座社会资本的"岛屿"，如果有"轮船"航行于其间，就会使这些"岛屿"中的信息与知识资源互通有无。在此基础上，如果我们放大这种结构洞，将会有如图5-2（b）所示，即知识接受主体与其亲属、朋友和邻居构成社会联系，由于他们之间形成的结构洞处于相对固化和弱化的状态空

---

❶ 王月华. 企业社会网络与中小企业成长的关系研究 [D/OL]. 杭州：浙江工业大学，2009 [2023-5-5]. https://kns.cnki.net/kcms2/article/abstract.

间，在此空间一方面信息流通不畅和缺少必要的知识冗余，另一方面其结构洞缺少第三关键行动者填补，致使其结构和发展模式会发生些许变化，而且这种对外部知识、信息的阻隔结构会随着时间的推移而扩散，致使出现经济与知识都欠发展的现象。与此同时，在相对发达场域，产业机构和知识创新组织则会随着高科技成果和知识要素的不断进入，形成更多的创新网、知识网、资源网，促使演绎出更多的发展结构和发展模式。其中，图书馆已然发挥了重要的知识联结作用（图5-3），图5-3与图5-2不同之处在于，A_1不仅与C_2和D_2分别建立联系，而且在A_1的努力下，C_2与D_2也建立起了新的联结关系。那么，既然图书馆通过知识关系可以建立新的联结关系，同理，也可以使B_1与C_1，B_2与D_1建立新的联结关系，从而形成新的结构洞。

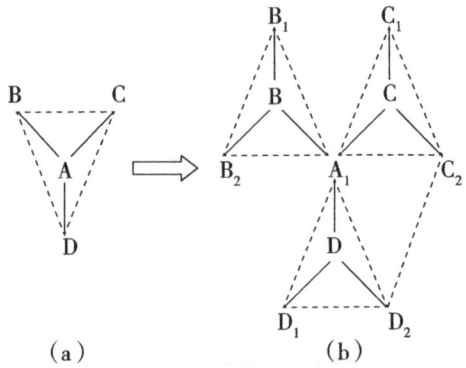

图5-3 结构洞演绎图

吴玉等指出❶，图书馆依据不同企业信息需求和知识服务特点，构建"三位一体"的企业信息智库服务平台，通过组建信息服务小组、创建特色数据库、收集特种文献资源、提供竞争情报服务、构建协同创新模式来实现图书馆的社会化服务。根据结构洞理论，"结构洞"是两个具有互补资源的组织或群体间的空白部分，知识接受主体与产业机构和知识创新组织处于社会发展的不同区间，学者研究指出，处于"结构洞"两侧的组织或群体对对方的喜好和困难存在很少的甚至没有一丝感知；而如果两个具有互补资源的组织或群体间的空白部分能够被第三方中介组织或群体填补

---

❶ 吴玉，刘苏宁，王玉香. 基于地方民营企业情报需求的高校图书馆智库服务 [J]. 情报科学，2013（2）：72-77.

并将二者连接起来，那么空白部分将会得到有效填充，最终会形成强大的竞争优势。[1] 这个第三方中介组织也将由此获得信息优势和控制优势进而被组织或群体所依赖。

知识转移就是在社会关系中进行的知识活动，从知识的结构性发展层面上看，构建了怎样的社会关系，就会形成怎样的知识转移；有了怎样的知识转移，也会反映出怎样的社会关系。研究发现[2]，即使在自然村范围内，无论村民交往的强联系网络还是弱联系网络，都具有"不完全连接性"的特征，而对于那些不能依靠自己来获取知识资源的村民来讲，这种孤立意味着知识阻隔或知识流动的断裂，同时，也意味着知识贫困现象的发生。在此前提下，如果这种连接空白发生在主体身上，形成的就是主体性知识阻隔或知识流动断裂；如果发生在家庭和区域环境内，同样形成家庭和区域性的知识阻隔或知识流动断裂，进而很容易导致知识接受主体失去教育机会、职业机会以及创业机会，包括经济投资的机会。正如胡鞍钢教授所提及，知识贫困存在严重的地区差异、城乡差异和性别差异；知识资源是经济欠发达地区最稀缺的资源，也是其发展的最大制约因素。[3] 从图书馆角度看，图书馆精准文化帮扶必然需要图书馆与知识接受主体构建社会联系。只有建立社会联系，才可能缩小知识距离，可能形成知识转移；只有形成了知识转移，才会促进知识接受主体构建出更多的社会联系，才会真实激发出知识接受主体的自信和内生动力。

那么，图书馆与知识接受主体应当构建怎样的社会联系呢？以及图书馆应当构建出怎样的结构洞来促进知识转移呢？

其一，关于图书馆与知识接受主体应当构建怎样的社会联系。

（1）工具性关联。工具性关联是图书馆服务的基础，也是图书馆功能的体现，是指图书馆成为知识接受主体发展所能信赖的伙伴，图书馆知识成为知识接受主体所能依赖的工具，能够改变长期以来图书馆与知识接受

---

[1] 温志强，崔钰琳."结构洞"视角下慈善组织运行机制研究[J]. 社会与公益，2020（6）：52-55.

[2] 苟天来，左停. 从熟人社会到弱熟人社会——来自皖西山区村落人际交往关系的社会网络分析[J]. 社会，2009（1）：142-161.

[3] 胡鞍钢，李春波. 新世纪的新贫困：知识贫困[J]. 中国社会科学，2001（3）：70-81.

主体之间存在的知识服务"缺失"状态，改变知识接受主体对亲朋的知识路径依赖。工具性的缺失，很难有人文性的发展。如果我们想让知识接受主体自觉地认同知识和利用知识，就要从知识的工具性价值出发，从图书馆的作用出发。

（2）链接性关联。图书馆及时掌握知识接受主体的知识需求，根据知识需求构建链接性关系，例如，将知识接受主体知识需求及时反馈给知识专家和技术人员，建立起知识专项链接；图书馆多维掌握外部发展信息，及时提供给知识接受主体，建立起知识发展专项链接；图书馆联合政府、知识专家、产业帮扶组织、社会公益组织、知识接受主体等共同建立知识发展平台。

（3）创新性关联。通过链接性关联可以看出，图书馆通过不同的社会关联与知识接受主体可以构建不同的社会关联网络，不同的社会关联网络意味着不同的知识组合，不同的知识组合会给知识接受主体带来不同的发展机会，而图书馆一方面帮助知识接受主体搭建链接性关联，解决工具性的、功能性的和目的性的需求；另一方面，在不同的知识组合中和知识接受主体发展的不同阶段，与知识接受主体产生协作创新的效果，对知识接受主体发展产生影响。

其二，图书馆应当构建出怎样的结构洞来促进知识转移。

（1）构建新的结构洞来促进知识转移。图书馆作为第三方关键行动者要为知识接受主体建立和修复社会联系网络，使其通过知识来有效融入社会发展，图书馆应当有如下定位：①图书馆向知识接受主体提供服务，应当充分利用图书馆结构中的知识优势和控制优势为其提供有效服务，而不应当简单化地为知识接受主体提供"资源"。例如，根据知识接受主体的发展方向，提供特色发展或具有发展潜力的知识，同时附加相关的政策信息和专家论证以及阶段性发展规划等内容。②图书馆应当充分利用"间接"知识转移的逻辑，村民和知识接受主体之间有着更为直接的知识转移条件，包括他们之间有更为熟悉的"语言"，而且他们之间任何一方与图书馆建立信任关系和知识关系都会影响到另外一方。

（2）有意向性地为知识接受主体搭建"知识桥"。图书馆为知识接受主体搭建"知识桥"的同时，就是在构建更多的知识转移路径，上述提及图书馆可以为知识接受主体所在经济欠发达区域搭建"知识桥",形成知识的"内循环",那么,图书馆同样可以利用结构洞搭建更为有效的知识"外循环",使图书馆知识与外部知识有效结合,这一知识转移路径是当前政府精准文化帮扶组织运用较为广泛的方式方法,例如,政府为经济欠发达区域引入旅游精准文化帮扶或者产业精准文化帮扶,这些精准文化帮扶项目的引入就是在为知识接受主体搭建"知识桥"和"经济桥",由此,图书馆的思考应当包括如下几个方面:①图书馆主动为知识接受主体思考和搭建"外循环"和"知识桥",使图书馆有方向地为知识接受主体提供知识服务,掌握知识接受主体参与其他产业发展的不足,一方面将知识提供给其他精准文化帮扶产业,减轻精准文化帮扶产业的帮扶压力;另一方面,通过构建"知识桥"和"外循环"可以形成知识转移的合力。②在为知识接受主体搭建结构洞时,应当采取灵活发展和灵活应变的形式,使知识有序地向知识接受主体转移,知识接受主体通过知识转移形成二元式创新,即探索式创新和利用式创新两种活动,探索式创新的目的在于对新事物的学习尝试,而利用式创新强调的则是对现有知识的拓展。③图书馆需要考虑知识接受主体如何通过知识来构建更多的社会关系,也就是当知识接受主体的知识随着积累逐渐丰富时,会产生利用式创新影响,相应的知识接受主体的社会关系将发生改变,知识接受主体随着社会关系和社会位置的变化,角色也会发生变化,需要形成新的结构洞。那么,图书馆在此进程中也需要有新的知识转移目标。

5.2 知识的黏性

5.2.1 关于知识黏性

知识黏性是用来反映知识在转移过程中所存在的困难因素和困难程度,探讨知识黏性重点用来研究知识转移的流动性问题。希普尔(Hippel)在1994年创造性地提出了"黏滞(stikcy)信息"的概念,将其定义为该信息转移为指定信息需求者在指定地点可以运用的形式需要多付出的成本。一般来讲,当知识黏性低时,所付出的成本小;而当知识黏性高时,成本就相应提高。

较具代表性的是学者苏兰斯基（Szulnaski）在1996年研究公司内部最佳实践的转移时，发现了内部知识转移的黏性，并从最佳实践的转移过程出发识别出影响内部知识黏性的四类因素❶：知识特性（如因果模糊和不可验证等）、知识源（如激励不足和不可靠等）、知识接收方（如激励不足、没有吸收能力和没有保留能力等）、转移环境（组织环境匮乏和内部联系脆弱等）。通过研究的不断深化，苏兰斯基于2000年明确指出组织内部黏滞知识转移是一个过程，其中包括发动（initiation）、实施（implementation）、加速（ramp-up）和整合（integration）四个阶段，各个阶段都有一些因素导致知识黏滞，分别形成发动黏性、实施黏性、加速黏性和整合黏性；在组织间也会产生知识黏性，组织间转移学派关注的是组织之间转移知识时形成黏滞知识的原因、影响因素以及促进黏滞知识转移的对策。

通过上述研究可以看出，①知识黏性是一个普遍的知识活动现象，可以发生在不同个体之间、组织内部以及组织间；②知识黏性是一个发生在不同领域的响应范式，通过学者们不断的深化研究可以进一步掌握知识活动的本质，更好地把握知识活动的发展规律；③知识黏性是一个现实性的关键问题，克服知识黏性的成效决定着知识转移的成功与否。

5.2.2 知识黏性的成因

苏兰斯基认为"黏滞信息"可以扩展到知识层面上，认为"知识黏性"的实质是"内部转移知识的难度"，具有这种特点就可称之为"黏滞知识"，并认为知识的特性、知识的发送方、知识的接受方、知识转移环境都是知识黏性的成因❷。学者们围绕知识黏性的成因问题从不同角度进行了广泛而深入的探讨。例如，冯帆和廖飞将知识黏性产生的原因归纳为认知因素、知识转移的环境和转移动机三个方面。❸ 常宝等从主客

---

❶ 王毅. 粘滞知识转移研究述评[J]. 科研管理，2005（2）：71-75.

❷ SZULANSKI. Exploring internal stickiness: impediments to the transfer of best practice within the firm[J]. Strategic Management Journal, 1996（17）：27-43.

❸ 冯帆，廖飞. 知识的粘性、知识转移与管理对策[J]. 科学学与科学技术管理，2007（9）：89-93.

观相互关系的视角出发认为❶，不同的因素作用于黏滞知识会产生不同的黏滞，主观因素所造成的黏滞称为主观黏滞，客观因素造成的黏滞称为客观黏滞。其中，主观黏滞的关键因素包括：知识主体的激励、知识主体间的相互信任、知识主体的能力和主体间的凝聚度等因素；客观黏滞的关键因素包括：知识的依附性、知识的复杂度、组织的环境氛围和组织内外的网络等。还有学者根据区域不平衡问题，为提升欠发达地区竞争力，从劳动力流动、产业转移成本、制度环境、产业集群、区域能力结构、产业转移力等多个方面阐述了知识转移黏性的成因❷。这些研究对分析图书馆精准文化帮扶中的知识转移的知识黏性具有积极意义。

5.2.3 知识转移中的知识黏性

既然知识黏性是知识转移中的普遍现象，图书馆精准文化帮扶中的知识转移就会存有知识黏性，不仅在图书馆精准文化帮扶中的知识转移进程中受到知识特性、知识源、知识受体双方的认知结构、知识转移动机和转移情境等多种复杂因素的影响，而且还存有其特殊性或者其内在"变数"。比如，对于相同的知识，图书馆向知识接受主体知识转移要比向一般读者付出更多的时间和努力，而在知识接受主体群体里，我们不排除他们可以用简单的手势或地方性语言就可以实现有效的沟通，而对于图书馆则可能难以理解这些手势或语言。学界较为认同，知识黏性会使图书馆知识转移形成更多的知识损耗，甚至会造成相当部分知识的失效。❸

我们根据图书馆精准文化帮扶的具体工作，结合显性知识黏性和隐性知识黏性对图书馆精准文化帮扶中的知识转移的影响，提出图书馆精准文化帮扶知识黏性矩阵表达图，如图 5-4 所示。

---

❶ 常宝，储雪林，李红艳.试论粘滞知识及其管理对策[J].科学学研究，2005（2）：249-252.

❷ 成祖松.我国区域产业转移粘性的成因分析：一个文献综述[J].经济问题探索，2013（3）：183-190.

❸ 李纲，巴志超.科研团队中知识粘滞的影响因素研究[J].中国图书馆学报，2017（1）：89-106.

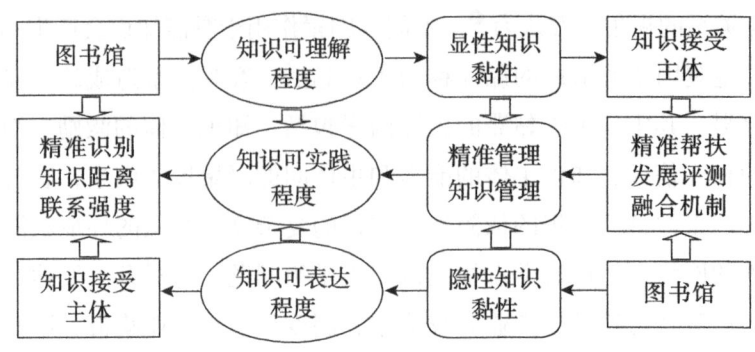

图 5-4 知识黏性矩阵表达图

其一，客体化的知识黏性应当注重主体化的处理。知识黏性是一种客观现象，本身是知识的一种特征，更是知识转移的重要影响因素。由于知识黏性的存在，必然需要知识转移双方共同努力和共同化解。另外，要想降低图书馆精准文化帮扶知识黏性，图书馆应当处理好以下几个方面。

（1）图书馆知识转移的意愿。意愿本身是一种主观性思维，比如，图书馆对精准文化帮扶社会责任形成的共鸣、馆员兴趣小组的形成、馆员精准文化帮扶创新团队的形成、图书馆精准文化帮扶课题立项的形成、图书馆志愿服务队的形成以及馆员攻坚先锋队的形成等。

（2）图书馆知识转移的能力。知识转移的能力包括对知识的掌握能力、编码能力和表达能力，曼斯菲尔德（Mansfield）认为，知识提供者知识转移的经验越丰富，转移成本就越低，因为这些知识转移经验，可以减少知识转移过程中的沟通障碍，从而减少许多不必要的转移成本。❶

（3）图书馆知识转移的存量。图书馆向知识接受主体知识转移是动态流动的过程，要始终保持在知识存量上的绝对优势，也就是利用知识势差和知识流动来抵消知识黏性。涂振洲和顾新指出，知识优势的形成过程实质上可以看成知识存量与知识流量不断积累与优化，核心能力不断提升，最终获取外部竞争优势的过程。❷

---

❶ 张莉. 知识粘性与技术转移绩效研究 [D/OL]. 天津：天津大学，2009[2023-4-23]. https://kns.cnki.net/kcms2/article/abstract.

❷ 涂振洲，顾新. 基于知识流动的产学研协同创新过程研究 [J]. 科学学研究，2013（9）：1381-1390.

由此，需要图书馆根据知识接受主体的知识需求，为知识接受主体"量身打造"新的知识集合，并要"带土移植"，但是，这并不是谋求将图书馆所有知识都转移给知识接受主体，而是渐进性地先将能够起到精准文化帮扶作用的、适宜精准文化帮扶的那一部分知识不间断地转移给知识接受主体。

其二，体系性的知识黏性应当进行结构性的处理。如前所述，知识黏性是知识的一种属性，也就是说，所有知识都不同程度地存有知识黏性，而且对不同的主体、在知识转移的不同阶段，知识黏性都会有所变化，因而知识黏性本身又具有绝对性、相对性和动态性等特征。那么，图书馆应当怎样处理体系性的知识黏性呢？需要图书馆做好以下几个方面。

（1）普及化的知识采取平台式的发展方式，将需要转移给知识接受主体的知识进行平台化处理。为什么某类知识对于某一群体知识黏性大，主要在于此类知识在这一群体内传递交流少，由于知识接受主体的知识匮乏，他们很少真实体会到知识的价值，有时他们"不敢""不懂"，甚至"不知道"如何利用知识，这无形中给知识流动设置了天然屏障。图书馆要善于"创造"平台来转移知识，比如，图书馆与知识接受主体针对共同问题，进行"干中学""学中干"，将知识困难进行有效分解，减轻知识接受主体的精神压力，共同克服困难、共享获取知识解决问题的喜悦。另外，图书馆还可以根据知识接受主体的知识结构策略性降低知识层次，将一些知识接受主体可理解的知识进行分层次研讨，利用前文提及的重叠知识激发知识接受主体知识的兴趣，引导并提升知识接受主体自主获取知识的能力。

（2）集成化的知识采取简约结构供应方式，就是图书馆要善于组织识别和有效地将知识传递给知识接受主体。这是因为，在传递知识的进程中，会相应地传递给知识接受主体烦琐的背景知识，我们可以进行如下解析：知识传播方想要转移的知识 K，有表达式 $K = K_a+K_b+e$，其中 K_a 为需要转移的知识，K_b 为背景知识，e 为知识吸收方已经掌握的知识，如果知识传播方不了解知识吸收方的真实需求，就会把 K_b 也一并转移，由于知识转移双方存在较大的异质性，则 K_b 的知识黏度就会很大。也就是说，图书馆通过精准识别和实施精准帮扶，只需要将对知识接受主体有用的那部分知识转移给知识接受主体，而那些需要背景知识验证的、与精准文化帮扶存有符合度的，以及某些不需要知识接受主体介入的知识内容，都由图书馆来完成删减，从而达到降低精准文化帮扶知识黏性的目的。

（3）复杂化知识采取生活实践"嵌入式"方略。图书馆精准文化帮扶中的知识转移应当多维瞄准知识接受主体的隐性知识，多运用语言调节方式和联结学习方式进行，多运用语言、逻辑进行"知识孵化"。学者怀特（White）指出，要想理解问题的关键因素，必须到行为人所处的社会关系中去寻找，对知识接受主体知识嵌入可以采取直接嵌入到知识接受主体的生活实践，也可以嵌入到与知识接受主体有强联系的社会关系当中，知识在某一类群体中随着知识使用频率的提高，也会降低知识黏性，提高知识吸收能力。

5.2.4 消减知识转移中知识黏性应当遵循的原则

其一，系统性原则。系统是由要素构成的。知识转移涉及知识源、知识、知识情境以及知识接受者等要素，而每个要素和要素之间都存在着诸多影响知识流动的知识黏性。

其二，策略性原则。知识黏性最大的特征就是即便相同的知识面向不同的主体，其知识黏性也会不同。在图书馆精准文化帮扶中的知识转移中就是要面对不同的知识接受主体采取不同的知识转移策略。

其三，激励性原则。图书馆精准文化帮扶中的知识转移中的激励原则体现于激发图书馆整体的合力，激发馆员帮扶工作的积极性与创新性。

其四，持续性原则。知识转移是一个持续性的任务，知识黏性也是一种持续性的存在。

5.3 知识发送方的动机和表达能力

知识发送方的动机是指从事知识转移活动以满足知识发送方某种需要的心理倾向和行为选择。动机涉及主观可能性、客观可能性和对客观的认知等多个方面，尤其在知识接收方能力较弱的前提下，知识发送方的动机更是起到决定性作用，直接决定着知识转移的发生、进行及知识效能。计划行为理论认为，行为态度、主观规范和知觉行为控制是决定行为意向的

3个主要变量，态度越积极、组织支持越大、知觉行为控制越强，行为意向就越大，反之就越小。❶学者麦格雷戈提出了一个公式：

$$P=F(I_a, I_b, I_c, I_d, \cdots, E_m, E_n, E_o, E_p, \cdots)\qquad(4)$$

式中：P为主体行为或行动力；I为主体特征，a，b，c，d分别为主体的知识、技能、动机、态度等；E为行为环境特征，m，n，o，p分别为工作性质、激励措施、领导力等。其含意是主体的行为是主体特征与主体行为环境特征的函数。在图书馆学范畴，学者王晴和徐建华指出，图书馆馆员要想胜任某个岗位，不仅要有知识、技术、服务和管理层面的知识和技能作为保障，更需要有动机、情感态度、自我认知等驱动性因素作为支撑，这是因为，它会对馆员的知识服务行为形成持续性影响。❷

5.3.1 公共服务动机与图书馆精准文化帮扶

公共服务动机（Public Sdrvice Motivation，PSM）是组织管理研究的一项重要议题，它关注的是社会公共利益，一种人们从事公共服务是否具有自利之外的动机。通常将其定义为：主体受到主要或完全基于公共制度与组织的动机所驱使的倾向。1996年佩里（Perry）认为公共服务动机可以分成三种不同的类型，理性（rational）动机、规范（norm-based）动机和情感（affective）动机。其中，理性动机表明主体希望追求主体效能和价值的最大化，规范动机是致力于符合社会规范而产生的行为动力。实质而言，图书馆精准文化帮扶更多地意味着的是一种责任、一种义务而不仅仅是一项工作，图书馆精准文化帮扶就是出于公共服务质量与公共服务动机所驱动，促进知识接受主体利用知识摆脱能力不足，以实现全体人民共同富裕这一社会愿景。

学术界常将知识转移动机分为外部动机和内部动机两种基本类型。按此划分，我们可以将图书馆精准文化帮扶中的知识转移动机分为外部动机和内部动机两类。

其一，精准文化帮扶中的知识转移的外部动机主要源自契约关系。唐

---

❶ 段文婷，江光荣.计划行为理论述评[J].心理科学进展，2008（2）：315-320.

❷ 王晴，徐建华.国内图书馆职业研究述评与未来趋向[J].大学图书馆学报，2019（4）：14-24.

纳森和邓菲在其《有约束力的关系》一书中指出，组织与社会存在着一种隐性的契约关系，组织作为社会主体，一经成立，便会自然而然地承担起对利益相关者的责任和承诺。契约是人与人之间、个人与组织之间普遍存在的一种现象，图书馆精准文化帮扶同样存在着契约关系。我们可以总结如下：①社会契约是联结图书馆与知识接受主体的潜在关系纽带，而且契约关系构成了当前图书馆精准文化帮扶的主要动机；②既然图书馆与精准文化帮扶存在契约关系，那么，无论是图书馆组织还是群体和个体，都有责任和义务为这份契约履行义务。

其二，精准文化帮扶中的知识转移的内部动机主要在于消减"职业倦怠"。图书馆不仅局限在社会契约和职责范畴，还与图书馆馆员内在动机有很强的关联性。例如，当知识接受主体对图书馆提供的知识感兴趣，并且运用知识得到很大的进步，经济状况也得到很大的改善，图书馆馆员就会产生欣慰情绪，也会为后续的知识转移谋划更多的发展蓝图；而当知识接受主体有"知识排斥"现象或根本就不愿意接受图书馆通过辛勤努力筛选、多轮研究、专家咨询、重新组织的知识时，图书馆馆员就会产生失望情绪。

为了有效掌握基层馆员的精准文化帮扶动机，笔者参与的课题调研于2018年7月到2020年12月采用实地走访和电话访谈等方法，调研了黑龙江省呼兰区、康金、兴隆、庆安、绥棱、海伦等地，吉林省四平市、辽源市、通化市、白山市、松原市，辽宁省沈阳市、大连市、鞍山市、抚顺市，山东省青岛、淄博等地区的图书馆，并且兼顾了一些农家书屋和文化站，共发放问卷500份，实际回收500份，回收率100%，去除随意填写42份，共获得有效问卷458份，问卷有效率91.6%。本次调查对象为承担精准文化帮扶活动的公共图书馆和高校图书馆的馆员和部分图书馆领导，采取一对一实地访问形式，以保证问卷的有效性，考虑到精准文化帮扶调研的典型性，先通过资料调研查找出有过精准文化帮扶活动的馆员和相关研究者，具体问题详见附录。

对调研问卷的设计和测量主要以学术界采用最多的佩里（Perry）所设

计的公共服务动机（PSM）测量量表和我国学者包元杰和李超平（2016）❶开发的 PSM-8 测量量表为基础，并结合图书馆精准文化帮扶及图书馆知识服务的实际情况，从图书馆精准文化帮扶中的知识转移公共服务动机入手，从公共参与吸引、公共价值承诺、同情心及自我牺牲四个维度进行，一共设置如"图书馆精准文化帮扶中的知识转移活动对我的职业价值体现很重要""对我而言，我喜欢参与图书馆精准文化帮扶活动并乐于为其做贡献"等 24 个测量问题，见表 5-1 和表 5-2。

表 5-1 图书馆精准文化帮扶中的知识转移公共服务动机测量

变量	量表题项 PSM-8		标准化载荷系数		
			馆员	馆领导	合并样本
公共参与吸引	PSM-1	图书馆精准文化帮扶中的知识转移活动对我的职业价值体现很重要	0.88	0.94	0.91
	PSM-2	对我而言，我喜欢参与图书馆精准文化帮扶活动并乐于为其做贡献	0.90	0.96	0.93
公共价值承诺	PSM-3	我认为，知识接受主体有效获取知识很重要	0.84	0.89	0.87
	PSM-4	馆员行为一定要符合精准文化帮扶中的知识服务制度规则	0.82	0.91	0.87
同情心	PSM-5	当看到知识接受主体的生活困境，我心里很难受	0.87	0.87	0.87
	PSM-6	当看到知识接受主体被人瞧不起时或对他们知识排斥时，我很气愤	0.79	0.86	0.83
自我牺牲	PSM-7	我愿意为图书馆精准文化帮扶中的知识转移活动付出个人努力	0.78	0.89	0.84
	PSM-8	我愿意为图书馆精准文化帮扶中的知识转移活动牺牲我的个人利益	0.62	0.88	0.75
内部一致性系数 Cronbach's alpha			（0.85）	（0.92）	（0.95）

---

❶ 包元杰，李超平. 公共服务动机的测量：理论结构与量表修订[J]. 中国人力资源开发，2016（7）：83-91.

表 5-2　问卷样本描述性分析

控制变量	类别	人数	百分比 / %
性别	男	94	20.52
	女	364	79.48
年龄	30 岁及以下	83	18.12
	31~40 岁	162	35.37
	41~50 岁	127	27.73
	51~60 岁	86	18.78
职称	初级	54	11.79
	中级	287	62.67
	副高级	88	19.21
	高级	29	6.33
工作经验	10 年及以下	133	29.04
	11~20 年	178	38.86
	21~30 年	132	28.82
	30 年以上	15	3.28
受教育程度	专科	21	4.58
	本科	291	63.54
	研究生	146	31.88
单位性质	全额事业单位	160	34.93
	差额事业单位	298	65.07
工作满意度	非常好	84	18.34
	基本满意	170	37.12
	存在问题	148	32.31
	说不清	56	12.23

调研样本结果显示：

（1）在角色认同程度上，根据测量表能够看到，馆员和馆领导对图书馆精准文化帮扶的认同程度较高，这也进一步验证了，公共管理者有一种潜在的为公众服务的意识，受这种意识的支配，公共管理者渴望关心社会、渴望为公共利益服务，更容易受到高尚动机的诱导。测量表也呈现出馆领导明显比馆员的公共服务动机要强，这种情况的产生与图书馆组织结构有一定关联，说明图书馆精准文化帮扶需要馆领导的积极引领。

（2）在克服职业倦怠上，从职称结构上存在明显差异，中级和副高级馆员对图书馆精准文化帮扶参与度明显高于初级和高级馆员，一方面，中级和副高级馆员的工作经验与知识储备要优于初级馆员,而工作精力和职业倦怠要优于高级馆员,坚定的行为意向、积极的行为态度、严格的主观规范以及准确的知觉行为控制都会对精准文化帮扶中的知识转移产生重要影响,他们希望通过图书馆精准文化帮扶中的知识转移活动创造更有意义的价值;另一方面,中级和副高级馆员也更关心图书馆精准文化帮扶的激励措施,希望对他们的职业和职能发展有益。

(3)在动机内在结构上,参加过图书馆精准文化帮扶活动、相关服务规范和策略研讨的馆员比没参与过的馆员积极程度要高,一方面在于他们更乐于将自己提出的策略付诸实施,进行验证;另一方面他们也乐于发现一些问题,进行后续的研究,形成更具科学意义的服务规范和相关制度。这也说明,图书馆精准文化帮扶相关研究不应当只局限于管理层面,要更多地吸纳普通馆员参与,调动他们的积极性和创造力;另外,参与馆员的稳定性对图书馆精准文化帮扶的发展十分关键,他们有积聚更强的攻坚动机。

(4)在自我牺牲行为上,馆领导的得分明显高于普通馆员,一方面说明馆领导已经认识到了图书馆精准文化帮扶的重要性和艰巨性,并且能够将自己定位在"领头雁"的位置上;另一方面,说明部分馆员对图书馆精准文化帮扶的认识程度不高,有些馆员"说不清"工作是否真实满意,存在不关心和敷衍因素,动机不强,仍需要进行调动和强化。

事实上,图书馆精准文化帮扶只注重外部动机是不够的,应当积极引导并调动图书馆馆员的内部动机。而根据当前的文献调研,图书馆学界还鲜有将动机因素纳入精准文化帮扶范围领域来加以研究,这说明图书馆精准文化帮扶的发力点还存在欠缺之处,也会直接影响图书馆精准文化帮扶的效果。

5.3.2 知识发送方的表达能力

表达能力又叫作表现能力或显示能力,它是指一个人把自己的思想、情感、想法和意图等,用语言、文字、图形、表情和动作等清晰明确地表达出来,并善于让他人理解、体会和掌握。用在知识转移领域就是确保需要转移的知识让对方易于接受,这是知识转移传播方主观层面考虑和客观层面做好的关键环节。学者汪应洛等指出,知识表达能力需要知识发送方和接受方共有一个语言体系。❶基于此,我们将图书馆精准文化帮扶中的知识转移的表达能力分为:知识的语言表达能力、专业知识表达能力和隐性知识表达能力三部分。

首先,知识的语言表达能力。挪威哲学家约翰内森(Johannessen)指出,知识和语言不可分离地交织在一起。知识应当用一种语言来表达已经变成了一种无条件的要求。❷英国高校图书馆将馆员的表达能力确定为馆员应当具有的四大核心能力之一。对于图书馆精准文化帮扶来讲,图书馆馆员与知识接受主体之间不断深化交流的过程,是图书馆精准文化帮扶的基础和条件,更是缩小知识距离构建良好知识转移情境的重要保障。馆员应当具备的表达能力包括:其一,要会"说",与知识接受主体知识交流是图书馆馆员必须思考的一项内容,要么馆员学会地域方言,要么馆员教授知识接受主体学会普通话,要么借助语言"中介",以保障必要的沟通交流。其二,要会"讲",知识源需要以自己某种特有的方式对要转移的知识进行调制后反复传递,知识接受主体通过反复的知识接受的联结学习过程才能建立起关于该知识的知觉。要求馆员调整自己以往的知识传播方式,选择知识接受主体所能接受的方式讲解,对于知识接受主体简单的语言往往会胜于烦冗的论述,要让知识接受主体听出兴趣,感受到滋味,为后续的图书馆精准文化帮扶发展创造条件。

其次,专业知识表达能力。学者汪丁丁指出,任何可以明确表达出来的知识体K必须满足三个条件❸:①K有所指,否则它既不能称为知识,也没有意义;②我们对K所指的事物必定已经有所了解,即已经知道了这些事物所具有的某些性质,否则K就无以称为"知识";③在这两个名词的集合之间,必须存在一定的联系,否则知识体K就是一些意念的"碎片",而不能被称为"知识"。图书馆精准文化帮扶向知识接受主体表达的

---

❶ 汪应洛,李勖.知识的转移特性研究[J].系统工程理论与实践,2002(10):8-11.

❷ 郁振华.从表达问题看默会知识[J].哲学研究,2003(5):51-57.

❸ 汪丁丁.知识表达、知识互补性、知识产权均衡[J].经济研究,2002(10):83-92.

知识需要满足如下条件：①图书馆向知识接受主体所转移的知识需是具有精准文化帮扶意义的知识；②图书馆对所转移的知识需要了解其价值并对其熟知，否则，图书馆不能胜任精准文化帮扶中的知识转移这一任务；③图书馆所转移的知识要与知识接受主体有所关联，其价值要对知识接受主体发挥作用。

图书馆作为知识资源库，为了保障用户的知识获取，一贯注重知识表达研究，并逐渐发展。

（1）基于文献单元的知识表达。主要包括分类号和主题词。其中，分类号是根据学科性质、按学科体系排列类目并对文献进行系统化表示的方式。分类号知识表达方式并不能将有关隶属于不同学科精准文化帮扶内容的知识集中存储在同一学科类目下，因此，图书馆馆员也很难借助分类号全面地检索到跨学科的有关图书馆精准文化帮扶研究对象的所有文献，这就成为人们在不熟悉的学科中检索到相关文献的一大障碍。而主题词的知识表示是以表达文献主题内容的词语作为标引对象，对文献中的知识内容加以揭示的方式。基于主题词的知识表示方法可以聚合有关图书馆精准文化帮扶主题的相关文献，也具备跨学科知识表达能力。然而，由于不同学科间存在的术语异构问题，难以借此发现所有跨学科的知识资源。可以看出，传统文献层面的知识表达能够对知识体系进行有效管理，但是对于缺少利用图书馆经验的知识接受主体以及图书馆馆员对精准文化帮扶知识的系统整理上，仍然缺失有效检索而不利于对精准文化帮扶知识的进一步表达。

（2）基于知识单元的知识表达。主要包括谓词逻辑、产生式表示、框架表示、语义网络等。❶❷❸❹①谓词逻辑是被学者们最早采用的知识表示

---

❶ 王忠义，夏立新，李玉海. 基于知识内容的数字图书馆跨学科多粒度知识表示模型构建[J]. 中国图书馆学报，2019（6）：50-64.

❷ 徐进. 基于知识情境的项目知识表示与推荐方法研究[D/OL]. 成都：西南交通大学，2015[2023-3-8]. https://kns.cnki.net/kcms2/article/abstract.

❸ 年志刚，梁式，麻芳兰，等. 知识表示方法研究与应用[J]. 计算机应用研究，2007（5）：234-236.

❹ 秦长江，侯汉清. 知识图谱——信息管理与知识管理的新领域[J]. 大学图书馆学报，2009（1）：30-37.

方法，有上百年的历史，分为命题逻辑、一阶谓词逻辑和高阶逻辑，在哲学、数学、语言学、计算机科学中得到了广泛的应用。谓词逻辑是一种形式语言，它与人类的自然语言比较接近，方便用于表示事物的概念、属性、状态等事实性知识，也适合表示事物之间确定性的因果关系，具有简单、自然、精确、灵活、容易实现等优点。谓词逻辑表示法的缺点是难以表达启发式知识和不确定性知识，在求解问题的事实数量较大时，推理容易出现组合爆炸和效率偏低的问题。②产生式表示在20世纪40年代由美国数学家波斯特提出，它考虑到了人类记忆和处理各种知识时所采用的因果关系，具有自然、灵活、清楚、模块性好、通用性强等优点。产生式的基本形式为：IF（前提1）…（前提i）THEN（行动或结论1）…（行动或结论j）。用于表示启发式知识和过程性知识，常用于各类专家系统，产生式的含义是：如果前提被满足，则可推出结论或者接下来所进行的操作。产生式表示法的缺点主要是对结构性知识表现不好，各种规则之间的关系相对难以描述，事实规模大的时候，推理效率不高等。③框架表示法是在20世纪80年代由美国学者明斯基（Minsky）提出，它是描述对象属性的一种数据结构。在框架表示法中，框架被看成知识表示的基本单元。一个框架可以看作是一种描述知识对象属性的数据结构，通常由一个框架名称、若干个槽（Slot，框架的子结构），以及若干个框架遵循的约束条件三个部件组成。其中，槽用于描述对象在某方面的属性，每个槽又可以继续划分为若干个侧面（Facet），每个侧面具备若干约束条件。它的突出优点是善于表示结构性知识，能够较好地表达知识之间以及知识内部的结构关系，较好地保持了知识的一致性和继承性。其缺点在于对过程性知识和不完全知识的表示力度不够。④语义网络在20世纪90年代由学者奎廉提出，并拓展到描述各种概念之间的语义关系。它是一种通过概念及其语义关系来表示知识的网络图，出现两种最佳实践描述关联数据和知识图谱。其中，关联数据不仅可为知识表示提供语义支持，而且能够建立知识单元的任意关联，细化知识表示粒度；知识图谱是知识地图的一种高级表现形式，通过对文献中的逻辑内容进行分析，找到人们思想的相互影响及联系的结合点，从而为用户提供知识之间关系的一种知识组织的理想状态。实际应用时，语义网络方法常常和其他方法结合使用，取长补短。知识表示的方法重点在于解决知识表示中的不确定性,以及知识接受主体与知识主体的差异化和知识接受主体的知识偏好等,因此,知识发送方的表达能力不仅限于图书馆与知识接受主体之间交流层面的表达能力,还在于馆员对知识接受主体所需精准文化帮扶知识的理解能力,而这种理解能力源于馆员对图书馆知识细化、关系与关联的运用,由此可以看出,知识发送方的表达能力可以从宏观、微观、中观三个层面来理解,宏观层面的表达核心在于知识,这时馆员处于图书馆知识与知识接受主体中间,表达的是知识与知识接受主体的关系的问题;微观层面的表达核心是关系,通过关系来考量图书馆还能为知识接受主体做什么,研究的是进一步的发展;中观层面的表达核心是体会,就是介于宏观和微观两个层面之间的状态,当关系建立了、知识转移发生了,但还需要及时的知识助力和动态的知识补充,在此过程中,图书馆馆员要提前想到知识接受主体的知识欠缺和知识补充内容,并通过进一步的隐性知识交流来深化图书馆精准文化帮扶中的知识转移。

最后,隐性知识表达能力。从课题组采集的数据和现实来看,知识接受主体虽然缺少显性知识和系统性的知识体系教育,但在现实生活中并没有脱离经验、技巧和诀窍等隐性知识。这些技能决定着知识接受主体的现实生活能否维系。由于知识接受主体的隐性知识是通过社会生活实践和与亲属、邻里之间的社会互动关系获得的,这种接受知识的方式经过多年的延续和历史的固化,久而久之形成了知识接受主体的认知偏好和思维方式。在此背景下,图书馆在向知识接受主体进行隐性知识表达时应当注意如下几个方面。

(1) 知识接受主体有意识的欠表达。隐性知识本身就是一种存在于意识没有显露的、避免用语言去表达或者欠表达的知识,如课题组与知识接受主体交流,当问及某知识接受主体是否有过主动学习知识的想法和经历时,起初知识接受主体掩饰说没有,但经由多次交流形成一定的信任关系后,知识接受主体才讲起,没知识会被人瞧不起,平时记账目都记不明白,记不明白这些太"憋手",多年前就有过学习知识的想法,私下也问过村里的某某看书的事,某某就告诉他应该看什么书,可没想到的是,几天后,这件事莫名地成了村里的谈资,说村里出现了有人饭都快吃不上了还要看什么书,是不务正业或是懒惰等嘲笑的闲话,自此,知识接受主体也就打消了学习知识的念头,继续维系现状。由此可见,图书馆向知识接受主体进行隐性知识表达时,应当注重知识接受主体自身存在的欠表达内容,应当深化与知识接受主体交流,把知识接受主体有意识回避和欠表达的事情尽量了解清楚,才能有助于深化知识转移。

(2)知识接受主体的"格式塔式的隐性知识"。所谓格式塔式的隐性知识,就是它将不可表达的原因归结为成功地从事行动的前提条件。当一个人在从事某项活动如学开车或学外语等时,他必须依赖某种不成问题的背景,只有这样,该项活动才能顺利地进行下去,这也从侧面说明尽管知识接受主体缺少显性知识,也可以通过背景实践来掌握种植、养殖等隐性知识,经年累月,这种知识获取方式会成为知识接受主体吸收知识的一种固定模式,所以,图书馆在向知识接受主体进行隐性知识表达时,不能单向地强调知识和技能,也不能偏颇地强调背景,而应结合具体实践和背景进行。

(3)馆员本身认识的局限性。一个人自身所拥有的知识,即便知识再丰富,也可能呈松散状态,而且条理也不一定始终保持清晰。尤其在一个特定的时刻,一个人只能对这个知识系统的某些局域加以反思地观照,并用语言来加以表达,没有人能够在同一时刻言说整个的知识系统,因此,图书馆在向知识接受主体进行隐性知识表达时,应尽量多选几位馆员对知识接受主体进行"互补式"表达知识,弥补由于图书馆馆员个人知识不足,所造成的知识表达不充分而影响知识接受主体对知识吸收的问题。

(4)程序层面强的隐性知识。不是所有知识都能通过语言充分表达的,而且,有时知识表达需要必要的程序,也就是语言表达的前后顺序和生成逻辑。学者格里门认为,认识者若是缺乏第一手的经验,仅仅依靠语言文字的描述是无法获得知识的。也就是说,对知识接受主体而言,有些知识是知识接受主体以前生产和生活当中没有接触过的,对于这些知识,馆员仅靠语言口头讲解,即便再生动,在实践层面也还需要进一步说明,不能认为知识接受主体完全理解而得出知识理解的结论。

5.4 知识接受方的吸收能力

科恩(Cohen)和利文索尔(Levinthal)在《吸收能力:学习和创新

的新视角》一文中将吸收能力定义为先验知识的函数,包含三种能力,分别是认知和评估外部新信息的能力、消化该信息的能力以及将该信息应用于商业目的的能力。如图 5-5 所示。如果主体的知识吸收能力不足,对外部机会感知的敏感度会降低,其创新的积极性和动机会相应降低,进而主体投资在吸收能力方面的资源会减少,相应的主体对外部新知识的吸收和引进也就会减少,最终形成主体知识吸收能力的负面自我增强循环(即恶性循环)。

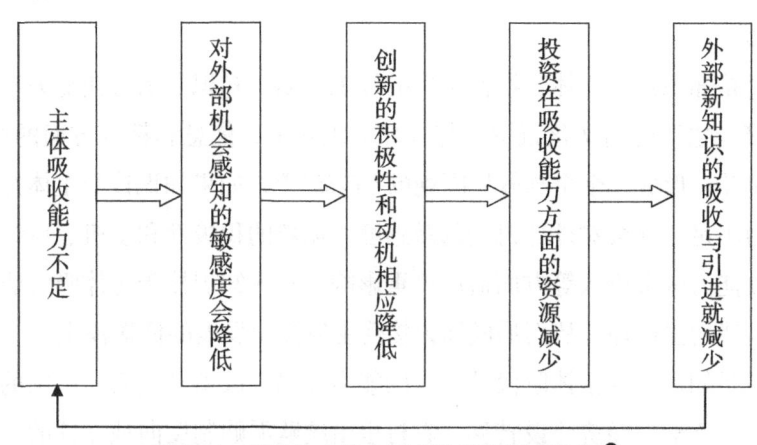

图 5-5　吸收能力的负面自我增强循环结构❶

知识接受主体与知识吸收能力是如何形成关联的呢？我们尝试借助"低端锁定"现象来阐释知识接受主体如何形成知识隔离,以及制约发展的深层次根源,并借此探寻破局路径,这些是审视知识接受主体知识吸收能力的新视角,也是实现对知识接受主体知识转移和使其精准帮扶的路径选择。

低端锁定作为一种长期路径依赖现象。具体而言,由于"弱"企业在全球价值链和价值网络中处于中、低端环节,他们自身的知识存量、对知识的敏感度和吸收能力都相对薄弱,仅凭借传统的要素禀赋和基础设施的优势,承接劳动密集型的低附加值环节,使企业在全球价值产业链条中处于从属地位。❷ 如果在缺少必要外部力量干预和自身特殊发展的情况下,

---

❶ 林东清. 知识管理理论与实务 [M]. 北京：电子工业出版社，2005.

❷ 吕越，尉亚宁. 破解全球价值链下"低端锁定"困局 [N]. 中国社会科学报，2019-09-18.

只能延续已经形成的"固化"发展模式，从而锁定在低端模式的现象。我们将低端锁定现象与知识接受主体境遇相关联，主要有两个方面考虑：一是两者之间内涵相通，知识接受主体同样由于缺乏知识发展能力和知识吸收能力，被锁定在低端发展层面，通过低端锁定现象可以进一步梳理知识发展不足现象；二是运用低端锁定的研究成果拓展对知识接受主体知识吸收能力的研究思路，进而增强图书馆精准文化帮扶中的知识转移研究。

由知识接受主体知识吸收能力所形成的低端锁定现象，主要表现在三个方面：

一是知识接受主体长期性引发的知识阻断。知识贫困会使能力不足的知识接受主体远离文化氛围，与外界缺乏知识、信息和精神方面的交流，心灵荒芜，形成一个个与外界隔绝的"孤岛"❶，如果知识接受主体知识吸收能力不足，就会对外部机会的敏感度、创新的积极性和动机、后续的知识吸收能力资金投入等方面造成严重影响，陷入知识接受主体吸收能力的负面自我增强循环，从而形成知识接受主体知识发展的低端锁定。

二是知识接受主体阶段性引发的能力隔离。改革开放后，国家的发展战略重心逐渐向经济建设转移，农村也由统购派购制度向独立性的经营制度发展。在此期间，一批农民通过自己的努力和良好的社会关系质量，成为乡村经济精英和文化精英，而个别知识接受主体则因过度依赖原有发展模式和"自组织"状态，不愿意主动通过增强知识吸收能力来改变现状，有的知识接受主体甚至害怕通过改变而变得更糟，从而"固化"并"强化"自身知识结构，即便是有知识需求，也更乐于"随大流"或"搭便车"。根据知识吸收理论，主体在学习过程中总是在自身的知识能力范围内对新知识产生兴趣，对与其知识基础有联系的新知识学习的速度快于那些脱离其知识能力范围的知识，由于知识接受主体主观努力和知识存量不足，制约了知识吸收能力的发展，从而形成了能力隔离。

三是知识接受主体脆弱性引发的精英俘获。一些精英农户在乡村是具有相对经济资源和知识资源优势和社会影响力的人。而知识接受主体缺少社会关系，更缺少知识，甚至对一些政策、制度等遗漏知识也比精英农户

---

❶ 王子舟. 知识贫困及其对弱势群体的影响 [J]. 图书馆，2006（4）：10–16.

知道得"晚半拍",致使精英农户利用这些经济优势和知识优势为各类资本进入乡村谋利提供帮助和便利,尤其对于个别偏远的经济欠发达山区,一些知识接受主体还不知道精准文化帮扶的前提下,精准知识接受主体指标可能就被一些乡村精英给"俘获了",致使知识接受主体利益受损而处于低端锁定状态,这只是说明知识接受主体低端锁定的一个事例,还有许多生活中的方方面面。例如,一些知识接受主体也想通过每年的劳动和努力获取更多的利润,但是这些知识接受主体往往就是由于知识闭塞和信息不畅,使其劳作利润大打折扣。

5.5 知识转移的传播媒介与图书馆知识服务

5.5.1 知识转移的传播媒介

20世纪原创媒介理论家麦克卢汉对媒介进行了独特的探索,提出了震惊世人的"媒介即讯息"和"媒介是人体的延伸"结论。在麦克卢汉看来,媒介是一种生态,人是媒介的尺度,一切传播媒介都是人类各种感官的延伸,任何媒介对个人和社会的任何影响,都是新的尺度产生的,我们任何一种延伸,都要在我们的事务中引进一种新的尺度。❶ 如果按照麦克卢汉的观点,从图书馆精准文化帮扶中的知识转移层面,承载知识的媒介或载体应当被看作知识生态的一部分,它是图书馆的延伸,图书馆面向知识接受主体的知识转移,要科学协调多元管理要素,合理配置各种媒介资源,形成积极的交互耦合生态机制。

知识转移媒介可以通过基于技术的媒介与基于人际的媒介,基于知识源的驱动与基于知识接受方的驱动交汇相融,展现了知识转移传播媒介的发展和显性知识与隐性知识的关系。如图5-6所示,横坐标载体层面是基于技术的媒介和基于人际的媒介两者之间的融合;纵坐标是知识源驱动和知识接受方驱动两者之间的发展。从横纵坐标所构成的夹角可以看出,知识转移的媒体在不断丰富和发展,包括传统的信息系统到现代的互联网、论坛、视频等模式,这也进一步促进了知识接受者从师徒制向研讨会、实

---

❶ 张剑峰,张艳.新媒介发展对社会思维的影响——直播带货平台与大众思维的互动作用[J].现代营销(下旬刊),2020(11):3-7.

践社区、视频交流、直播带货等诸多模式的发展。可以说，知识转移媒体的日益丰富为知识传播方与知识接受方之间有效传播提供了可能。

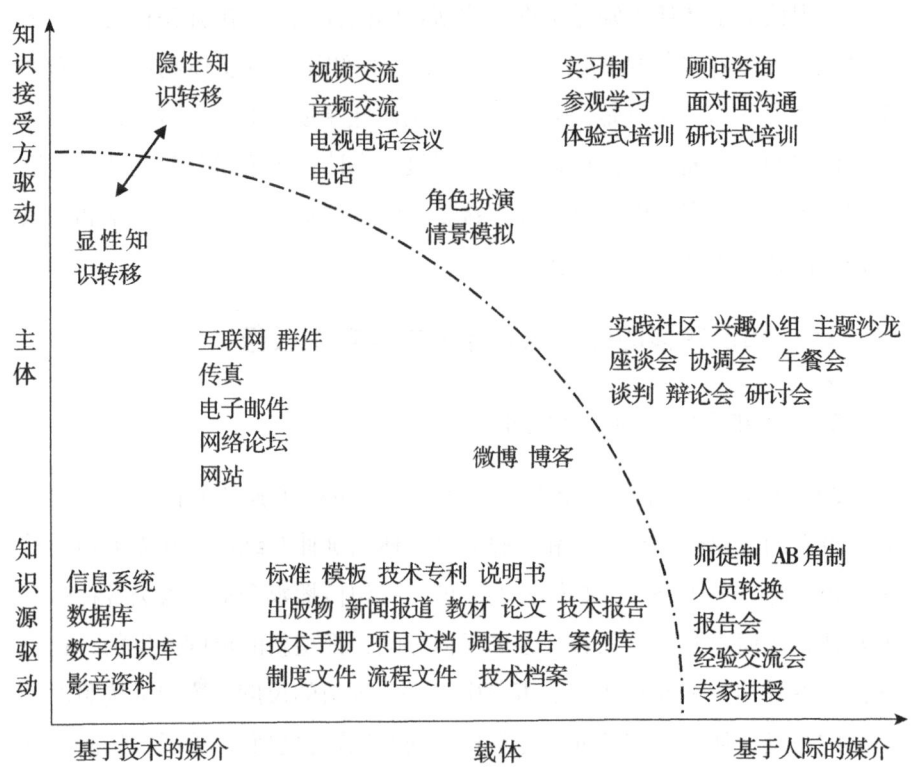

图 5-6　知识转移的媒介分布❶

社会学理论认为，稳定的人类社会通过相互作用方式指导着主体的行为。图书馆精准文化帮扶中的知识转移同样需要借助必要的媒介向知识接受主体转移图书馆的知识，影响知识接受主体社会行为。如图 5-6 所示，我们结合当前图书馆精准文化帮扶中的知识转移的媒介进行归纳：

其一，基于技术的媒介和知识源（图书馆）驱动。主要包含：①以纸质文献为媒介的帮扶发展体系，这是图书馆精准文化帮扶普遍采用的一种知识转移媒介，主要依托图书馆庞大的文献资源体系，如国家图书馆在精准文化帮扶进程中向经济欠发达地区调拨帮扶文献；②以数字资源为媒

---

❶ 左美云，赵大丽，刘雅丽.知识转移机制的规范分析：过程、方式和治理 [J].信息系统学报，2010（2）：22-36.

介的帮扶发展体系，重点在于图书馆资源与数字传输的结合，如首都图书馆、广西壮族自治区图书馆、云南省图书馆等，建设了多种形式的农业生产信息资源、农村经济发展专题资源、新农村建设和农民工进城务工专题资源。

其二，基于人际的媒介和知识接受主体的驱动。主要包括：①以专家讲授为媒介的帮扶发展体系，吉林省图书馆于 2016 年开设"帮扶大讲堂"，邀请知名学者和专家面向经济欠发达县开展帮扶专题巡讲，在 2018 年就进行了 21 场，覆盖全省所有经济欠发达县；②以面对面为媒介的帮扶发展体系，面对面沟通交流是最为直接和有效的知识转移方式，有时省略了主体识字的环节，在没有教育普及的年代，师徒传承所依赖的就是面对面地传授。在图书馆精准文化帮扶进程中，真人图书馆与精准文化帮扶存在着重要关联，真人图书可以让农民文盲走出不识字就不能学习的困境。

如图 5-6 所示，根据媒介丰度理论，当沟通内容的模糊性与媒介丰度相匹配时，沟通效果最好。如果知识接受主体存在的知识以隐性知识为主，而且对图书馆精准文化帮扶中的知识转移内容仍存在模糊性时，建议图书馆多采取面对面的沟通方式。这是因为，一方面馆员本身就应当成为动态的知识载体，这也是图书馆精准文化帮扶中的知识转移的关键环节，馆员可以通过主动学习交流，对知识进行组织、控制和传播，及时掌握知识接受主体的反馈和进度；另一方面图书馆向知识接受主体进行知识转移时，更多关注的是知识接受主体本身对知识的理解力和吸收能力。当知识接受主体的知识存量达到一定丰度时，再转向显性知识资源。

由此可以看出，因为图书馆精准文化帮扶中的知识转移存有诸多模糊性知识和意会性的知识，单纯依靠一种载体形式或过多依赖传统载体形式都很难达到精准文化帮扶的预期效果，这就需要图书馆从自身开始重新布局知识供给方式，通过对知识接受主体开展知识管理、构建知识伙伴、建立长效服务机制，拓展个性化和互动性的沟通媒介，建立融合互动的知识服务多元体系。

5.5.2 知识转移与图书馆知识服务

知识服务源于知识经济浪潮和信息技术发展的共同推动，为了适应社会对知识共享与知识创新需求而产生的新型服务体系，该体系既注重于知识价值，也聚焦于服务价值。图书馆精准文化帮扶中的知识转移是图书馆知识服务的一种延伸，两者都强调通过知识解决用户（知识接受主体）问题的过程，但两者之间仍有着"根本"的不同，图书馆精准文化帮扶中的知识转移关注的是"本"。例如，图书馆精准文化帮扶的效率、效果和结果，而知识服务更为注重的是"根"，即我们怎么做和我们应该怎么发展。张晓林教授指出，知识服务的供给侧结构性改革是后图书馆时代的一种变革，因为知识服务是一种观念，一种认识和组织服务的观念，在于根据用户的需求和环境，融入用户解决问题的过程之中，知识服务是融入用户之中和用户完成决策过程的服务，提出能够有效支持知识应用和知识创新的服务。❶因此，图书馆精准文化帮扶中的知识转移需要进一步借助知识服务的核心理念与发展模式，作为强化图书馆精准文化帮扶中的知识转移情境的一种方向与选择。

其一，图书馆精准文化帮扶中的知识转移与深度交互的知识服务。

图书馆精准文化帮扶中的知识转移是以知识接受主体为导向的知识服务，交互程度决定着知识转移的深度。知识转移情境主要包括信任程度、开放程度、文化距离和物理距离四个方面的影响因素❷：①信任程度，可以加深知识转移双方之间的相互认同，同时减少双方主体防御性行为，从而使知识转移行为运行得更加稳定。②开放程度，决定了知识转移的潜力和创新程度，开放程度越高，知识主体接受方对接受知识的新方法和文化差异的能力越强，从而更有利于学习和创新。③文化距离，知识转移双方价值观的相似程度越高，知识接受方的认同度越高，知识共享意愿越高。④物理距离，知识主体间的实际距离越远，知识转移的成本就越大，时间就越长。对于图书馆精准文化帮扶中的知识转移而言，不仅需要考虑如何向知识接受主体发送知识，更需要考虑如何不断循环式地向知识接受主体转移知识。

---

❶ 张晓林.走向知识服务：寻找新世纪图书情报工作的生长点[J].中国图书馆学报，2000（5）：32-37.

❷ 王道平，杨岑，宁静.知识服务网络知识转移行为演化研究[J].科学学与科学技术管理，2013（8）：34-42.

经济学家格鲁诺斯认为，关系交互是服务的内在属性。图书馆精准文化帮扶中的知识转移的整个过程都不能脱离交互，交互的作用在于增强认知、强化信任，更在于对图书馆精准文化帮扶质量的反馈。李桂华教授指出，对于用户需要的知识服务要求机构与用户高度的交互性和服务的深入彻底性。❶图书馆如何与知识接受主体形成深度交互呢？

一是要加强情感交互。情感交互是相互倾听、相互理解等加深彼此交流的一系列行为。从心理层面来讲，知识接受主体较为自卑，要么不愿意将自己的真心感受说出来，有所保留；要么说出来的不一定是真心话，有所遮掩。

二是要明晰任务交互。图书馆要按照精准文化帮扶专业领域来组织人力和资源，提供专业化知识服务的团队，尤其要根据图书馆精准文化帮扶中的知识转移的具体任务形式展开深度交互，要基于知识转移任务复杂性、知识转移任务目标清晰度、知识转移任务完成基础条件的不确定性等展开任务交互，形成一定的方案后，要将阶段性方案与知识接受主体进行交互，让知识接受主体知道阶段性的知识转移内容，以便将知识接收成效"反馈"给图书馆。

三是要加大行为交互。知识转移的过程既是知识发展的过程，更是不断"试错"的过程，图书馆精准文化帮扶中的知识转移要将知识接受主体当成与自己平等的任务参与者，图书馆要针对每个知识转移阶段、知识内容、知识实践等，与知识接受主体展开全方位的交流、分析、借鉴、修正和总结，通过不断的交互讨论，开放式发展，才能成功形成适宜知识接受主体知识吸收的服务。

总之，我们要明晰的是，图书馆精准文化帮扶中的知识转移不仅仅是知识接受主体接受知识的方式，更是知识接受主体重新认识知识进而建构知识的过程。

其二，图书馆精准文化帮扶中的知识转移与充分关联的知识服务。

图书馆精准文化帮扶中的知识转移是以协同创新为核心的知识服务，充分关联促进着知识转移的发展。凯恩斯主义以需求管理为核心，强调国

---
❶ 李桂华，张晓林，党跃武. 知识服务之运营方式探索 [J]. 图书馆，2001（1）：18–22.

家对经济的干预与控制。在实践中，1933年开始的"罗斯福新政"通过一系列的以需求管理为特征的经济政策，有效地应对了美国经济危机。事实上，国家通过需求管理可以应对经济危机，同理，图书馆也在随着用户需求而调整着发展的策略。进入21世纪，图书馆从以文献为重点的提供转向以知识为核心的服务，其主要原因在于使用户直接与知识单元充分关联，充分关联的背后在于多学科、多领域广泛内容的融合，从而帮助用户凭借新的知识融合做出更高效、更正确的决策，提供更精准的知识服务。张晓林教授指出，任何机构都很难长期垄断知识及相关产品、服务和市场，传统"业务范围"和优势被不断打破或消除，任何机构都可通过开发或集成产品、服务和系统来重组市场。❶

那么，图书馆如何通过充分关联来开展知识服务的呢？例如，基于集成利用的知识服务，上海图书馆上海科技情报研究所早在2014年就谋划走出传统图书馆模式，开始打造产业图书馆，产业图书馆集聚大型企业、高校、科研院所和图书馆的情报机构资源，利用全球专家库资源，为专业技术人员和企业管理者提供培训和沙龙活动、主题报告、新成果新产品发布等集成有效的知识服务，同时，产业图书馆还结合热点产业的发展，定期聘请行业专家为技术人员、研究人员提供专业咨询。再如，基于内容质量的知识服务，张晓林教授提出❷，知识服务的变化，更多的服务将是那些对情景化的知识关联，我们要充分利用对知识资源结构和知识分析规律的深度理解，集成利用各个领域的知识挖掘与分析工具，开发针对复杂知识资源环境的各种知识发现。

我们可以通过下例来联想和梳理一下图书馆精准文化帮扶中的知识转移的发展思路。例如，广东省科技图书馆以振兴实体经济和优化服务环境为契机，以区域实效服务为切入点，构建起能够为政府、大型企业、小微企业与图书馆充分关联和充分交互的光谱知识服务网络，成功进入"国家级科技企业孵化器"之列，其任务主要包括：为地方政府提供高质量的决策咨询报告，为大型企业提供同行研发态势监测和产业技术情报，为小微

---

❶ 张晓林.走向知识服务：寻找新世纪图书情报工作的生长点[J].中国图书馆学报，2000（5）：32-37.

❷ 张晓林.重新认识知识过程和知识服务[J].图书情报工作，2009（1）：6-8.

企业提供技术研发与引进、信息监测、专利查新及分析、市场开拓支持；共同建设"一带一路科技战略服务共享平台"，服务企业达到1000余家，通过平台向中小微企业开展产业情报推送，促进产业各链条资源的互联互通。❶图书馆要有"立体式"的服务思路，既要将"本"作用于知识接受主体，还要培育知识服务的"根"。例如，在各地普遍实施的产业精准文化帮扶中，图书馆要注重为知识接受主体提供知识，助其适应工作要求；同时，图书馆要强调为产业提供各类知识服务，帮助产业"知识孵化"，为产业未来发展提供必要的线索和"链接"更广阔的平台，使知识接受主体和产业都有机地成为图书馆用户，使知识接受主体和产业借助知识，生态式地谋求更大的发展。

其三，图书馆精准文化帮扶中的知识转移与营销战略的知识服务。

图书馆精准文化帮扶中的知识转移是以知识接受主体成功获取知识为目标的知识服务，营销战略可助力知识转移潜力升级。李桂华教授等在阐释了传统的结构化参考服务模式和专业化咨询团队模式的基础上，进一步跨界提出了律师模式和顾问公司模式，认为，"知识服务"工作不再是以规范化的信息资源收藏和组织为标志，而是以灵活的服务模式充分利用和调动知识工作者的智慧进行的特定问题的分析、诊断、解决为标志。❷我们看到，这其中隐含着知识服务"精准"的含义，为了深入认识知识服务与营销的关系，应当立足于"让用户成功"的用户战略。

那么，图书馆如何才能处理好与知识接受主体的知识服务关系呢？

根本的方法只有一个，即使知识服务成为用户生活的一部分。其中重点在于，要求知识服务不能仅仅局限于本机构内部的运营和机构所接触到的需求，还要走进用户的生活，要使知识服务成为易被感受到的服务，要使服务内容与平常用户的平常需求衔接，还要使服务成为用户信赖和依赖的对象。营销战略是图书馆知识服务的一种选择，也是图书馆能力的一种展现，要求图书馆所选择的"精准"服务，既要让用户能够注意和感受

---

❶ 魏东原，祝林，陈嘉琪.专业图书馆为实体经济服务的思索与实践[J].图书情报工作，2019（1）：111-117.

❷ 李桂华，张晓林，党跃武.知识服务之运营方式探索[J].图书馆，2001（1）：18-22.

到，又要能形成其未来生活的一种服务依赖。

正如学者对精准营销研究时进行的描述，在恰当的时间，提供恰当的产品，用恰当的方式，送到恰当的用户手中，恰当到一定程度就称为"精准"。结合上文可知，图书馆精准文化帮扶中的知识转移也需要图书馆对知识接受主体采取一定的营销措施，才能更为高效地使图书馆知识科学地走进知识接受主体的生活，而且图书馆对知识接受主体所采取的营销措施应当是一种精准营销。

第6章 以知识转移为核心的图书馆精准文化帮扶策略与社会职能任务

基于前文研究,在图书馆精准文化帮扶中的知识转移进程中,科学开展图书馆精准文化帮扶、大力提升图书馆知识传播能力、精准实施知识接受主体知识吸收能力建设、打造精准文化帮扶多维度协同发展、搭建知识交互平台及精准落实知识转移的重点任务,均为图书馆精准文化帮扶的重点工作。同时,本书兼顾图书馆与知识接受主体的关系质量、知识特性、信任机制、激励机制和信息服务等层面在调节作用上的重要性,结合知识转移理论、精准文化帮扶要义和图书馆发展等,提出图书馆精准文化帮扶的优化策略和图书馆社会职能务。

6.1 准确把握知识转移的内涵和特性,科学开展图书馆精准文化帮扶

准确把握知识转移的内涵和特性是科学开展图书馆精准文化帮扶的内在要求。科学开展图书馆精准文化帮扶要求图书馆作为知识源要全面强化工作机制和能力建设、效能促进知识供给、正确看待知识接受主体在精准文化帮扶中的作用、明确知识获取以及获取知识之后的能力变化、注重补足图书馆与知识接受主体之间存在的服务关系"短板"等,使知识源(图书馆)、知识接受者(知识接受主体)、知识及情境形成"可螺旋发展"的融合系统,使知识接受主体在知识螺旋发展中获取知识摆脱发展不足,这是推动图书馆精准文化帮扶的核心要义。

6.1.1 深化"知识供给和知识螺旋整合"的工作机制

建立以"知识供给和知识螺旋整合"的精准文化帮扶工作机制是对知识接受主体知识需求精准识别和知识发展动态性的响应。如图 6-1 所示，知识转移是一个动态的过程，每一次图书馆向知识接受主体知识转移的结束，同时又是下一次新的知识转移的开始，新的知识转移需要有新的知识定位和新的知识发展，其间离不开图书馆和知识接受主体间的相互交流、相互认同和相互合作。

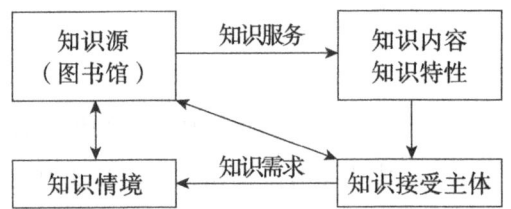

图 6-1 精准文化帮扶中的知识转移——知识螺旋和知识供给整合

深化"知识供给和知识螺旋整合"需要做到以下三点。

第一，细化服务，传递信任。罗兰（Rolland）等强调，信任是知识转移最为重要的先决条件之一。有效的知识转移是在知识源与知识接受者之间密切沟通、相互信任、不断激励、调整知识势差和消除知识黏性障碍，每个环节都是以图书馆与知识接受主体细化目标任务为前提。知识转移需要图书馆运用整体观念，避免"碎片化"和"一次性"的帮扶措施，应当"循环往复式"地帮助知识接受主体分析其面临的问题、存在的知识差距、知识选择的方向和精准帮扶方案，分析并掌握他们存在的发展难点、问题和途径。例如，四川农业大学图书馆对四川省雅安市雨城区碧峰峡镇黄龙村进行精准文化帮扶时，在农业专家指导之前，图书馆就与知识接受主体进行了密切沟通，将黄龙村知识接受主体的相关信息及知识需求进行整理，推送给相关农业专家，图书馆在专家指导下将相关知识内容集中整理，通过传单、印刷手册、视频短片等形式向知识接受主体进行宣传，在取得较好帮扶效果的同时，图书馆也意识到提高知识接受主体知识素养不是一朝一夕能够完成的❶，应细化服务机制，夯实信任基础，带动知识发展。

---

❶ 曾咏梅，余成，郭晓彬，等.基于精准文化帮扶的农业高校图书馆信息服务研究——以四川农业大学图书馆为例 [J]. 晋图学刊，2017（1）：46-48.

第二，问题导向，敏锐观测。欠发展是由一系列矛盾问题造成的，解决其就需要从问题着手。在精准文化帮扶中的知识转移进程中，图书馆应当着重将知识接受主体存有的各类问题进行系统研究和分类，哪些是可分解的、哪些是可解决的、哪些是过渡性的问题。例如，位于云南省红河哈尼族彝族自治州元阳县的阿者科村，守着世界级的资源，却深陷经济欠发达之中。中山大学保继刚教授团队，将阿者科村的欠发展问题划分为语言表达问题、留守儿童教育问题、现代技能培育问题、旅游精准文化帮扶建设问题、古村落文化遗产发展问题以及知识接受主体融入精准文化帮扶问题，等等。精准文化帮扶团队通过一系列问题将知识资源有机地"引"进来，针对问题开展实践研究、建立关系、"引导"知识接受主体认知，有序地推进精准文化帮扶中的知识转移。由此，图书馆应当借鉴该做法，通过问题将知识接受主体与图书馆知识资源有机地关联起来，通过及时且敏锐地观测知识接受主体的知识需求和能力变化，提供知识服务；而知识接受主体借此解决了问题、取得了收益、掌握了知识，在直觉和体悟的作用下，不断地深化认识知识的作用。

第三，强调"干中学""学中干"机制的运用。图书馆作为知识源向知识接受主体知识转移，其核心是"共同发展和共同创新"，在此前提下，图书馆所要做的是对知识接受主体知识发展进行"设计"、搭建有所"断裂"的知识网络，通过多维知识源构建模式来解决问题。详见 6.8.1 节，图书馆精准文化帮扶"干中学""学中干"与"知识网络快递员"行动实例介绍。

6.1.2 正确处理知识转移中的"知识势差"

正确处理知识转移中的"知识势差"可以两个方面理解：一是图书馆要注重避免或者纠正"知识优势"的自矜错觉。马若林（Marjolein）指出，适度的"知识势差"是影响知识高效转移以及传播的关键性因素。众所周知，知识接受主体文化程度偏低，面对这一客观事实，容易造成图书馆产生"知识优势"的自矜错觉，轻视对待知识接受主体的知识转移要求或者干脆认为馆藏知识都能用于帮扶，这是由于图书馆处在"知识高位"，而知识接受主体处于"知识低位"，在图书馆和知识接受主体之间很容易发生知识转移，但这种认识是片面的。二是图书馆要辩证地将"知识势差"看成是知识转移的一种策略。根据前文所述，知识势差过大或过小都不利于图书馆与知识接受主体知识交流互动的形成，更不利于知识接受主体产生知识兴趣。在这里，我们着重强调图书馆要根据知识势差"引导"知识交流互动的形成，注重鼓励知识接受主体表达个人想法和建议，耐心地进行知识交流，使知识转移处于科学的进展中。

图书馆积极倡导"每本书有其读者""每个读者有其书"，其实质就是在强调读者与知识的正确"对接"。对于知识接受主体而言，图书馆要采取更为深化、更为细腻的知识供给方式，通过"阶梯式""螺旋式"的方式来助推知识接受主体知识发展，避免"盲目性"和"碎片化"的知识溢出。对此，图书馆可以运用记录的方式为知识接受主体绘制知识图谱，通过知识图谱来反映、研究和总结对知识接受主体知识转移的发展规律，然后，通过发展规律来深化图书馆精准文化帮扶中的知识转移理论研究，为图书馆精准文化帮扶全面发展奠定基础。

6.1.3 营造和谐融洽的知识转移情境

营造和谐融洽的知识转移情境是为了提高知识转移的效率，而营造和谐融洽的知识转移情境的前提条件就是图书馆要与知识接受主体密切沟通、密切交流、密切合作。如前所述，知识转移不会无缘由地发生，而是需要借助一定的条件，条件越充分，就越有助于知识转移的发生。从理论层面讲，较为适宜的知识转移多发生在社会认同、相互信任、兴趣喜好、合作互惠以及彼此关爱的社会环境氛围中。

在这种环境下，通过友好的人际关系和期盼的目标愿景，知识接受者会清除知识转移中附带的不情愿、不积极甚至些许"排斥"等情绪。通过和谐情境，图书馆能够有效观察、交流、评估知识接受主体对知识掌握和利用的情况，为其下一步知识转移提供依据。环境创造了知识传播者与知识接受者的交集，明智的图书馆一定会为知识转移创造条件。

6.1.4 消减知识转移过程中的"供需脱节"

知识转移着重强调知识传播方与知识接受方之间知识匹配关系的建

立，而且，这种知识匹配关系不是一时的或者一次性的，而是过程性的。运用到图书馆精准文化帮扶中的知识转移，同样需要注重过程性的知识匹配，即要求图书馆注重加强知识接受主体的过程性参与，通过知识接受主体的过程性参与来消减精准文化帮扶中的知识转移进程中的信息不对称，进而消减知识"供需脱节"和图书馆与知识接受主体之间的不协同。例如，图书馆为知识接受主体提供知识，知识接受主体并不知道知识的具体用途；再如，图书馆为知识接受主体设计知识精准文化帮扶方案，知识接受主体并不知道帮扶方案具体如何发展，这些都会影响知识接受主体对知识的正常接收。

图书馆精准文化帮扶进程中的"供需脱节"是较为普遍的现象，有的图书馆为了"快速"完成帮扶任务，盲目地为知识接受主体送书籍、送电脑、送资源，忽视了知识接受主体对待知识供给的真实态度。从主体行为角度讲，主体在不知道为什么做某事的前提下，不会为了做该事而投入更多的积极和努力，因为他们并不知道做该事的真实意图和意义所在。精准文化帮扶的关键在于信息指向和知识精准。在此前提下，图书馆为知识接受主体提供的知识，才会更好地向知识接受主体有效转移。

6.1.5 重视知识接受主体知识吸收过程中的角色变化

角色变化有两层含义：一是知识接受主体知识吸收过程中的角色变化，也就是从帮扶对象到独立发展的过程，这一过程反映的是知识接受主体不断吸收知识、不断提升能力而成功发展过程中的角色变化，此变化能够通过布鲁克斯方程式得以验证；二是知识接受主体不单是知识接受者或受帮扶者，也会成为知识转移的合作者，以及知识发展的独立担当者，这取决于知识接受主体在知识发展过程中对知识从量到质的接收情况。

课题组于2018年10月对甘肃省定西市临洮县洮阳镇老庄村进行调研，目的在于了解知识接受主体的知识发展状况。该村是洮阳镇4个经济欠发达村之一，共有183户805人，建档立卡95户，共370人，村内生态环境脆弱，基础设施薄弱，居住条件较差，年平均降水量360毫米，全村以马铃薯、玉米、中草药、肉牛肉羊养殖和劳务输出为主要生计来源。村集体借助临洮县政府推行的"资源变资产、资金变股金、农户变股东"

政策，进行土地流转和蔬菜大棚阳光房建设，推行"基地＋知识接受主体＋合作社＋知识特派员"模式，通过蔬菜大棚基地为知识接受主体"筑巢"，解决生态条件不足问题；通过合作社为知识接受主体"保驾护航"，解决产销不平衡问题；通过知识特派员为知识接受主体"助力"，解决知识接受主体知识技术薄弱问题。每年供应三茬的有机蔬菜，知识接受主体依靠大棚绿色种植就能获得8000多元的收入，为了达到稳得住、能致富的目标，知识特派员与知识接受主体以精准文化帮扶项目为纽带，以问题为导向，经过重复种植和重复知识学习，将每个知识过程深深地根植在头脑中，当问及知识接受主体当前感受时，知识接受主体表示"不那么害怕搞种植了""好像自己也能行""以后还想再种点更值钱的药材"。通过知识接受主体的全过程参与，知识接受主体的角色不仅是知识接受者，还是帮扶项目的合作者，可以看出，知识接受主体角色的变化，在某种程度上意味着知识接受主体知识积累的结果。

通过上述案例，我们看到知识接受主体有三个方面的变化：一是在"资源变资产、资金变股金、农户变股东"的三变改革中，知识接受主体在场域的位置发生了变化，知识接受主体不再处于边缘位置，他们有资本（流转土地、帮扶政策资金、村集体分红、帮扶兜底保障等），敢于投入到新的发展项目中；二是知识接受主体不再是单纯的帮扶主体，而是知识特派员与帮扶项目的合作者，身份的改变使他们敢于提出当前面临的问题以及未来发展可能遇到的问题，同时，知识接受主体可以通过过程性参与，充分体验知识投入与经济价值的关系；三是知识接受主体参与的精准文化帮扶项目，更是知识特派员的"定制知识转移服务"，知识特派员针对的是项目知识和知识接受主体的知识发展，针对每一个环节的变化，都会做出积极响应。在此过程中，知识接受主体可能并不关心知识是怎么来的，但他们更关注并能切实感受到每一个环节的知识转移所产生的不同。从知识转移角度，正是通过知识促进了知识接受主体能力的提升和角色的转型，由此，知识接受主体的知识获取意愿得到增强，并会促使他们有更多的知识发展。

6.2 推进知识服务的供给侧结构性改革，大力提升图书馆知识传播能力

知识的获取和转移是知识发展的基础，而知识获取和转移的前提离不开人与人之间的交流和互动，由此可见，社会关系影响着主体知识发展。根据农村社会的形态，亲缘关系仍是农村社会结构的一种本质。为了保持和维系这种亲缘关系，有的知识接受主体家里已经很穷困，还要借钱随"礼"，由于亲缘关系的原因，当知识接受主体出现知识需求或需要知识援助时，他们也会依赖于这种亲缘关系，甚至忽略了对方的知识储备和知识有效性。可见，强有力的亲缘关系不仅超越了经济限制，更超越了知识发展关系，如果不能有效改善这种单一的线性知识转移方式，就不会有效促进知识接受主体的知识转移。

6.2.1 切实把握知识接受主体知识发展路径

根据调研和走访知识接受主体获得的数据资料，本书对知识接受主体知识发展关系进行了如下归纳，有助于我们切实把握知识接受主体知识发展路径。

一是基于关系质量视角，知识接受主体与知识源之间发生的知识转移主要依赖于主、客体之间的关系质量，就是上文提及的亲缘关系，这种亲缘关系多是基于屯亲、好友、邻里关系，即在长期生产生活中所形成的文化、情感、行为和心理层面的认同，当知识接受主体有某种知识需求时，就会即时性地建立知识发展关系；当知识接受主体没有知识需求时或知识源不具备答复能力时，知识转移就会处于"休眠状态"。

二是基于知识扩散视角，我们将知识接受主体的亲缘关系成员看作一个相对稳定的团体，当某个成员有知识增量时，会倾向在亲缘关系团体内进行知识扩散。例如，课题组 2019 年 3 月在四川省凉山州越西县瓦曲村调研时了解到，凉山州干部致力于把技能发展作为知识接受主体增收致富的重要抓手，大力兴起"产业村"，实施知识帮扶家庭技能培训、就业促进帮扶专项工作，以及非遗帮扶工坊技艺培训，通过族内技艺互通，全村

360户中有200多户从事银饰加工带动知识接受主体走上致富道路，由于村子打造的是银饰产业链品牌，面向的是村外大世界，以及他们有着相近的知识体系结构，当有必要进行知识分享时，他们会乐于在亲缘关系团体内进行知识扩散，由此，知识转移就在成员间直接或间接形成。

三是基于系统动力学视角，当知识团体的所有成员都努力地增加知识量，会加速知识在团体内部的流动，同样会形成更多交互式的知识转移，每名成员都会通过这种知识转移机制促进能力的提升。我们根据村支书的介绍，将村庄成员按亲缘关系分成不同的团体，以考察知识转移速率与经济发展之间的关系，即可发现知识接受主体所在的团体与没有知识接受主体的团体在知识结构、知识位差和经济增速等方面的情况有着明显不同，尤其团体会因为缺少乡村能人、返乡能人或是知识能人等成员而缺失知识发展关系，而且非知识帮扶团体成员更愿意接受新知识和新鲜事物，另外，我们还注意到，包含知识接受主体的数量越多，该团体整体的经济发展和知识转移速度就越慢。

我们在对待知识接受主体知识发展时，不能仅将知识接受主体的知识发展能力看作是一个"点"，而应当将其看成一个"面"。如果将其看作一个"点"，就可能会轻易地否定知识接受主体的知识能力和知识发展；如果将其看成一个"面"，就会更多地从知识接受主体的亲缘关系、群体关系以及多元影响角度出发，从而在知识供给方式上进行创新，从"一元"向"多元"方式转变，从"直接"向"间接"转型，拓展式探索知识接受主体的知识发展路径。

6.2.2 改变知识接受主体知识发展"黑箱"

"黑箱"在此用于隐喻知识接受主体知识发展的盲目状态，知识接受主体在有知识需求而选择知识"求助"对象时，往往会根据亲缘关系的远近盲目认可对方的知识正确性，如果在知识接受主体的"求助"对象不知晓正确答案的前提下却又给出了"答案"，就形成了知识发展"黑箱"。知识接受主体与其"亲缘"之间的知识发展是一种"自发的秩序"或"无其他选项的选择"，是长期形成的，有着足够强的依附性、意愿性和习惯性，甚至是一种路径依赖，这种情况在知识和信息不发达的地区较为普遍。例如，对于新型禽病或新型农作物枯萎病的医治，以往未出现过这种疾病，但是经过亲缘知识"探索"，就会得到"知识答案"，既不利于知识接受主体知识发展，可能还会雪上加霜。

所以，图书馆既要"改善"又要"利用"这种状态，才有可能找到"帕累托最优"的路径和方法来完成知识转移，改善这种状态的重点在于如果不改变知识接受主体与其亲缘的"知识关系"，就无法打破原有的知识发展状态，图书馆与知识接受主体就无法形成知识转移关系；而利用这种状态的重点就在于要利用知识接受主体与其亲缘关系的内在形成机制，如信任机制、培育机制和经济作用机制等，需要说明的是，破解知识接受主体知识发展"黑箱"是对图书馆精准文化帮扶的严峻挑战，也是图书馆知识转移的发展条件。

6.2.3 多维促进知识接受主体知识发展

为知识接受主体建立多维知识发展关系，应当包含如下层面的内容。

一是建立图书馆对知识接受主体知识转移的"直通车"。重点是加大图书馆与知识接受主体知识发展关系融入力度，要求图书馆积极运用交互、信任、情感和协作等亲缘关系所具有的核心品质，与知识接受主体进行知识发展关系建设。课题组在对安徽省亳州市进行调研时注意到这样一件事情，身在帮扶一线的帮扶工作人员沈某荣，原本是安徽省图书馆的一名普通馆员，被安徽省文化和旅游厅选派至亳州市谯城区观堂镇孙庄村开展精准帮扶，为了"拉近与知识接受主体的知识距离"，平日里，他主动帮助知识接受主体打扫卫生、买药送医、讲解精准文化帮扶政策，在农忙的时候帮助知识接受主体下地干活，并定期将知识接受主体的知识需求报送回馆，从冷脸相拒到笑脸相迎，以真心换真情，知识接受者切身感受到了馆员帮扶工作的真心实意，为二者间知识转移打下良好的"关系"基础。自2016年以来，安徽省图书馆先后三次派人驻村帮扶，帮扶馆员扎根于经济欠发达乡村，将结对帮扶、"亲情"帮扶作为常态举措，深受当地的知识接受主体认可。由此可见，图书馆应当注重通过与知识接受主体建立知识发展关系来挖掘知识接受主体潜在的知识发展空间，形成接续知识转移。

二是打通图书馆对知识接受主体潜在的知识转移通道。要求图书馆发挥专业能力，尤其是针对用户的知识需求分析和科学"引领"作用，将图书馆"学科服务"和情报服务等专业特长融入对知识接受主体用户分析上来，既注重服务的范围，更注重服务的深度，适应服务环境的变化。具体步骤为：第一步根据知识接受主体对其亲朋知识技能的依赖程度，对亲朋知识关系进行 M、N、O、Q……划分；第二步根据知识接受主体向这些亲朋提出的知识问题 M_1、M_2……，N_1、N_2……，O_1、O_2……，Q_1、Q_2……依次进行知识统计建模、用户知识兴趣建模以及知识行为建模，把一系列相互不直接关联又间接关联的问题整合起来，作为对知识接受主体知识识别和知识发展的一种判断依据，研究对知识接受主体知识资源提供的规模和难易程度、对接市场、产品供应链、知识的实用性和便利性等内容；第三步根据知识接受主体与帮扶干部、乡村能人、返乡能人、知识能人和新型经营主体之间的关联等对其进行知识接受主体知识能力评价、进行知识发展趋势和合理性讨论；第四步根据精准文化帮扶项目和知识接受主体作为围绕的核心，将知识接受主体的知识发展分解为多个知识价值链，通过知识价值引导知识接受主体自然地融入新的知识发展关系中，形成动能知识转移。

三是利用"反向知识外溢"的方式形成知识扩散。"反向知识外溢"的主旨思想是图书馆根据调研结果并与第一书记沟通，在全面掌握当地具体精准文化帮扶策略的前提下，先行从馆藏中选择和整理知识，然后将知识发送给知识接受主体所依赖的亲缘关系成员、驻村帮扶干部、大学生村官、知识能人等，建立知识协同关系，在知识接受主体知识发展的各个阶段，由图书馆、亲缘关系成员和驻村帮扶干部等向知识接受主体进行多维知识扩散和知识转移，采取反向主动，而不是在知识接受主体自报需求后才进行知识外溢。吉首市新龙农业专业合作社成立于 2014 年，在知识能人和大学生村官的带动下，以食用菌、黑木耳和香菇等为主营业务，打造"湘西食用菌"特色农产品的多元化发展，在精准文化帮扶过程中，先行通过培育的知识能人进行"一人带多人、多人带多户、多户带全村"的模式发展特色种植，带动当地知识能力不足群众增收。据吉首大学图书馆李某雁和龚某等介绍，该馆通过帮扶科研项目服务与企业牵线搭桥，助推农业特色品牌发展,利用大学生村官多为本校学生的优势,协同知识能人面向知识接受主体开展知识服务,而且馆长济泳洁作为科技特派员多次率队帮扶,助力当地群众走出了发展的新路子。

四是延展图书馆与知识接受主体的知识发展链条。其目的在于促使知识接受主体突破原有的发展逻辑,形成新的发展方向,才会有新的知识转移。以四川省巴中市平昌县的精准文化帮扶为例,平昌虽有适宜花椒种植的基础条件,但地处深山、知识闭塞、缺乏市场运作和产业带动,经济发展问题十分严峻,挂职帮扶干部针对这一问题延展花椒的知识链和价值链,通过"链接企业"用知识打造品牌,开发出花椒食用油、花椒啤酒、花椒洗发水等一系列新型产品,使得知识接受主体一方面对原有的花椒种植按照企业标准进行新知识融入,另一方面通过参与新型产品生产,隐性转移了新知识,使全县100多个经济欠发达村3500人受益。同样,对于四川省凉山州甘洛县斯觉镇格布村的经济欠发达情况,四川大学特别注重发挥知识专家团队的知识作用,多方面实施"转知凝智"知识发展计划,坚持"百姓所需、政府所急、川大所能",为帮扶县经济发展提供强力支持。例如,四川大学派专家完成甘洛县、村级规划139个,帮助甘洛县撰写了《2017年国家级电子商务进农村综合示范县申报书》,使甘洛县成功申报成为国家级电子商务进农村综合示范县,获得中央财政补助资金1500万元。四川大学组织知识专家团队,协助甘洛县、岳池县编制县域"十四五"规划。通过开展智能气雾大棚和农业高科技种苗繁育基地建设,知识接受主体既可以在劳动过程中学到知识技能,又得到了实实在在的物质实惠。由此可见,延展知识接受主体知识发展关系给图书馆提出了新的知识转移思路(如图6-2所示):一是知识转移不一定在直接知识关系中进行,必要的间接知识关系也会起到很好的作用;二是在延展知识关系中,图书馆与知识接受主体的伙伴合作关系为精准文化帮扶产业提供了知识融入的平台和知识创新的视角,而图书馆与精准文化帮扶产业的产学研关系为知识接受主体提供了知识发展的方向和知识吸收的动力;三是延展知识关系既可以通过经济关系引导知识接受主体进行知识吸收,又可以为图书馆、知识接受主体、精准文化帮扶产业间的双向知识转移提供新的视角。

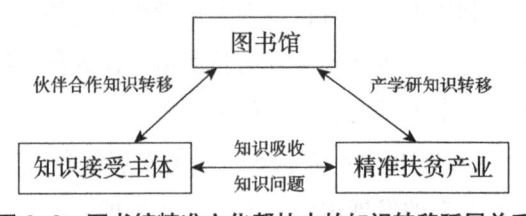

图 6-2　图书馆精准文化帮扶中的知识转移延展关系

6.3　精准实施知识接受主体知识吸收能力建设，建立知识转移长效机制

根据知识转移理论，知识吸收往往直接决定着知识转移的发生和发展，甚至呈现出马太效应，知识接受者秉持开放的态度、外界接触较多、跨团体间交流比较丰富、掌握和消化新知识的能力较强等，这些都会促进主体吸收到更多的新知识，反之亦然。对于知识接受主体，一方面需要促使图书馆精准文化帮扶中的知识转移提升知识转移效率，给知识接受主体更多的知识；另一方面，很多知识接受主体思想相对闭塞和保守、没有受过或仅受过很少教育，如何解决这种"矛盾"关系，对精准文化帮扶中的知识转移十分重要。

6.3.1　注重强化知识流程驱动

在传播理论家埃弗雷特·罗杰斯的《创新的扩散》一书中，一个关于农民知识扩散的案例对于我们的研究具有启示作用。案例介绍了农业社会学家莱恩和格罗斯研究杂交玉米新品种在农民群体中的知识扩散情况，他们选择了埃姆斯市以西 50 英里左右的 2 个农民社区作为样本，并采访了2 个体系里面的所有农民，考察农民受哪些影响而放弃传统种植引进新的杂交玉米品种的，早期采用者和后期采用者受哪些影响，他们获得如下结论：①销售人员对早期采用者很重要，早期采用者普遍受正式教育程度高、收入较高、拥有更大的农场，而邻居（意见领袖或影响力人物）的认知对后期采用者更具有说服力，后期采用者担心杂交玉米带来风险性和不确定性。②当创新先驱者、早期采用者提供了足够多的成功经验，并和社区里其他农民进行信息交换后，采用者的数量开始快速上升。③扩散的核心包括人际网络的互动及社会示范效应。

利用同质化知识扩散促进知识接受主体的知识吸收。奥地利经济学大师、哲学家米塞斯在其《人的行为》一书中，开篇就提及人的行为是有目的性的，行为是见之于活动而变成一个动作意志，是为达成某些目的，是自我对于外界环境的刺激所做的有意义的反应。大力向知识接受主体宣传同质化成功案例，类似上文提及的"杂交玉米"案例，成功案例可以让知识接受主体看到目标，看到知识对项目开发的作用，看到知识就在他们身边，还可以让他们减少自我知识发展的顾虑，让他们觉得自己能行，要保障他们对知识转移不抗拒，有尝试的意愿，他们才有可能吸收知识，开始行动。

图书馆要怎么做呢？

笔者认为，图书馆要下力气进行知识收集、知识挖掘和知识组织。宣传现代农业创新创业示范园的知识作用，包括结合产业优势的高科技赋能农业发展、专家出谋划策的农业科技创新先行示范区，着眼于开阔知识接受主体眼界；包括运用知识投入形成的绿色有机特色种植和养殖示范区、模范村工程和"菜篮子"基地等，着眼于树立知识接受主体知识发展信心。这些创新示范区包含很多知识要素，对这些知识要素的整理，一方面会直接影响知识接受主体知识吸收的动机，使他们有信任感和安全感，并内在形成跃跃欲试的"冲动"，另一方面为图书馆精准文化帮扶如何影响知识接受主体知识吸收提供必要的参考。那么，实现形式方面可以对一些成功的、有影响力的案例形成图片展或 PPT，让知识接受主体直观地看到知识发展成效；也可以配合相关精准文化帮扶机构进行视频录制，把成功案例生动地展现给知识接受主体，并将知识发展过程中的问题提出来，解答出来；还可以与知识接受主体建立微信朋友，将案例通过微信形式随时发给知识接受主体，让他们开阔视野、放下心理包袱，敢于接受新知识。

6.3.2 策略促进知识接受主体知识吸收

中国农业大学图书馆与 Elsevier 出版社联合聘请有影响力的"学生大使"，致力于推广图书馆订购的 Scopus 文摘引文数据库，并将该活动命名为"绝对挑战"。对于精准文化帮扶中的知识转移，图书馆应该着重联合知识接受主体所信赖的邻居、亲属、朋友、村主任、知识帮扶干部、大学生村官和志愿者等，聘请有影响力的人员为"知识专员""知识特派员"，明确合作的任务，这些"知识专员""知识特派员"无论与知识接受主体有亲缘关系或帮扶关系，还是出于亲缘关系的"热心肠"，他们都会乐于参与此项活动，因为这是双赢状态。图书馆与"知识专员""知识特派员"间，"知识专员"与"知识特派员"相互间，"知识专员""知识特派员"与知识接受主体间，均可通过小型会议等形式，从不同角度来反馈知识转移影响因素信息，发挥知识引领与知识转移相结合促进知识接受主体知识吸收的作用。

另外，图书馆可以先行将要转移给知识接受主体的知识讲给"知识专员""知识特派员"，请他们提出意见和建议，以减少对知识接受主体知识转移的盲目性和"试错"探索，如果他们认可图书馆知识转移的内容和方式，图书馆可以请他们对知识接受主体进行知识"渗透"，然后图书馆利用合适的机会（情境），对知识接受主体开展知识讲解，或者图书馆联合农业专家对知识接受主体进行知识转移。

6.3.3 有效发挥"非正式学习"的功能作用

德里斯科将学习定义为"一种在人类行为或行为潜力方面的改变……'这种改变'一定是学习者的经历及其与世界相互作用的产物"。[1] 前文提到隐性知识是知识接受主体知识获取的重要途径，非正式学习不强调制度化的学习，而是注重与生活联系在一起，与问题联系在一起，与个人经验相结合，强调的是主体获取知识的多样性和自然性，将非正式学习与知识接受主体的隐性知识、元认知、社会性学习、学习能力培养等相关联，这些将成为图书馆向知识接受主体知识转移的重要突破口。

那么，图书馆如何利用非正式学习来促进图书馆精准文化帮扶中的知识转移呢？澎湃号上有一则新闻，山东大学政治学与公共管理学院和清华大学公共管理学院两位教授为了掌握地方政府运转机制，花费5年时间，到基层进行沉底调查地方政府转不动的隐性原因。《中华人民共和国公共

---

[1] 西蒙斯，李萍．关联主义：数字时代的一种学习理论[J]．全球教育展望，2005(8)：9-13．

图书馆法》鼓励公共图书馆服务向城乡基层延伸，通过馆员驻村服务"下沉"，强化图书馆知识服务的能力和知识服务水平，精准问题"攻关"。非正式学习在具体实施过程中需要一定的客观情境支持，在此我们把客观情境看作筛选知识和划分知识层次性的依据，而将所选知识与情境作用看作是过程管理，馆员也要参与到知识接受主体的生产过程中，提供连续的、层次的、系统的咨询指导和专家支持，包括定期邀请知识接受主体到图书馆交流、参与文化站建设等。美国北卡罗来纳州立大学的亨特图书馆将图书馆空间视为"剧场舞台"，通过各种空间布局为用户营造学习环境。如果我们进行发散联想的话，可将馆员与知识接受主体之间的知识服务关系，看作是乡镇图书馆或图书馆总分馆发展建设的"剧场舞台"，馆员与知识接受主体在此基础上进行鼓励交谈、交流与合作，在较为轻松的氛围中，向知识接受主体描述发展方向，将传统的知识保管员变成知识发展导航员和知识发展的"学科馆员"，获得更为优质的知识服务效果。

6.3.4 加大激励措施和创新力度

激励是一种调控变量，虽然我们不能直观看到，却可以通过某种方式诱导形成某种行为。当前，一些政府、知识发展组织已经认识到激励措施对精准文化帮扶的重要作用并加以利用。例如，甘肃省甘南藏族自治州对养羊或牛超过 3 个月的知识接受主体，给予相应政府补贴，如达到牲畜出栏的，追加奖励；福建省龙岩市上杭县太拔镇利用土壤特质和生态优势，开展额外的林下金线莲和野生灵芝种植，林下生态鸡、鸭、鱼等养殖，发展激励性知识发展项目，较好地促进了精准文化帮扶发展。相较于政府和产业精准文化帮扶对于激励措施的运用，图书馆精准文化帮扶在运用激励机制方面尚存不足。例如，浙江师范大学李龙等对 2016—2020 年高校图书馆文化精准文化帮扶进行综合研究发现，虽然图书馆文化精准文化帮扶研究成果较为丰硕，但对激励机制成果却很少涉及。如果我们运用知识转移的观点，至少会形成这样两个观点：一是图书馆作为知识源需要运用激励机制，无论从驱动力、克服困难还是从提供知识的准确性方面都会产生积极作用，图书馆应当进行强化；二是激励不仅局限于知识源，还需要考虑对知识接受主体作为知识接受者的激励，而实际却鲜有涉及知识接受主体的激励研究。由于前文已经对图书馆激励机制有所述及，此处不再赘述，只对如何通过激励措施促进知识接受主体知识吸收进行探讨。

笔者提出如下三点。

（1）从文化"资本"出发，将对知识接受主体的知识转移与相关的知识荣誉证书、知识发展标兵称号及知识技能鉴定相结合，图书馆对知识接受主体知识转移不应局限于当前，更应着眼于知识接受主体的未来出路，知识荣誉证书、知识发展标兵称号以及技能鉴定不仅可以用来衡量知识接受主体的知识转移量，还可以在心理层面，使知识接受主体为自己能够接受知识而感到"兴奋"，从而愿意接受更多的知识，当知识接受量达到一定程度，图书馆帮助知识接受主体考取相关的技能证书，获得正规文化"资本"，进而实现稳得住、能致富的发展目标。

（2）从知识接受主体"自身"出发，图书馆要积极联合已经成功转移知识的主体共同向未成功转移知识的主体进行激励性知识转移，向他们传递接受知识所带来的示范激励效应，从而激励未成功转移知识的主体自我发展。

（3）从"借船出海"视角出发，通过图书馆与知识接受主体合作达到精准文化帮扶机构激励的条件而促进知识接受主体知识吸收的方式。例如，图书馆根据羊生长的不同阶段将图书馆相关《科学养羊技术》方面的图书、视频、音频进行知识整合、知识筛选和知识组织，经由相关专家审核，形成知识接受主体易于接受的、知识专指性较高且难度较小的《养羊知识实用手册》，定期向知识接受主体讲解，在帮助知识接受主体克服吸收知识难关的基础上满足政府奖励条件，让知识接受主体感知知识实效，从而提升知识接受主体的知识能力并进一步扩大其知识需求。总之，图书馆应当重视知识源的激励机制，但是，图书馆精准文化帮扶的激励绝不仅限于知识源，更应当对知识接受主体知识接受者的激励机制进行研判，可以说，知识接受主体知识转移的成功，本身就是对图书馆最大的激励。

6.4 精准聚焦知识转移"双循环",打造精准文化帮扶多维度协同发展

精准文化帮扶场域是一个由政府、产业(或企业)、社会知识发展组织、图书馆、第一书记、帮扶责任人等向知识接受主体"赋能"的知识系统,如图6-3所示。在该系统中,为了有效实施精准文化帮扶,政府要运用政府机构内部的知识(政府调研、政府计划、政府审批及政府决策)、专家知识、企业知识、民众知识及本地知识等多种知识进入场域。对于精准文化帮扶的核心作用力,无论是组织或个人、直接或间接、显性或隐性,都需要以知识作为"核心"要素。那么,图书馆在知识多链条机制中如何定位以及如何构建知识联结关系,是拓展知识转移关系和促进图书馆精准文化帮扶发展的重要内容。

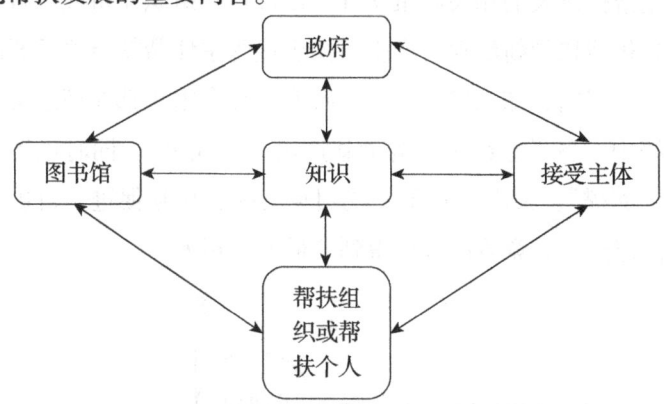

图 6-3 精准文化帮扶场域中的知识流动系统

6.4.1 持续推进图书馆精准文化帮扶中的知识转移"催化循环"

根据艾根的循环理论,循环现象分为三个层级,即反应循环、催化循环和催化超循环。反应循环为第一层级,类似于生命系统中的新陈代谢。例如,图书馆向知识接受主体提供知识,知识接受主体通过知识吸收,能力得到了提升,其中知识充当着反应"酶"的作用,知识接受主体通过反应"酶"的作用发生了能力变化;催化循环为第二层级,是由多个反应循环构成的循环网络。例如,图书馆向知识接受主体提供知识,使知识接受

主体的能力发生变化，政府认可了图书馆精准文化帮扶中的知识转移，出台政策文件，形成鼓励和推动这种知识关系发展的情境变动，从而进一步促进图书馆向知识接受主体知识转移；催化超循环为第三层级，是多个催化循环构成的反应循环，相关内容将在 6.4.2 节详细讨论。由于反应循环涉及简单循环结构，与前文有所重复故不赘述，本节只对催化循环进行探讨。

吴洁对知识转移与催化循环现象进行了阐释❶，对本节内容具有启示作用。笔者结合相关研究对图书馆精准文化帮扶中的知识转移进行了尝试性剖析。根据艾根的循环理论，如图 6-4 所示，图书馆作为知识源，通过系统内的知识供给、知识服务和知识创新进行催化循环，产生知识接受主体发展所需要的知识和技能；政府子系统通过精准文化帮扶系统内的政策研究催化循环，制定出适宜图书馆、社会组织、帮扶责任者和知识接受主体等精准文化帮扶发展的相关政策文件，促进社会组织支持或者直接参与图书馆精准文化帮扶创新活动，产生对知识接受主体帮扶至关重要的条件和措施。由于图书馆、知识接受主体、政府和社会组织都在精准文化帮扶催化循环系统中，各子系统都因为创新产出了"成果"，同时也得到了外部连锁式的"支撑"，又因为各子系统相互支撑、相互促进、自主创新，其发展速度快速提升，竞争优势也得到"最大化拓展"。

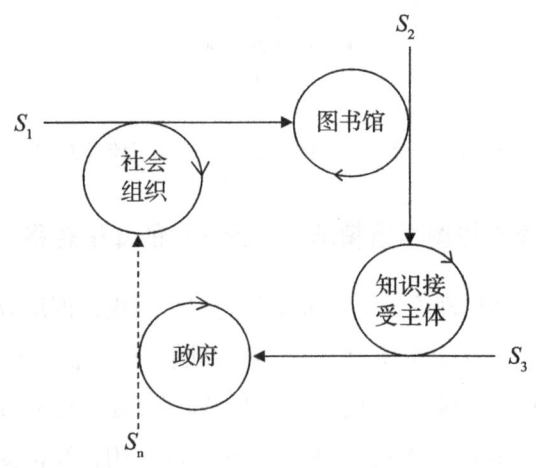

图 6-4　图书馆精准文化帮扶"系统催化循环"示意图

---

❶ 吴洁. 产学研合作中高校知识转移的超循环模型及作用研究 [J]. 研究与发展管理，2007（4）：119-123.

案例分析：乡村民间图书馆里的微课堂 ❶

北京大学信息管理系民间图书馆发展研究课题组借助社会公益资源，发起了"更生图书馆微课"来提高乡村留守儿童文化素养和知识能力，课题组从2012年起在经济欠发达乡村援建了众多乡村图书馆和家庭阅读点，激发乡村民间图书馆精准文化帮扶在智力开发和文化发展等方面的服务潜力。课题组分别在江苏省东海县牛山街道湖西村樊氏图书馆、河北省内丘县内丘镇北永安村农家女书社、河南省内黄县马上乡李石村微光书苑、辽宁省庄河市青堆镇桃园书社等乡村民间图书馆开展了微课活动，微课先确立围绕的某个知识点，图书馆开始从网络寻找适合的教育资源并结合线下学习，形成了"线上资源+线下学习"的模式，涉及读书分享、孝道文化、写感谢信、用天然染料做扎染（非遗）、体验非遗知识手工剪纸、利用废布编织麻花辫地垫、树叶贴画及水粉画等知识活动。在活动中，图书馆的老师开展了大胆的尝试，如在剪纸课上与孩子们谈心，改善孩子的心理承受力差的问题，由此可见，图书馆老师在项目活动中不仅是知识传授者的老师，还是心理引导员的长者。此处，在樊氏图书馆微课活动中，插入了中美朋友线上对话，探索了微课活动的嫁接和搭配。课题组和乡村民间图书馆负责人对项目活动进行交流总结：①一致认为乡村图书馆微课活动有利于解决乡村"知识帮扶"和"精神帮扶"的双重问题。②乡村图书馆的创新服务模式探索了图书馆传递"体验性知识"的途径。③微课活动借鉴"行动研究"的思路，将阅读推广基金资助方、北京大学信息管理系民间图书馆发展研究课题组的组织方和协调方、各乡村民间图书馆项目申请方以及微课对象的反馈需求都纳入知识联结框架，通过每一方的"专业知识"来催化微课活动。

通过上述案例我们看到，催化循环的要素来自"民间图书馆"发展研究课题组、乡村图书馆和相关参与者。其基本脉络为：由"民间图书馆"发展研究课题组创新发起，建立乡村图书馆；乡村图书馆对区域文化产生影响，吸引社会组织参与和支持乡村图书馆创新发展；对相关参与者产生影响，所产生的影响又回归到课题组创新研究的范畴。由此可知，乡村图

---

❶ 王子舟，张晓芳.乡村民间图书馆里的微课堂——"更生图书馆微课（LGS Little Free Class）"公益项目[J].图书馆杂志，2021（1）：27-30.

书馆得到了课题组的立项支持而得以快速发展；相关参与者从乡村图书馆获得了知识并对社会产生了影响；课题组通过影响获得研究成果。

对于当前图书馆精准文化帮扶来讲，很少有图书馆能够从知识转移催化循环角度来思考精准文化帮扶的"连锁反应"，也很少有图书馆对此进行"发展设想"，以至于很大一部分图书馆精准文化帮扶只是徘徊在图 6-4 中的 S_1 和 S_2 阶段，还没能形成 S_3 和 S_n 的后续延展，实质而言，S_n 意味着会有更多值得图书馆精准文化帮扶探究和合作的空间。

从催化循环理论角度，图书馆要做以下几点：一是图书馆要勇于创新、勇于改革、展现优势，思维不能局限于传统读者服务，更不能有"应付了事"的心理，要善于借助精准识别这一有利"工具"来发现和深挖知识接受主体的"发展点"和潜在能力，将知识直接并持续地作用于知识接受主体，对知识接受主体产生"实质"的知识帮扶作用，这种作用来源于精准文化帮扶"组合拳"。二是需要图书馆有大格局和大思维，图书馆精准文化帮扶不能只看作是图书馆与知识接受主体的知识发展工作，应当善于研究图书馆精准文化帮扶融入问题和大格局发展问题，使图书馆精准文化帮扶的有效做法和真实能力引起政府和社会组织的认可和"共鸣"，促使区域政府和上级政府部门出台有利于图书馆精准文化帮扶发展的相关政策，促使社会组织积极参与到图书馆精准文化帮扶当中来。三是图书馆应做好联合的准备，要提前准备好与社会组织所能产生的精准文化帮扶创新点和发展点，使图书馆在精准文化帮扶进程中保持积极位置。四是图书馆精准文化帮扶要有长远思维，图 6-4 中的 S_n 就是需要图书馆未来探索的"空间"。总之，图书馆精准文化帮扶中的知识转移应当充分考虑图书馆、政府、社会组织以及知识接受主体之间的关系，考虑如何形成催化循环的效果，而不是单纯地考虑"馆藏资源"。

6.4.2 创新推进图书馆精准文化帮扶中的知识转移"催化超循环"

催化超循环是由多个催化循环相互联结构成的反应循环。根据催化超循环理论，可将图书馆整体视为一个生命系统，系统内部包含着既相互联系又相互独立的公共图书馆、高校图书馆、专业图书馆和乡村图书馆等，它们作为图书馆的子系统在功能上耦合起来，面向不同的读者用户，在不同的场域，相互提供着催化支持，形成馆际互借、资源共享、业务交流和积极参与精准文化帮扶等，形成了一个催化超循环。正是通过反应循环、催化循环和催化超循环，才提升了图书馆整体发展的稳定性，增强了图书馆核心竞争能力。

如何形成图书馆精准文化帮扶"系统催化超循环"呢？我们强调将图书馆系统包含的公共图书馆、高校图书馆、专业图书馆和乡村图书馆等精准文化帮扶功能耦合起来，形成相互提供催化支持的状态，例如，公共图书馆一直是精准文化帮扶的主力，从省馆、市馆、县馆，甚至延伸到乡镇图书馆，形成多维组合；中国图书馆学会图书馆帮扶工作专业委员会成立和《中华人民共和国公共图书馆法》颁布为其他类型图书馆参与精准文化帮扶指明了方向，提供了动力，高校图书馆积极参与到精准文化帮扶中来，高校图书馆基于产学研领域和学科服务，使高校图书馆精准文化帮扶形成新的发展特色；对于专业图书馆，可以美国农业图书馆为例，美国农业图书馆一方面履行图书馆职责，另一方面设立农业信息中心（RIC），与国家农业部、社会组织、州大学、私营组织、非营利性组织和出版机构建立联系，形成多维发展格局；乡村图书馆可以参照前述系统催化循环。如图 6-5 所示，图书馆精准文化帮扶"系统催化超循环"正是建立在公共图书馆、高校图书馆、专业图书馆及乡村图书馆等诸多类型图书馆精准文化帮扶的系统催化循环的整合上，相互提供催化支持，形成图书馆精准文化帮扶"系统催化超循环"。由于每种类型图书馆的催化循环特点和参与者不同，图书馆精准文化帮扶"系统催化超循环"会由此凝聚更多的社会力量，形成更多的知识发展模式，同时会提升图书馆整体的竞争力。

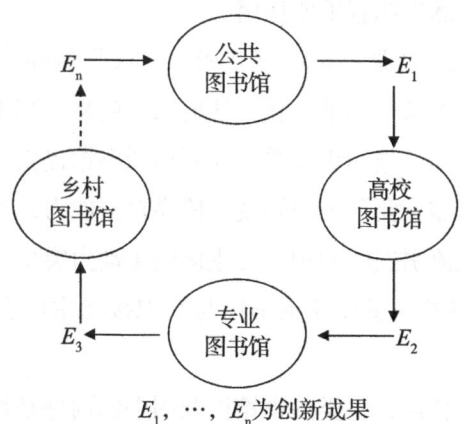

$E_1, \cdots, E_n$ 为创新成果

图 6-5 图书馆精准文化帮扶"系统催化超循环"示意图

从当前发展来看，图书馆形成精准文化帮扶中的知识转移"系统催化超循环"的案例不多，那么，图书馆精准文化帮扶中的知识转移具备催化超循环的条件吗？

我们给出的答案是图书馆精准文化帮扶具备知识转移的催化超循环理论条件。根据系统催化超循环理论，催化超循环需要具备开放特性、自适应特性、自稳定特性、突变特性以及选择评价特性。

（1）开放特性，图书馆精准文化帮扶中的知识转移系统倡导与政府、知识专家、社会组织和知识接受主体等进行知识交换。例如，图书馆向知识专家提供更为系统的知识服务，知识专家向图书馆提出需要完善的知识体系，从而通过新陈代谢来保障自身组织以及结构的存在。

（2）自适应特性，图书馆服务系统有着强大的遗传和自适应能力，世界杰出的图书馆学家阮冈纳赞于1931年指出图书馆是一个生长的有机体，戈曼（Gorman）于1995年提出图书馆服务的使命是为人类文化素质服务，以及当今图书馆承担的社会责任使命，都是通过图书馆各子系统针对不同的服务目的组织学习、深入磨合，在维持原有图书馆特征的同时，延展服务范围，获取更具优势的核心竞争力。

（3）自稳定特性，当图书馆服务系统外部环境发生变化时，图书馆系统能够通过自我调节与外界环境进行资源能量交换，来达到新的平衡。例如，传统图书馆向数字图书馆以及智慧图书馆的发展，外界技术环境发生了变化，而图书馆吸纳新技术的同时，也提供了更为有效的服务，从而图书馆在现代社会依然发挥着重要作用。

（4）突变特性，就是根据发展要求，突破惯例而形成的一种创造行为。可以说，图书馆参与精准文化帮扶的目的就是使知识接受主体的思想形成一种突变。例如，当知识接受主体利用图书馆提供的知识由欠发展走向富裕，由"等、靠、要"思想转变为依靠自身能力，就是图书馆对知识接受主体形成知识流引发的知识接受主体内生动力突变，这种突变显示出新的合作希望，将进一步加速图书馆与知识接受主体合作关系的进化和发展。

（5）选择评价特性，各类图书馆以及图书馆内部是相对独立的，图书馆精准文化帮扶中的知识转移构成一种"竞争"选择关系。例如，当某个图书馆在精准文化帮扶进程中对其他图书馆发出知识"请求"或者合作邀请时，不是漫无目标的采取随机形式，而是对图书馆系统内各图书馆进行"适宜"选择和优良组合，竞争服务优异的胜出，失败的就会丧失进一步合作的机会；在图书馆内部也是一样，当帮扶馆员遇到知识转移难题时，向馆内发出知识"请求"时，也会对馆内形成竞争选择评价关系，从某种角度讲，这种"竞争"是为了更好地协同与合作，推动着图书馆精准文化帮扶中的知识转移不断"优化"。

案例分析：以书为媒帮扶，以文赋能发展

重庆地处我国西部，是典型的西部高山、高寒、民族地区和经济欠发达地区，具有帮扶开发地缘的典型特征。重庆图书馆一直致力于文化帮扶工作，2011年，重庆图书馆创立"重庆市公共图书馆文化共享农民工联盟"；2016年，中国图书馆学会公共图书馆分会图书馆帮扶工作委员会成立，挂靠重庆图书馆，重庆图书馆将文化帮扶工作纳入全馆发展战略重心，以丰富的文化资源和有效的服务手段为依托，深入探索精准文化帮扶策略。

项目内容包括以下几项。❶

其一，精准文化帮扶活动项目的多维发起。重庆图书馆自2013年起就携手妇联、共青团、教育系统和社会公益组织以及全市公共图书馆共同打造"蒲公英梦想书屋"，项目致力于在经济欠发达地区建造书屋，除了赠送纸质图书和电子书资源以外，针对留守儿童的心理问题开展亲情讲座，截至2020年，共建成梦想书屋38个，辐射26个区县和2个省外城市，服务10万余名留守儿童；2018年，重庆图书馆发起"书香筑梦乡村行"活动，走进开州区大进镇、丰都县三建乡、酉阳县车田乡三个特困乡镇，开展馆长读报、快乐阅读体验课、无障碍电影、流动展览等活动；2020年，重庆图书馆开展"巴渝阅读行"活动，选取20所经济欠发达村小学，开展阅读体验课和专题展览，并将数字资源和有声读物融入其中。

其二，精准文化帮扶联动机制的广泛形成。重庆图书馆依托中国图书

---

❶《图书馆杂志》社.脱贫攻坚与图书馆行为——全国图书馆扶贫案例集[M].北京：国家图书馆出版社，2020.

馆学会帮扶委员会，联合帮扶委员会的成员单位，共同联系知识接受主体开展结对帮扶、产业培育、创业就业服务等活动；通过承办全国图书馆文化精准文化帮扶案例活动，与案例提交馆共同探索图书馆精准文化帮扶路径；通过组建志愿者服务队深入经济欠发达山区，如重庆图书馆、首都图书馆和云阳图书馆三馆联动，在认真探讨精准文化帮扶工作中的实际案例基础上，针对云阳县基层公共文化服务建设进行精准文化帮扶，运用志愿者的力量，开展多媒体科普体验进校园、"书香首图·书影共读"导读经典图书、乡镇（街道）文化站从业人员工作培训，并开展问卷调研，对文化精准文化帮扶策略和方式及时调整，确保帮扶工作的扎实有效。

其三，精准文化帮扶外部联结机制的创新构建。2018年，重庆图书馆联合邮政快递为用户推出"重图到家"智慧阅读服务项目，该项目覆盖了大部分乡村区域，村民通过重庆图书馆官方微信或支付宝提出借阅申请，通过便捷的邮政物流系统将知识资源送达村民手中，改善农村文化生态。此外，重庆图书馆牵头联结全市43家公共图书馆积极、持续、强力推动线上数字化服务，开展数字技术能力培训，帮助老年人、视障和农民工群体，受众达3万余人。值得一提的是，2018年，重庆图书馆与重庆有线开展深度合作，依托重庆广电（IPTV）平台，打造了双向数字电视的"巴渝文化云平台"，在重庆电视台"导视频道""科教频道"开辟专栏，播放重庆图书馆自建的地方特色资源，依托双向数字电视方式实现公共数字文化的进村、入户、入手，以优质便捷的数字文化资源与知识接受主体共享。重庆市人民政府于2021年2月10日发布了《关于印发重庆市国民经济和社会发展第十四个五年规划和二〇三五年远景目标纲要的通知》，在其公共文化服务重大项目专栏中提出，要将重庆图书馆分馆作为重大文化设施建设项目；在构建现代公共文化服务体系一节中，提出要发展"智慧广电+公共服务"，提升广播电视传播力和公共服务承载力。

通过上例我们看到：①重庆图书馆领导与馆员形成了催化超循环，图书馆与文化精准文化帮扶相融合形成了全新的服务模式和服务理念，馆员以图书咨询员为基础兼顾拓展知识帮扶教导员；②重庆图书馆与业内图书馆形成了催化超循环，重庆图书馆与首都图书馆共同催化出跨区域志愿者文化精准文化帮扶模式，开展了系列精准文化帮扶活动，而首都图书馆又与新疆和田地区图书馆以更大的规模进行志愿者知识帮扶援助,将当地的"藏书馆"转变为当地民众的"第三空间";③重庆图书馆与外部机构形成了催化超循环,重庆图书馆与重庆有线进行了公共文化进村入户,产生了较好的社会影响,这种社会影响得到了重庆市人民政府的关注,在《关于印发重庆市国民经济和社会发展第十四个五年规划和二〇三五年远景目标纲要的通知》中明确提出了未来的发展模式为"智慧广电+公共服务",并重点建设重庆图书馆分馆,这种政府知识的形成和场域情境的发展,进一步推动了图书馆精准文化帮扶事业的发展。

重庆图书馆将知识作为反应"酶",研究精准文化帮扶链中知识转移与创新结构,对于揭示知识在精准文化帮扶发展中的运动规律,建立图书馆自组织帮扶创新机制,具有重要的理论和实践意义。上海市图书馆学会理事长周德明指出,图书馆应当成为实施文化帮扶的主力军,这是由图书馆人的政治觉悟和文化担当意识所决定的。为了更好地促进图书馆精准文化帮扶作用的发挥,结合课题组的实际调研,从图书馆精准文化帮扶中的知识转移的超循环视角,笔者提出以下观点:

其一,拓展网络结构。催化超循环的实质是:在条件适当的时候,不同的生态系统可以形成生态系统汇聚,从而形成较高层次的能流或新质的功能。在社会各界积极参与精准文化帮扶的大背景下,图书馆精准文化帮扶不能单纯依靠图书馆自身力量或仅局限于图书馆行业范畴,而是应当多注重外部帮扶网络的拓展,更好地发挥帮扶作用。

从图书馆精准文化帮扶发展现状来看,对于精准文化帮扶这一使命,部分图书馆要么创新性不足,要么持续性不强,根源于传统观念和发展结构单一,没能有效地建立起广泛的外部发展网络。课题组调研时发现,在多数情况下,图书馆能够参与到本地的精准文化帮扶项目中去,但是并没有与政府和其他社会组织建立必要的联系,《中华人民共和国公共图书馆法》第二十二条指出,国家设立国家图书馆,为国家立法和决策服务,按照递减逻辑,区域图书馆应当担负起为经济欠发达区域政府提供精准文化帮扶决策服务,扩大政策宣传,减少"精英捕获",提升识别精度。同理,图书馆不仅可以为政府提供知识服务,还可以为本地帮扶企业、帮扶组织和第一书记等提供知识服务,而且知识服务的内容应当向更深层次拓展,例如，精准文化帮扶相关课题立项的知识服务，以课题立项为节点，将其他区域一些好的精准文化帮扶做法收集整理出来，充斥到精准文化帮扶项目实施方案中，形成知识转移超循环。

其二，构建有机知识循环。张晓林教授在其《走向知识服务：寻找新世纪图书情报工作的生长点》一文中指出，图书情报机构的核心能力定位于：根据用户的问题和环境，融入用户解决问题的过程之中，提供能够有效支持知识应用和知识创新的服务，而且知识服务不再是标准化和事务性工作，而是根据每一次的实际情况动态地搜寻、选择、分析、利用各种知识，动态地设计、组织、安排和协调有关服务工作和产品形态。综上所述，图书馆不仅能够与知识接受主体建立帮扶关系，还能够与政府、产业（或企业）、社会帮扶组织、第一书记、帮扶责任人、返乡创业"城归"建立合作关系，如果图书馆将这些组织和个人定位于图书馆用户，那么，图书馆与它们之间的关系就是知识服务关系，也就是说，图书馆可以与帮扶组织和个人建立知识服务关系和创新合作关系。

图书馆如何发展外部知识关系呢？

首先，有机性催化，即将知识催化"酶"的点对点线性发展，延伸到知识的闭环发展。这是因为，政府、产业（或企业）、社会帮扶组织、第一书记、帮扶责任人、返乡创业"城归"都以"知识要素"为核心，也都依靠"知识要素"发展，由此，图书馆应当以"知识要素"为纽带与帮扶各方建立联系，形成有机性的精准文化帮扶发展结构。例如，吉首大学图书馆与湘西州文广新局和州帮扶办联合编制的《湘西州扶贫攻坚实施规划（2015—2020年）》方案，政府出资金和场地，以"书香武陵"为催化点，大力促进农村书屋建设，根据2020年10月湘西州政府网站公布的湘西州精准文化帮扶"十项工程"，全州统筹乡村两级办公用房，实现村村有农家书屋，而新建立的农家书屋又可以成为新的催化点，与各类图书馆联结推进图书馆精准文化帮扶深化发展。由此可见，以高校图书馆为起点，联结政府部门推进文化精准文化帮扶和农家书屋发展，构建的文化帮扶布局成为各类图书馆的基础，循环推进图书馆精准文化帮扶发展。

其次，择优性"复制"，即将全国各地有特色、有创新、有价值的精准文化帮扶方案进行搜寻、组织、分析和重组。根据场域的实际情况，将优良举措融入精准文化帮扶发展中，也可以理解为，将精准文化帮扶优良方案、经验、模式和做法由一个场域向另一个场域进行有机移植。择优性"复制"是知识转移的核心内容，也是图书馆知识服务的工作路径。在国家倡导精准文化帮扶的大背景下，同时在全国各类图书馆的广泛参与下，形成诸多丰富的经验和成果。例如，广州市从化区吕田镇分馆开设政务服务窗口，为知识接受主体和群众进行政务服务和文化服务；天津大学图书馆为了推广宕昌县农产品，深入研究本地生产的土豆粉、芝麻、食用油等食材，馆员化身厨娘制作"蚂蚁上树""三鲜土豆粉""水煮鱼""椒盐芝麻烧饼"等，通过天津大学抖音官方账号平台直播美食制作，以云端美食助力帮扶攻坚；辽宁省图书馆采取"个性化定制服务"的精准文化帮扶方案，根据知识接受主体的偏好和需求，为其提供数字听书机，助其随时随地学习科学的种植技术，为配合数字听书机使用，辽宁省图书馆邀请省农科院专家进行现场教学，一对一提供帮扶生产方案；贵州省六盘水市图书馆根据精准文化帮扶的现实需求，积极配合文旅局开展"文化三员"活动，即文化工作指导员、文化活动策划员和文化活动管理员，丰富知识服务内容，保障帮扶效果，当前，六盘水市已组建"文化三员"知识活动队伍 84 支，共有 78 个易地帮扶安置点均建有图书室，其中 19 个安置点图书室"升级"成为县图书馆分馆。可以说，在图书馆业内有许多创新内容，在其他行业也有许多特色方案，图书馆应当广泛收集行业内部以及行业外部、区域内部和区域外部的好做法、好经验，将某个或某几个好做法恰当地"复制"到图书馆精准文化帮扶方案中，使其成为图书馆知识服务和知识转移的一种方式。

6.5 搭建知识交互平台，以知识转移促进精准文化帮扶发生与发展

知识转移总是在一定的社会情境中进行的，不同的社会情境会有不同的知识转移方式和效果。根据图书馆精准文化帮扶可以构建的情境传播关系，提出要着重搭建农家书屋知识交互平台、非正式团体知识共创联合平台、图书馆联盟知识协同发展平台以及互联网多主体知识融合平台。这些

平台的搭建可以把外部的弱关系适时变成强关系，可以将相互独立的松散结构变为有机联系的紧密结构，从而对精准文化帮扶中的知识转移产生更为有效的影响。

6.5.1 创新发展农家书屋知识交互平台建设

在我国农家书屋为数众多（截至2020年年底，全国共建设农家书屋58.7万多家），而且往往是距离知识接受主体"最近"的图书馆，是可以依托的重要知识转移平台。四川省广安市邻水县柑子镇桅子村的农家书屋既是邻水县图书馆分馆，同时也是村民的知识交互平台。其通过功能拓展，"衍生"出农业技术培训室、多功能研讨室、电商平台、川剧展播厅、文化印记室（村史馆）等多元一体的知识交互平台，有效吸引村里年轻学习者、乡村精英、外来务工人员、图书馆员以及知识接受主体扎堆交流，构成了多维"兴趣小组"，形成了农家书屋"实体"形式的知识交互平台，有效地促进了村民和知识接受主体的知识发展。柑子镇桅子村村民梅某福说："我有不懂的地方，除了问专家，就是到农家书屋寻找解决办法。"农家书屋俨然成为知识接受主体获取知识的"加油站"。经过不懈努力，2022年，该书屋被评为第九届全国农家书屋和基层图书发行单位先进集体。

通过上述案例能够看出，搭建农家书屋知识交互平台，图书馆应当助其由静态知识向动态知识发展、由显性知识源向隐性知识源发展、由单向动力向交互动力发展，从而形成由一个平台（农家书屋）演绎出"多种功能"，由"多种功能"衍生出"多项组合"（兴趣小组），由"多项组合"演变出"新的发展动能"，由多项"发展新动能"来实现知识发展新目标。

在精准文化帮扶实践中，图书馆能够注意到农家书屋的帮扶作用，为其捐赠图书、链接数据库、开展培训等，却往往忽视了农家书屋知识交互平台的知识转移逻辑，即"结构布局＋关联发展＋效果考核"的循环知识转移机制。如图6-6所示，图书馆需要将知识供给与知识转移统筹并重、重视发挥农家书屋的知识转移平台作用，将图书馆投入、农家书屋建设、多主体互动、知识转移关系和知识转移效果等发展性因素相联结。

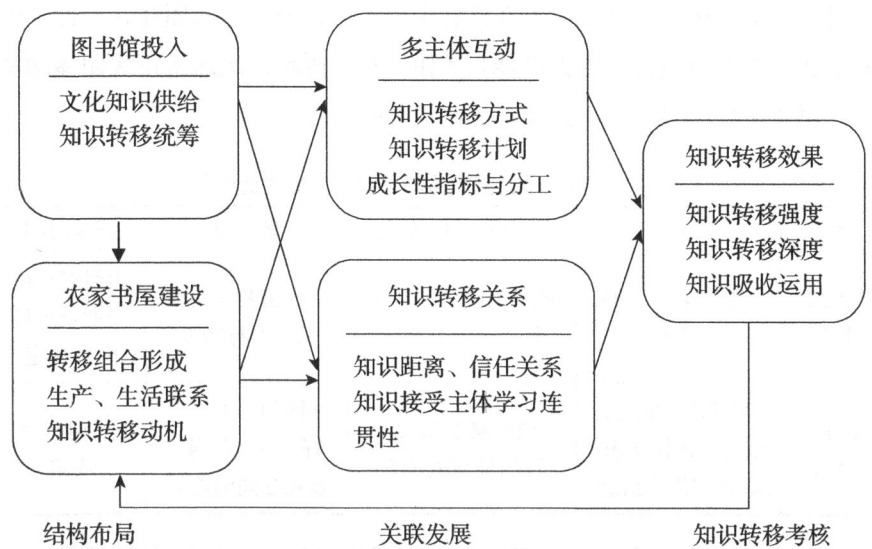

图 6-6　基于农家书屋的知识转移发展机制

由此,建议图书馆依托和搭建农家书屋知识交互平台,强化和促进多元、多维、多组知识转移生成,形成多主体、多维度、新动能推动知识接受主体知识接受和知识吸收的发展理念;建议图书馆为知识接受主体设立成长性指标,并根据指标进行必要的分工;建议依托知识接受主体习惯和行为,设立激励相容性制度,帮助知识接受主体形成学习连续性机制,培养其知识意识和知识能力;建议鼓励知识接受主体积极吸收知识并参与到精准文化帮扶项目中来,根据知识接受主体的知识转移效果,有的放矢地实施新的知识转移方案。

6.5.2　全面支持非正式团体知识共创联合平台发展

当代管理学界将非正式团体看作是一种客观存在,不以人的意志为转移,而且它存在于任何一种群体或者组织之中。因此,图书馆也不例外地存在着非正式团体。❶ 非正式团体是由成员的感情、爱好、兴趣及价值取向等多种因素组合而成的团体,在某种情况下,对图书馆发展起着正式团体难以发挥的作用。例如,知识传播和知识沟通、馆员凝聚力的形成、馆员克服困难的内在韧性、创新力和合作精神等。周晓东教授等指出,正式

---

❶ 朱晓琴.试论图书馆管理中的非正式组织[J].情报杂志,2006(6):143-145.

的组织结构在转移显性知识方面具有突出作用，而非正式团体在隐性知识共享和转移方面蕴含着巨大潜能。❶ 如表 6-1 所示，沈瑶将正式团体和非正式团体在知识转移效果方面进行比较和归纳。

表 6-1 组织中正式团体与非正式团体的比较 ❷

团体	目的	选择成员的方式	聚合力	持续时间
正式团体	完成一项产品或服务	成员由团队领导选择，并向其负责	工作需要或实现共同目标需要	由组织再造周期及项目时间决定
非正式团体	开发员工能力，创造、传播知识，收集和传播信息	成员自发加入，不向任何人负责	共同的兴趣、爱好和专业领域，及相互间的需要	完全由个人决定

当前，图书馆精准文化帮扶多由领导班子研究、统筹安排带头实施等，采取由上向下，从贯彻任务的角度出发，这种方式有利于执行任务，但不利于发挥"执行者"的创新性和精准文化帮扶所需要的弹性，不利于精准文化帮扶人员加深参与度和发挥参与能力，忽视了由下向上的非正式团体优势。如果我们将馆员自主形成的兴趣小组看作是知识转移平台，将这些"小平台"投放到精准文化帮扶的各个节点上，会对精准文化帮扶起到更为直接和有效的作用。

由此建议：一是重视非正式团体在精准文化帮扶工作中的作用，有意识地培育"精准文化帮扶攻坚小组"，注重发挥馆员的聚合力和创新力。二是善于为非正式团体搭建知识帮扶工作平台，将有意愿、有能力、志同道合的馆员组合在一起，形成不同的专业团队和特别任务组，针对不同的知识接受主体、知识接受主体的不同困难、知识接受主体当前困难解决的不同见解，打开知识传播和知识转移通道，广泛探寻解决问题的出路，通过竞赛、挑战和激励等形式使馆员全身心投入精准文化帮扶项目中来，有时会产生"硬性工作安排"所无法匹敌的效果。非正式平台在美国硅谷

---

❶ 周晓东，项保华.企业知识内部转移：模式、影响因素与机制分析[J].南开管理评论，2003（5）：7-10.

❷ 沈瑶.非正式网络中隐性知识传递效果的影响机制研究[D/OL].杭州：浙江大学，2007[2023-5-10]. https://kns.cnki.net/kcms2/article/abstract.

知识转移的成功中已经得到验证，相同背景的工程师们经常"自行组合"知识交流，共克难关，构成了硅谷知识传递和知识创新过程的真正基础。1523名工程师通过非正式平台获得全部科学情报的53%，在复杂知识发展中形成了"最佳工作法"。❶ 三是非正式团体不仅限于图书馆内部，拓展非正式团体平台的范围也不限于图书馆，可将有兴趣和有科研任务的人员都"集聚"到帮扶工作中来，在高校，图书馆可以与各院系老师共同立项和工作，针对具体问题进行"产学研"精准文化帮扶研究。

6.5.3　创新赋能图书馆联盟知识协同发展平台建设

图书馆联盟的初衷和优势在于知识能够在馆际之间"互补性"的流动、"创造性"的拓展和"紧密性"的学习，自从其创始就对图书馆知识服务起着举足轻重的作用。美国乔治亚州大学图书馆既参加了该州的大学机构联盟、联机数据库联盟（GOLD）和在线学习联盟（GALILEO）等，还积极参加美国农业信息网（USAIN）联盟等；中国高等教育文献保障系统（CALIS）的签约馆达到1834家，成为全球规模最大的高校图书馆联盟。无论从国外借鉴意义上，还是国内现实发展上，都明确了图书馆馆际联盟有利于图书馆面向未来发展。陈传夫等在《图书馆业态的变化与发展趋势》一文中强调❷，面对新的信息环境和新的图书馆业态，图书馆嵌入社会，才能植根于社会，图书馆才有生存的价值；图书馆馆际联盟，能使原本分散独立的知识资源得以整合，实现知识信息服务的行业整体保障。

然而，图书馆联盟在图书馆精准文化帮扶领域应用得并不充分，既没能在较大范围应用，也没能在深化领域开展合作。根据资料调研，只有重庆图书馆和首都图书馆等少数图书馆开展了一些有益尝试，但多数图书馆对于图书馆联盟精准文化帮扶的伙伴制结构、伙伴制关系、关系价值、知识服务传导链的生成没能足够重视。

如图6-7所示，图书馆A的个体知识可以上升成为组织知识，也可以成为图书馆B的组织知识，通过图书馆A、B的组织知识也可以向下流

---

❶ 沈瑶. 非正式网络中隐性知识传递效果的影响机制研究[D/OL]. 杭州：浙江大学，2007 [2023-5-10]. https://kns.cnki.net/kcms2/article/abstract.

❷ 陈传夫，吴钢. 图书馆业态的变化与发展趋势[J]. 中国图书馆学报，2007（3）.

动成为个体知识。例如，通过联盟平台发起问题，图书馆 A、B 的成员都可以参与思考、讨论、解答和反馈；图书馆 B 精准文化帮扶的好做法，同样，可以通过图书馆 A 向帮扶馆员个体进行转移，变为个体知识进行精准施策。

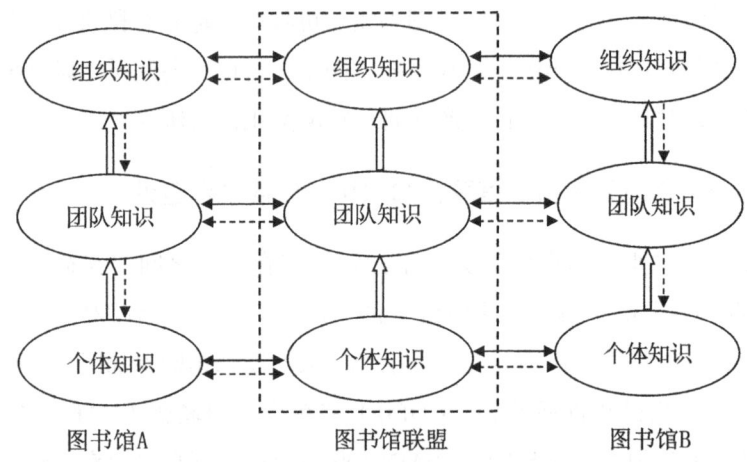

图 6-7　图书馆联盟精准文化帮扶中的知识转移协同平台运行机制

由此建议：一是联盟需要选择恰当的合作伙伴，最好选择有共同精准文化帮扶任务的图书馆，既能相互针对在不同维度上的差异做出仔细的评估，又能权衡某一方面差异可能带来的解决问题潜力，而且还能共同形成具有代表性的"知识库"供图书馆整体借鉴。二是联盟需要构建也需要"固化"，建议图书馆精准文化帮扶联盟不能只落实在"口头上"，而是要落实在"纸面上"，分清责任，加强联盟成员间的沟通，通过契约机制来提升图书馆精准文化帮扶中的知识转移绩效，通过信任机制来提高交流质量。三是省馆应当担负起主体责任，为省内各公共图书馆、高校图书馆和专业图书馆等搭建跨类型图书馆交互平台，促进区域图书馆、跨类型图书馆深化交流与合作，另外，各省图书馆之间也要依托《中华人民共和国公共图书馆法》和中国图书馆学会公共图书馆分会图书馆帮扶工作专业委员会来促进协同发展平台的形成，为加强跨省域图书馆精准文化帮扶协作付出努力。四是图书馆联盟知识协同平台的功能在于加强馆际协作，更重要的还在于研究和查找"最适合"知识接受主体发展的精准文化帮扶措施。五是注重知识转移的再设计和再创新，联盟中的图书馆既是知识的接受者，是知识的传播者，所以要重视知识的异地调整和本地化发展的适应能力，精准文化帮扶需要将多个"好做法"组合成新的发展路径，由于这些"好做法"是已经被验证过的，可以有效发挥出知识转移在图书馆精准文化帮扶中的效能作用。

6.5.4　全面开展互联网多主体知识融合平台建设

互联网多主体知识融合平台的重点在于借助技术优势和知识内在联结优势，突破时空领域限制和参与主体的限定，聚合有力的社会、经济和文化力量，形成知识转移的延伸和发展。吴建中在《推进精准服务　助力脱贫攻坚》一文中指出，需要在着力推动公共数字文化服务转型升级，着力探索标准统一、互联互通的云平台建设，着力创新数字文化服务的模式与方法三个方面上多下功夫。不少学者也提出类似的观点，不再赘述。值得指出的是，河北省图书馆、吉首大学图书馆、华南理工大学图书馆等已经开展了有益尝试，包括："互联网＋公共文化"让经济欠发达地区群众共享"网络书香"，"互联网＋图书馆"开展电子商务文化帮扶培训，将青年学子搭建沟通桥梁与培养群众文化自信相结合等。不难看出，这些内容与精准文化帮扶要求还有一定"差距"，仍然没能改变"广普式"文化教育的门槛，仍然没能逾越"跨界"交互的鸿沟，仍然没能形成图书馆精准文化帮扶知识融合平台发展应有的特色，以至于没有实现精准文化帮扶中的知识转移内涵要求的多主体、多组织、多阶段和多活动的有机配合。

笔者根据实地调研和相关资料研究，认为图书馆精准文化帮扶中的知识转移应当将互联网优势、图书馆特色及知识转移发展要求相融合，形成互联网多主体知识融合平台。如图6-8所示，将文献知识整合服务系统、专业技术服务系统、智库决策与管理系统、政策知识数据服务系统、专家知识保障系统、创业知识孵化系统、图书馆协作系统及外部知识转移系统等八大系统进行有效融合，形成知识层面、知识联结层面、专业技术层面、知识专家保障层面、智库支撑层面、政策知识层面及其他外部知识层面之间相互交融、相互交流、有机配合、以精准文化帮扶任务为核心的"协同虚拟团队"。

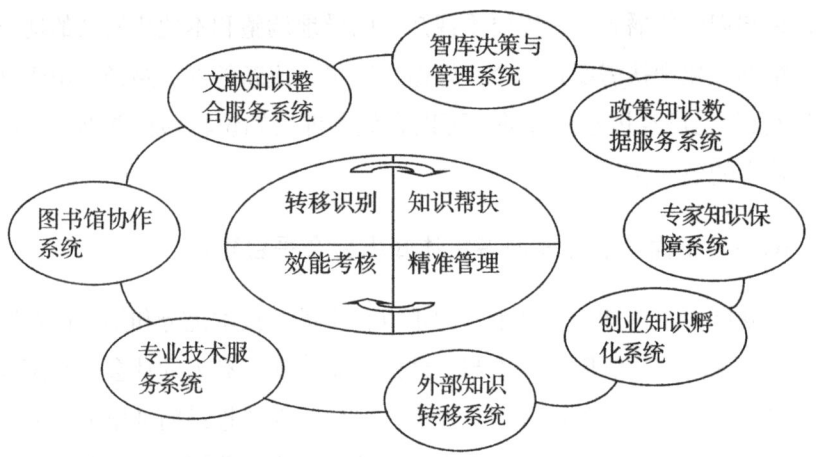

图 6-8 基于图书馆精准文化帮扶中的知识转移的互联网多主体知识融合平台

（1）文献知识整合服务系统。构建于图书馆知识系统，其目标在于体现图书馆知识服务的深层次影响。要求该系统要创新整合，以原有文献服务、参考咨询服务、学科馆员服务和学科情报定题服务等的服务过程为核心，进行创新整合，为以知识接受主体知识发展为核心的精准知识供给和精准知识服务。要求图书馆将所提供的知识进行系统化和接续化结合，将信息服务，尤其是经济信息服务和预期信息服务与知识服务相结合，既要对提供给知识接受主体的知识负责，又要对提供知识的结果负责，形成新的知识接受主体知识服务业态，形成价值与关键性发展相联结的知识服务生态。

（2）专业技术服务系统。由于知识接受主体所从事的专业技术带有区域性，图书馆既可以通过乡村精英和农业科技人员获取、组织和整理，也可以与农业科学院联合构建，还可以通过农业科技组织获得全面支持，形成该系统。该系统的目的在于为知识接受主体提供技术推广或技术更新，及时解答疑难和关键性问题。部分地区有较为优越的前期基础，如甘肃省临洮县选派 144 名科技特派员和 418 名涉农专业技术人员，为各经济欠发达村分别组建了一支科技特派员服务队，实现农业科技支撑性服务。图书馆可以利用这一条件，纳入系统、联合服务。

（3）智库决策与管理系统。构建于图书馆智库与相关农业智库的有效结合，其功能类似于美国官方智库——美国农业部农业研究服务局（USDA-

ARS)与美国农业图书馆合作,建立了联盟式的政府科学信息站点。进行政策信息推广、多样性技术传递、科学质量评价、发展战略、市场、贸易以及跨区域实验等。除此以外,通过智库的参与可以影响到政府决策、得到政策支持、产生媒体影响和获得资金捐赠支持等。

(4)政策知识数据服务系统。政策知识数据是各类精准文化帮扶的关键要素。例如,帮扶组织借助甘肃省临洮县政府推行的"资源变资产、资金变股金、农民变股东"的"三变"改革,2017年9月兴建了养殖小区和牲畜大棚,利用金融帮扶政策,解决知识接受主体资金问题;再如,青海省海东市互助土族自治县林川乡作干村90%以上的耕地坡度在25°以上,帮扶组织根据2014年国务院批准的《新一轮退耕还林还草总体方案》,将全村近300亩闲置抛荒耕地(坡度均在25°以上)列入退耕还林计划,对于作干村村民的生产、生活产生了显著的影响。图书馆有必要联结政府机构,通过政策知识数据服务系统为知识接受主体宣传利用好政策,另外,图书馆要依靠政府组织,要利用政策为知识接受主体开拓更多途径,破除更多障碍。

(5)专家知识保障系统。知识专家不限于图书馆领域,还包含经济领域、农业领域、社会学领域等。依据多个领域专家,从专业视角对精准文化帮扶中的知识转移的风险性和经济性进行综合评估;依托专家领域知识,从专家视角为图书馆精准文化帮扶复杂问题进行决策等。专家知识保障系统有助于图书馆知识转移的准确性,有助于精准文化帮扶复杂问题的决策,有助于知识接受主体对图书馆知识传播的信任和认可。

(6)创业知识孵化系统。知识转移是手段,创业知识孵化是方向。一种创意或一项技术就可能"孵化"出可以独立运作的企业。1987年,国家科委在武汉创立我国首家企业孵化器——东湖创业服务中心,为全国多个城市的大学生自主创业提供全方位的支持。图书馆可以借助这一发展理念,将知识接受主体引入某产业进行知识学习,借助知识进行孵化创业,达到创业知识孵化的效果。由此,图书馆可以一方面吸纳有帮扶条件和有意愿加入"产业园"知识接受主体,形成"共创系统",另一方面,图书馆要为知识接受主体提供可选择的"产业园",使知识接受主体进入"产业园"进行知识适应,避免走弯路。

（7）图书馆协作系统。将各类型图书馆有效汇集到互联网多主体知识融合平台，拓展各类图书馆参与精准文化帮扶的形式，发挥各类型图书馆优势，共同探索，共同协作。

（8）外部知识转移系统。主要考虑给地域的"本土知识资源"预留接口，使图书馆转移的知识与本土文化相适应，同时增强知识转移各要素的协同以及创新机制的生成。同时，外部知识转移系统也包含着精准考核对原有知识转移更新的考量。

关联主义学习理论学家乔治·西蒙斯指出，当今的知识不再是静态的层级和结构，而是动态的网络和生态。构建知识转移平台是为了促进精准文化帮扶知识的网络化和生态化发展，根据知识转移特性，通过如下几项功能来发挥精准文化帮扶作用。

其一，交互功能。交互功能突出对知识的表达能力，搜索、挖掘、呈现以及控制能力等，平台的交互来自多个方面。例如，知识接受主体与平台的交互，平台对知识的呈现能力，知识专家对平台的参与，平台对知识的需求与表达等。交互功能是借助知识转移平台实现人与人之间的交互，人与人之间的交互既有助于隐性知识的转移，又有利于迅速找到精准文化帮扶的创新路径。图书馆要鼓励各个学科的学科馆员、农业技术专家、政府人员、帮扶负责人和知识接受主体在系统中注册，开展多维交流和讨论，在交互系统中，图书馆及时发布精准文化帮扶发展动态、各地精准文化帮扶的成功案例、各区域精准文化帮扶关注的方向以及精准文化帮扶进程中遇到的问题和困难等。注册用户可以通过留言与问题提出者讨论解决问题的观点和自己在精准文化帮扶进程中的困惑。通过相关问题的讨论，逐渐在图书馆、政府人员、农业技术专家、帮扶负责人和知识接受主体等之间形成"知识转移"交互圈，根据核体自旋机理，随着知识资本的汇聚，平台的知识密度会增大，复杂知识会向其靠近，在平台形成知识共同体。

其二，帮扶知识聚合功能。知识聚合研究自2011年就得到了图书情报领域的高度关注和深化研究，帮扶知识聚合功能就是利用元数据、社会标签、关联数据和计量等方法，通过统计分析、数据挖掘、人工智能等一系列方式，对精准文化帮扶知识单元进行关联和凝聚，以形成多维、多层且相互关联的体系。考虑到精准文化帮扶主体很少有时间、很少有过多的精力在整个社会知识体系中寻找满足他们的知识需要,图书馆基于平台"知识转移"交互圈,广泛收集并将各交互圈的知识内容聚合到帮扶知识系统,使场域内与场域外形成知识交互,精准文化帮扶主体间以及帮扶主体与知识接受主体形成多维、多层知识交流,从而将"知识转移"交互圈的知识由场域外部向场域内部转移。

其三,知识库汇聚功能。由于帮扶主体向知识接受主体知识转移是一个持续的过程,"碎片化"的知识交互和知识聚合能够满足帮扶主体知识储备的阶段性需求,而若干个阶段性需求就可能构成持续的整体需求,就类似于美国学者亚内尔·巴尔–扬在其《解困之道》中指出的,我们要同时看到树木和森林,要看到树木和森林是如何联系起来的,这就需要图书馆将平台的有价值的方案、观点、创新想法积累沉淀起来,并将这些价值知识分门别类地加以组织并集结起来,形成知识库。基于知识转移平台形成的知识库,是由图书馆员将交互平台有价值的帮扶研讨方案、专家知识按图书馆知识资源的条目规则整理到知识库中,而具体帮扶主体和知识接受主体也可以根据自己的观点,对知识库中的内容进行提炼、补充和创新,形成新的知识内容和新的条目,知识库系统在不断充实的基础上,会使其效能性得到持续加强。

其四,知识协同功能。图书馆精准文化帮扶中的知识转移平台不仅建立交互、融合和聚汇的联结,还要在知识赋能的基础上实现知识协同和协同创新功能。①知识专家和智库机构的接入,平台根据帮扶问题的解决情况,邀请相关领域的知识专家和智库机构参与互动与指导,知识专家和智库机构也可以根据研究领域自主参与帮扶问题研讨。例如,贵州省黔南布依族苗族自治州长顺县利用"大数据平台+教育精准文化帮扶系统"模式,采取3名知识专家指导1名帮扶主体的"3+1"形式,通过知识协同来提升帮扶效果。智库不仅具有政策影响力和学术影响力,而且在多学科多领域协同知识服务方面也具有优势。例如,服务于贵州大帮扶战略的"黔灵智库",深入贵州省织金县三甲街道办五星村开展研究,储备大量精准文化帮扶知识,知识专家和智库机构的强力支持有助于图书馆精准文化帮扶中的知识转移平台发展。②平台知识联盟的发展,联盟协作是促进知识共享的有效手段，图书馆精准文化帮扶中的知识转移平台同样可以借助联盟协作关系促进知识协同，由平台管理员和图书馆团队收集、整理精准文化帮扶科学发展的成果，在图书馆内部形成一种交流，来扩展图书馆精准文化帮扶中的知识转移平台的知识协同功能。

其五，推送发布功能。对于平台发布内容方面，平台应当及时发布精准文化帮扶政策信息、专家指导信息、经典帮扶案例信息以及图书馆知识服务等内容。对于平台技术方面，考虑到知识接受主体的手机应用和检索使用等情况，平台可以采用 Lucene 检索技术对知识资源建立索引，既可以提升平台用户对知识库的检索效率，还可以对访问量和评价情况进行统计分析；采用丰富应用程序接口的 AJAX 技术，既可以实现"按需取数据"，还可以将学习内容与知识资源建立关联；通过采用 XMPP 协议，既可以实现即时通信工具间的互联互通、知识推送、网络沟通、消息群发等功能，还可以帮助用户发现有价值的知识内容。

6.6 明确职能定位，精准落实图书馆精准文化帮扶的重点任务

在政策引导和需求驱动下，图书馆精准文化帮扶取得了明显进展，但通过现实调研和图书馆精准文化帮扶案例能够发现，图书馆精准文化帮扶还存在较大的"随机性"，尤其对于如何有序、合理科学地开展精准文化帮扶，仍缺少系统研究，部分图书馆所开展的帮扶项目仅凭借图书馆"实力"或领导"水平"，影响着图书馆精准文化帮扶的深入探索和系统发展，值得提出的是，虽然图书馆积极参与精准文化帮扶，但依据什么开展以及开展的范畴还没有深入探究。对此，笔者建议，图书馆应当从社会职能维度，系统把握图书馆精准文化帮扶中的知识转移的重点任务。

6.6.1 依据图书馆社会职能助推精准文化帮扶中的知识转移

图书馆社会职能是图书馆根据自身属性对社会所能发挥的作用和功能，图书馆核心竞争能力和图书馆核心价值的研究也是以图书馆社会职能为理论基点衍生的。可以说，无论是图书馆精准文化帮扶还是图书馆精准

文化帮扶知识转移，都是以发挥图书馆社会职能、核心竞争能力及图书馆核心价值进行实践的。遗憾的是，虽然我们默认以此为依据，但很少有学者对此进行深化研究。由此，笔者从图书馆社会职能范畴出发来探寻精准文化帮扶中的知识转移的发展方向。

根据武汉大学黄宗忠的《图书馆学导论》和北京大学吴慰慈与邵巍编著的《图书馆学概论》，提出的社会文献流整序、开展社会教育、传递科学情报、开发智力资源及文化休闲娱乐五项图书馆社会职能，如表6-2所示。笔者根据图书馆社会职能指出图书馆精准文化帮扶知识转移的核心能力，由核心能力衍生出图书馆精准文化帮扶知识转移的发展要素和服务方式，基于核心能力、发展要素和服务方式确立图书馆精准文化帮扶中的知识转移路径，并以精准文化帮扶事例来反映图书馆精准文化帮扶中的发展现状以及图书馆精准文化帮扶中的知识转移的发展方向。

表6-2　图书馆职能与精准文化帮扶服务开展对照情况

图书馆社会职能	核心能力	发展要素	服务方式	精准文化帮扶中的知识转移路径	精准文化帮扶事例
社会文献流整序	知识组织	知识整序	知识联结	根据知识接受主体知识需求，提炼馆藏知识，形成知识转移流	精准文化帮扶嵌入式学科服务、多学科知识集合服务、数字知识融汇服务、地域特色知识馆、地域知识品牌等 ★
开展社会教育	知识保障	知识素养	知识供给	知识素养提升	捐赠书刊、关爱留守儿童、援建农家书屋、农技培训、夜校、数据库资源服务、阅读推广、公益巡讲、联合教育等 ◎
传递科学情报	知识竞争	知识发现	知识挖掘	知识"激活"、知识的喷泉	精准文化帮扶项目定向情报研究、精准文化帮扶项目情报跟踪、帮扶课题立项、知识产权服务、智库服务等 ★

续表

图书馆社会职能	核心能力	发展要素	服务方式	精准文化帮扶中的知识转移路径	精准文化帮扶事例
开发智力资源	知识培育	知识能力	知识引导	智力资本的管理和隐性知识发展	精准文化帮扶人才培养、知识接受主体潜在智力开发、精准文化帮扶交流平台、地域知识资源挖掘发现等◇
文化休闲娱乐	知识传承	知识价值	知识营销	—	旅游精准文化帮扶、休闲采摘、观光农业等◇

注：事例一栏中带◎符号为图书馆取得实效的领域；带◇符号为图书馆有所涉及，但仍需强化的领域；带★符号的为图书馆涉及不多，需要重视发展的领域。

通过表6-2的事例标识，我们看到，当前图书馆开展的精准文化帮扶多集中于"开展社会教育"这一社会职能范畴下（带◎符号进行了标识），主要开展了书刊捐赠、关爱留守儿童教育、农家书屋建设、农技培训、夜校、数据库资源服务等内容，这些帮扶思路既源于文化与精准文化帮扶的直接结合，也源于知识接受主体确实对文化知识有"缺口"，以至于发展较为集中。但是，课题组对精准文化帮扶、图书馆社会职能和知识转移的关联性进行研究时发现，在图书馆社会职能范畴下，还有许多图书馆应该开展而没有开展的事项，这极大地制约了图书馆精准文化帮扶作用的发挥。为了更好地实施图书馆精准文化帮扶，我们有必要予以详细说明。

6.6.2 精准落实图书馆精准文化帮扶与知识转移的重点任务

6.6.2.1 "社会文献流整序"职能范畴下的图书馆精准文化帮扶中的知识转移重点任务

图书馆服务要定位于知识组织，实践于知识联结，旨在通过图书馆知识整序和知识组织，能够实现针对知识接受主体知识需求的知识供给。可以说，这也是图书馆面向知识接受主体知识服务的"供给侧结构性改革"。张晓林教授在《颠覆性变革与后图书馆时代——推动知识服务的供给侧结构性改革》一文中指出，面对知识创造和知识环境的巨大挑战，我们要求重新审视图书馆服务，重新定义知识发现、知识表达、知识素养和知识服务。面对精准文化帮扶战略，面对知识接受主体，要做到"精准"，图书馆就不能简单地提供图书或数据资源，而是应当提供其中的"知识"。这些知识内容需要以不断"流"的方式由图书馆向知识接受主体的生产和生活中"嵌入"和"流入"。这既是文献流整序职能的有效发挥，也是知识转移的重要体现。

根据图书馆文献流整序职能，图书馆精准文化帮扶应当聚焦于精准文化帮扶嵌入式学科服务、多学科知识集合服务、数字知识融汇服务、地域特色知识库建设等内容。

其一，善于转换视角。需要图书馆将文献流整序思维换成"知识组织""知识重组"和"知识联结"的视角，精准识别出知识接受主体知识转移的"接口"，形成图书馆精准文化帮扶的嵌入式学科服务。精准识别"接口"的目的就在于使图书馆知识服务与知识接受主体知识需求形成"交集"，从而扩大知识供给。我们知道，知识组织不是孤立存在的，与实际工作的需要相适应，体现着目的性、学科性、主题性、实用性和多策略性等（具体参见王知津等的《论知识组织的十大原则》）。图书馆在整理知识流的进程中，需要将馆藏的多学科知识进行整序，形成多学科知识集合服务，有针对性地面向知识接受主体，将多学科知识形成科学的"知识势差"流。其二，善于利用技术。由于知识存储载体不同，图书馆可以根据知识接受主体吸收知识的方式，将任务与知识相融合的方式，将技术与知识相整合的方式，形成知识融汇服务。其三，善于创新发展。在图书馆精准文化帮扶实践中，学者们能够认识到农家书屋和文化站的重要性，但是，很少看到有关图书馆精准文化帮扶知识库的成果，尤其是针对经济欠发达地域的特色知识库建设，图书馆应当以农家书屋和文化站为硬件基础，围绕地域特色知识和知识生态建设，围绕知识接受主体知识发展，构建地域特色知识库，扩大知识影响力、加快知识要素与经济欠发达场域及知识接受主体的融合度。

6.6.2.2 "开展社会教育"职能范畴下的图书馆精准文化帮扶中的知识转移重点任务

图书馆服务要定位于知识保障，以提升知识素养。资本主义工业革命之后，工人阶层对知识技能提出了要求，图书馆担负起文化教育的任务。19世纪末，图书馆被定义为社会教育机构——"人民的大学"，这是对图书馆开展社会教育的肯定，更是对图书馆履行社会责任的期盼。在图书馆精准文化帮扶实践中，图书馆围绕社会教育职能开展书刊捐赠、留守儿童教育、农家书屋建设、农技培训、夜校、数据库资源服务等多种形式活动，案例较为丰富并取得许多成果。在把握图书馆重点任务层面，笔者更愿意引用中国著名教育家叶澜教授的观点，她指出，中国教育必须走出自己的路，拿出自己的解决方案。❶由此，笔者认为，图书馆精准文化帮扶"开展社会教育"正是在走"图书馆自己"的路，但是方案在于"社会教育力"上，这是因为，"社会教育力"就是知识转移的传播力，传播得越有力、越充分，就越能彰显图书馆精准文化帮扶的作用。如图6-9所示，知识传播力是由知识作用力和知识影响力构成的，知识传播力之所以不同于"知识赠予"，是因为它由知识作用和知识影响等活动构成，是对知识接受主体知识发展所产生的力量。而且，图书馆精准文化帮扶中的知识转移不一定是单个图书馆行为，还可能是图书馆间的交互行为（如信息交互、知识交互、经验交互），更可能是图书馆系统行为，就是图书馆"合力"以及与其他帮扶系统的"合力"，在此层面，图书馆精准文化帮扶中的知识转移的重点任务是"聚通"。改变当前"线状""条状""块状"的"碎片化"局面，要在图书馆内部（各部门之间的知识转移）和图书馆之间形成知识转移，通过"聚通"对精准文化帮扶中的知识转移规律、方式方法、效果和模式展开深入研究，构建面向知识接受主体的精准文化帮扶中的知识转移方案，这里的"聚通"不是简单的经验介绍和项目说明，而是具体的知识转移要素。例如，哪些知识针对哪类知识接受主体适宜形成知识转移，如何提升知识转移"效率"，如何挖掘知识接受主体知识"潜能"，如何解决知识黏性问题，如何缩小"知识距离"、形成信任关系等的知识交流，以及如何加强图书馆与外部其他精准文化帮扶组织知识转移合作等内容，图书馆只有善于"提升"自身能力，才能更适宜社会发展。

---

❶ 叶澜. 社会教育力：概念、现状与未来指向[J]. 课程·教材·教法，2016（10）：3-10.

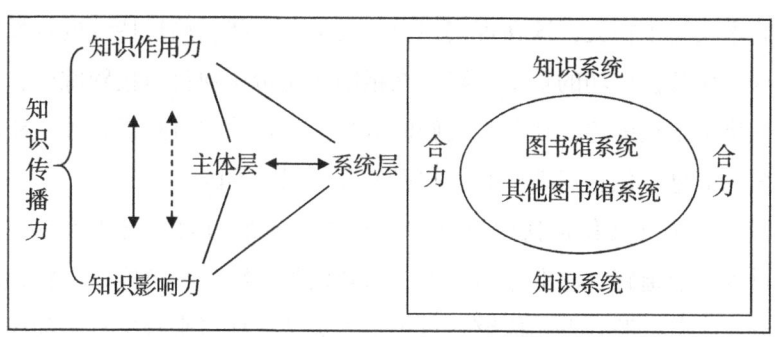

图 6-9 "知识传播力"的内在构成与层次结构 ❶

6.6.2.3 "传递科学情报"职能范畴下的图书馆精准文化帮扶中的知识转移重点任务

图书馆服务要定位于竞争，实现于知识挖掘。黄宗忠教授在《图书馆学导论》一书中指出，科学情报其实不是专门指那些秘密文件、秘密图纸等。实际上，图书馆收集的国内外各学科、各专业、各学派、各种深度的文献及其线索，都是重要的科学情报源。而且图书馆搜集的情报优势在于比较定型，也就是情报准确性较好。根据上述观点，笔者立足于情报是解决特定问题的知识，以及根据图书馆"传递科学情报"职能，提出如下服务内容：

其一，精准文化帮扶项目定向情报研究。课题组在调研时发现，一些很好的精准文化帮扶项目没能得到及时实施，原因在于缺少前期论证，不敢"尝试"，图书馆可以针对图书馆自身、政府、帮扶组织和第一书记所要开展的精准文化帮扶项目进行前期定向情报研究和战略规划，包含可行性分析、发展趋势研究、竞争情报内容、专利情报分析，也可以具体化到本区域以及其他区域相关帮扶经验，如相关项目成败、问题关键、本项目的规划、现实问题以及解决方案等。

其二，精准文化帮扶项目情报跟踪。任何项目在发展进程中都可能存有可变因素，在帮扶攻坚电视剧《山海情》中，福建专家来到村里教村民们种蘑菇，让大家挣到了第一桶金，但也由于帮扶项目发展得不合理，让

---

❶ 叶澜.社会教育力：概念、现状与未来指向[J].课程·教材·教法，2016（10）：3-10.

大家后来蒙受了损失，这在现实中也较为常见，帮扶项目持续的良性发展是精准文化帮扶成功的重要保障。在精准文化帮扶项目情报跟踪中，图书馆可以将情报点前移，在项目实施的进程中，跟踪项目知识发展、跟踪外部环境的信息变化、跟踪产业链知识整合与创新等内容。

其三，精准文化帮扶课题立项。在国家政策的大力支持下，经济欠发达村内修建道路、农业灌溉沟渠、兴建沼气、特色种植推广、特色养殖项目以及旅游资源开发等能够通过申请相关帮扶项目来解决资金问题，但是，由于帮扶负责人和村委会没有及时关注、不知道如何申请以及缺少相关知识，可能错过立项机会。对此，图书馆可以参与或为帮扶人员提供课题立项的相关知识信息，并为相关课题收集资料以及提供相关发展策略和建议。

其四，知识产权。知识产权是重要的知识资源，是助推经济欠发达场域产品优势转化为竞争优势的有效路径。例如，武陵山经济欠发达片区的湖北恩施土家族苗族自治州，恩施土豆、利川红、伍家台贡茶、利川山药等农家产品形成品牌产业，图书馆可以提供区域政府专利办理流程、专利检索、专利查新、专利咨询等，还可以开展专利有效性分析和政策咨询等诸多服务内容，旨在"激活"经济欠发达区域知识，带动知识接受主体发展。

其五，智库服务。智库是服务于治理与决策的知识机构，更是搭建政府与经济欠发达区域的智慧桥梁，上海图书馆聚合了高校、科研院所、大型企业和图书情报机构的资源，打造了"产业图书馆"，同理，图书馆可以聚合相关帮扶组织和知识资源来打造"精准文化帮扶智库图书馆"。

6.6.2.4 "开发智力资源"职能范畴下的图书馆精准文化帮扶中的知识转移重点任务

图书馆服务要定位于知识培育，实现于知识引导。黄宗忠教授指出，对于图书馆开发智力资源这一职能，图书馆不仅要开发馆藏文献资源，还要开发尚未表现出来的智力资源——人的脑力资源。笔者根据"扶智""扶志"的精准文化帮扶核心任务，以及围绕核心任务而形成的根本任务，确定图书馆精准文化帮扶中的知识转移的重要任务包括：知识接受主体智力资源开发、精准文化帮扶人才资源培育、知识资源的利用等内容。

其一，核心任务。即知识接受主体智力开发，图书馆"开发智力资源"这一社会职能的提出也是源于"智力开发促进知识利用，知识利用也在促进智力开发"的观点。如前所述，知识接受主体存在知识认知和知识接收等方面的知识障碍，极大地影响着知识接受主体的智力资源开发，如果图书馆仍将捐赠图书和办证等作为开发智力资源内容，忽视知识接受主体的主体性和能动性，就不会从根本上解决知识接受主体的"扶智"问题。为了提升"扶智"质量，防止将"扶智"流于形式，图书馆"扶智"的工作重点，应当进一步聚焦于知识接受主体的"注意力资源"和隐性知识挖掘两个方面，其中：①在"注意力资源"与知识资源的逐级配置上下功夫，有的学者将其定义为"眼球经济"或"注意力经济"，根据学界研究，"注意力资源"作用于政府，可影响政府决策能力；作用于广告商品，可影响顾客选择过程；作用于图书馆信息服务，可影响馆员工作理念；作用于知识接受主体，可影响知识接受主体的发展方向。李志昌教授认为，注意力资源是一种潜在资源，更是一种不可或缺的资源，影响着人要做什么和人的发展方向。❶笔者认为，图书馆应当了解知识接受主体是如何分配"注意力资源"的，然后，通过"注意力资源"来反映其知识结构和知识需求，根据这一思路，图书馆对知识接受主体智力开发的职能将考量通过知识接受主体"注意力资源"来搭建知识资源配置平台，从知识接受主体原本的知识发展"注意力"出发，逐层逐级地"聚焦"和知识引导，融汇知识资源过程中，达到开发知识接受主体智力的目的。②在知识接受主体隐性知识与知识挖掘的有机关联上加大气力，经济欠发达不代表技艺的缺失，许多非遗技艺就"隐藏"于知识接受主体的生活中。例如，青海省黄南州同仁县隆务镇吾屯村的热贡画院对近百名知识能力不足的牧民进行五年免费的唐卡培训，在传承弘扬热贡唐卡艺术的同时帮助牧民习得一技之长，实现发展致富；云南省红河州元阳县梯田旅游带动彝族刺绣旅游纪念品制作，成为当地发展致富的一支产业力量，可见，图书馆精准文化帮扶中的知识转移的职能工作在于知识发现和知识培育的有机结合。

其二，支撑重点任务。包含精准文化帮扶人才资源培育、知识资源利

---

❶ 李志昌.信息资源和注意力资源的关系——信息社会中的一个重要问题[J].中国社会科学，1998（2）.

用等内容。其中，①精准文化帮扶人才资源培育，重点在于激发馆员的创造力和开拓意识，着重发挥图书馆人才优势，支持图书馆精准文化帮扶人才走专业化和专家化之路，使图书馆知识咨询和知识服务更高效。②馆藏知识的利用，重点在于利用馆藏显性知识，形成技术推广手册，以及根据知识接受主体的实际情况和图书馆精准文化帮扶方案，形成知识接受主体能用得上和用得好的"用户创新工具"。

6.6.2.5 "文化休闲娱乐"职能范畴下的图书馆精准文化帮扶中的知识转移重点任务

传统意义的图书馆文化休闲娱乐职能是为读者提供文学作品、音乐作品、影视作品等内容，而图书馆精准文化帮扶与知识转移不是将知识接受主体请进图书馆，而是需要图书馆走进经济欠发达场域来实现精准文化帮扶战略任务。根据课题组调研发现，一些地区借助旅游产业大力发展旅游精准文化帮扶；借助有机绿色农业开展特色农业项目精准文化帮扶。同理，图书馆完全可以以"知识要素"为桥梁，创新发展"文化休闲娱乐"职能，开展文化旅游、休闲采摘和观光农业等精准文化帮扶项目。其中，①文化旅游精准文化帮扶，国家将文化和旅游进行整合，在于统筹规划文化事业、文化产业和旅游业发展。例如，吉首大学图书馆积极参与"文化湘西"战略，为非遗文化的传承、创新和协同及"文化湘西"战略信息发展提供服务，从这一思路出发，图书馆应当善于发现图书馆精准文化帮扶与区域旅游精准文化帮扶的知识"链接点"，强化图书馆的作用。②休闲采摘和特色观光农业，运用"创客+图书馆"的思维，将图书馆"第三空间"变大，在特色观光园和特色产业园中创意开设"图书馆"，让民众休闲获取知识；在特色观光园和特色产业园中，让知识接受主体获益发展。

6.6.3 实现图书馆精准文化帮扶中的知识转移对馆员的要求

其一，压实馆员精准文化帮扶中的知识转移责任。制定图书馆精准文化帮扶责任制实施办法，明确各级、各类图书馆推进精准文化帮扶战略责任，强化馆员精准文化帮扶中的知识转移责任意识。开展各级、各类图书馆领导班子、领导干部和馆员推进精准文化帮扶中的知识转移实绩考核。完善各级、各类图书馆推进精准文化帮扶中的知识转移精准考核制度，建立灵活多样的激励机制，深化知识接受主体"扶智""扶志"理念，以知识转移实效为基础，压实馆员的主体责任。鼓励对各级、各类图书馆开展外部交流与合作机制，鼓励各级、各类图书馆开展内部合作与创新机制，落实各级、各类图书馆精准文化帮扶中的知识转移联系制度和知识转移响应机制，鼓励馆员相互借鉴、交流学习，开展知识转移机理培训，引导馆员行为指向精准文化帮扶中的知识转移目标，让馆员知道其工作的重要性，促进馆员积极打造精准文化帮扶中的知识转移的有效路径。

其二，全力推动知识服务的供给侧结构性改革。强化馆员知识传播能力，全面抓好为知识接受主体提供专业化、知识化、个性化的知识服务，稳定图书馆知识转移长效机制，防止知识供给大起大落。提升馆员敏锐观测问题的能力，着重观测知识接受主体的知识结构，观测知识接受主体的隐性知识和知识转移"链接点"，观测对知识接受主体起帮扶作用的知识内容，观测经济欠发达场域的知识经济链条，拓展知识服务范围，提升知识转移质量。强化馆员密切联系知识接受主体的能力，培育真感情，深化沟通交流机制，重点在于增进知识接受主体知识信任，通过密切联系知识接受主体来调动知识接受主体的积极性和主动性，使知识接受主体对精准文化帮扶战略有参与意识和参与热情。强化馆员吃苦精神，甘心离开"舒适"环境走向经济欠发达"深山"，自觉自愿地为知识接受主体解决实际问题，响应习近平总书记提出的"七种能力"要求，到经济欠发达山村调查研究，与知识接受主体密切协同，抓好发展工作。

其三，大力开展知识转移"硬核"攻关。制定并全面实施图书馆精准文化帮扶中的知识转移行动方案。按照行动方案加快推进图书馆精准文化帮扶知识资源收集，推进知识转移具体内容的层次化，推动知识转移创新平台建设，着重解决知识接受主体知识吸收面临的突出问题、知识与产业经济发展的融合问题、知识与经济欠发达场域的嵌入问题、知识推动知识接受主体创新发展问题，从知识转移技术层面找到解决方案，实行技术创新和制度创新联合激发馆员潜能，实行"揭榜"制度和"联动"制度，开展知识转移周期性考核，结合知识专家指导，积极稳妥地推进图书馆精准文化帮扶中的知识转移工作，尽可能地为知识接受主体创造应用知识和"孵化"知识的机会。

其四，落实"一体化"的知识转移重要措施。改变以往图书馆文化精准文化帮扶"整体性"不明显，无法真实反映图书馆集群和图书馆整体"实力"的局面。图书馆应当实行馆外精准文化帮扶与馆内有效支撑"一体化"，统筹图书馆精准文化帮扶中的知识转移职责、部门精准文化帮扶中的知识转移职责、馆员精准文化帮扶中的知识转移职责，落实三条控制线，把精准文化帮扶馆员所反馈的问题，在馆员间、部门间或图书馆之间进行讨论和隐性知识交流，同时研究如何把图书馆精准文化帮扶中的知识转移措施和相关知识资源有效地传导给精准文化帮扶馆员，从而实现馆外有服务和发展、馆内有供应和保障。以此为基础，在更大范围建立起图书馆学科性知识服务、产业经济性知识服务、政府决策项目性知识服务和经济欠发达场域特色性知识服务的"一体化"精准文化帮扶中的知识转移大格局。

其五，加强图书馆知识转移人才队伍建设。我们要纠正一个误区，就是图书馆精准文化帮扶不是所有馆员都能胜任，而是应当将图书馆人才看成一种资本，进行合理配置。鼓励馆员密切联系知识接受主体，深入经济欠发达场域以及田间地头，运用"干中学""学中干"的方式精准识别知识接受主体的知识需求，鼓励馆员深化知识交流机制和知识编码能力，运用社会化、编码化和系统化的措施搭建知识接受主体隐性知识学习通道。根据上文分析的精准文化帮扶中的知识转移重点任务，每项重点任务都需要以专业知识为基础、以专业能力为保障，图书馆只有重视馆员的专业特长，合理配置团队，注重打造成精准文化帮扶中的知识转移的"有机体"，使馆员利用专业特长，在其岗位上有效发挥作用，积极完成精准文化帮扶战略任务。另外，鼓励馆员积极开拓知识转移"链接点"，对于精准文化帮扶中的知识转移，图书馆还有很多能量没能有效"释放"出来，如真人图书馆、图书馆智库、大数据分析以及创新知识服务等，图书馆精准文化帮扶中的知识转移关键在于围绕馆员知识传播能力和知识接受主体知识吸收能力，探寻知识资源的切入点，谋求图书馆精准文化帮扶深化发展。

6.7 图书馆社会职能任务

图书馆社会职能是图书馆发展和图书馆精准文化帮扶中的知识转移的基本问题，是图书馆社会活动的逻辑起点与现实基础。图书馆发展来自于图书馆职能定位，图书馆精准文化帮扶中的知识转移也是由图书馆职能派生而来的，图书馆职能定位正确与否，是图书馆能否正确履行社会责任、参与社会活动以及发挥相应作用的关键。面对社会发展、国家需求以及图书馆价值追求，图书馆只有继续深化职能、明晰任务、科学规划，才能走出适宜图书馆发展的道路。

6.7.1 服务国家战略需求，推进知识接受主体知识精准化和效能化发展

服务国家战略需求，推进知识接受主体知识精准化和效能化发展，既是《国际图联/联合国教科文组织公共图书馆宣言》（2022年）强调的公共图书馆是社区的创造者，要积极主动地接触新的用户，不分社会地位和其他特征，要向所有人提供平等服务的基础职能要求，也是图书馆服务于社会最基本、最主要和最需深化的内容。我国图书馆学界重视"知识保障"，倡导对知识接受主体"知识援助"，"免费或以较低的费用为知识接受主体提供知识产品或服务"，虽然有所认识，但是，如何深化服务和如何有效服务还在探索中。

党的二十大报告强调，坚持以人民为中心的发展思想，我们要实现好、维护好、发展好最广大人民的根本利益。习近平总书记多次着重强调精准文化帮扶要实事求是，要配以更加明确的目标、更加有力的举措、更加有效的行动，要在点上、根上下功夫。这是对精准文化帮扶原则的确立，更是对社会组织的要求。累年的经济窘境使知识接受主体和知识接受群体界限模糊，图书馆有责任、有义务为知识接受主体提供更为精准、更为有效的服务行动。所以，推进知识接受主体知识精准化和效能化发展，是社会对图书馆提出的新要求，也是图书馆应当完成的职业使命。

图书馆对知识接受主体提供精准化和效能化的知识服务，不仅限于图书馆当前的职能定位，更应当成为图书馆长期的社会职能予以遵循，要做到精准化和效能化，就需要图书馆业界时刻关注并掌握社会发展以及人民的现实需求，牢记"图书馆是一个发展的有机体""服务是一种生存竞争"的理念，深化对知识接受主体服务的新形式、新思路和新方法；调整服务布局和知识资源布局，要使知识接受主体能够感知到、受益到和依托到图

书馆服务，要使知识资源与知识接受主体能够形成"知识关联"。尤为重要的是，馆员要加强自身能力建设，加强相关研究，要积极主动地为知识接受主体服务，并运用知识为知识接受主体解决实际问题，这是图书馆职能演进的根本。

6.7.2 立足知识能力不足群体，开展"全程"协同知识服务

图书馆开展"全程"协同知识服务是基于"全过程人民民主"理念提出来的。习近平总书记在党的二十大报告中强调："全过程人民民主是社会主义民主政治的本质属性，是最广泛、最真实、最管用的民主。"全过程人民民主讲求的是广泛的参与主体，全领域的民主实施，科学健全的运行程序、全方位的保障机制、全要素的协同、全链条的衔接等内容。对于图书馆而言，要将人民的需求和人民的参与协调起来，使人民有机会、有能力参与到国家事务和社会事务中来。

立足知识能力不足群体，开展"全程"协同知识服务是图书馆融入用户环境、注重个性化发展、养成创新能力的"根植性"工作。"全程"协同知识服务职能的提出既是图书馆对以往服务的补充，也是图书馆面向未来发展的一种新的定位。以往图书馆职能倡导"参考咨询员""学科馆员""学科导航员"，毫无疑问，这是针对具有一定知识基础和知识发展、能够建立一定知识关联的用户而言的，但对于知识能力不足的群体而言，他们往往缺乏明确的知识需求、缺乏鉴别和确认问题与知识关联的能力、缺乏探索运用知识可能形成的趋势与路径，"碎片化"、短暂性及馆内的服务方式不适宜此类知识能力不足的群体，即使对于帮扶主体，由于其知识掌握不够系统，仍会在社会事务中面临种种问题，而手足无措。由此，立足知识能力不足群体，开展"全程"协同知识服务。

对于知识能力不足的群体，图书馆要从馆内走向馆外，通过"干中学""学中干"等精致的发展机制和精明的推进机制，与用户共同"实践"、共同化解实践中存在的问题、共同谋求新的知识发展点、共同再次深化"实践"，循环往复，促进知识转移，提升知识能力，这既是知识转移的关键，也是丰富馆外服务、基层服务和深化图书馆社会职能服务持续探索的要点。

要想有效开展"全程"协同知识服务：一是要善于发挥图书馆在服务历程中形成的服务优势和资源优势，拉近图书馆与用户之间的物理距离和知识距离，建立相互信任的知识关系。二是图书馆要善于在"全程"互动过程中建立多维关系，通过多维"关系"来研究问题、讨论问题和解决问题，并通过多维"关系"来引导用户发展。三是图书馆要善于运用"干中学""学中干"机制，将自身置于用户的现实需求和实际发展当中，借助外部机制来发现用户内部知识发展的逻辑和规律，更好地在用户、知识资源和社会环境间建立联系。四是图书馆要善于主动引导、激励和强化创新，尤其是围绕关键问题进行探索创新，尽管图书馆"全程"协同知识服务是以"全过程人民民主"理念为指引，以精准文化帮扶中的知识转移为参照进行阐释的，但是，对于乡村振兴以及未来社会发展需求，运用"全程"协同知识服务理念深化用户服务，应当成为图书馆社会职能的趋势和必然。

6.7.3 结合经济欠发达场域发展实效，成为知识生态研究中心

结合经济欠发达场域发展实效，成为知识生态研究中心，是指将用户需求、环境发展和知识资源服务相融合，注重用户与场域知识生态的潜在能力和可持续发展能力。原上海图书馆馆长吴建中指出，面向未来的第三代图书馆将更加注重人的需求、可接近性、开放性、生态环境和资源融合，致力于促进知识流通、创新交流环境，注重多元素养和激发社群活力。❶ 图书馆应当承担起有利于用户知识与外部知识生态环境发展的"匹配式"知识服务工作，致力于知识生态研究。以往图书馆界提出了"以用户为中心""以用户满意为目标"的服务理念，但是对于知识接受主体以及未来用户而言，图书馆不仅要从用户出发，更要从用户知识应用情境以及知识生态环境出发，使获得知识的知识接受主体在场域情境下顺利进行"能量释放"，同时经济欠发达场域也可以在主体的作用下良性发展。

开展知识生态研究对知识接受主体作用明显。例如，图书馆进行文化旅游精准文化帮扶，一方面需要图书馆精准识别知识接受主体知识需求和知识能力，将图书馆服务优势变为知识竞争优势；另一方面需要图书馆嵌

---

❶ 吴建中. 国内外图书馆转型与创新动态 [J]. 大学图书情报学刊，2018（1）.

入旅游精准文化帮扶项目中，将图书馆资源优势变成知识生态优势，使知识接受主体与旅游项目精准有机结合，形成匹配式的精准文化帮扶项目。同理，对于未来用户服务而言，一方面图书馆要通过知识服务提升用户知识能力，另一方面要从知识生态环境发展角度来考虑为用户提供的知识和地域知识生态环境之间的构建关系，由此，通过知识生态协同给图书馆带来有机发展和发展机遇。可以看出，这是图书馆基本职能与社会职能融合的结果。

想要成为知识生态研究中心，要求图书馆在服务能力和转型发展上下工夫，在服务能力方面：一方面要求图书馆知识服务能力能够跟得上用户的知识需求，才能通过服务嵌入到用户知识环境；另一方面要求对用户发展空间与地域知识生态环境的交汇点进行系统研究，以帮助用户在知识生态环境中找到发展空间。在转型发展方面，要求图书馆从馆内向馆外进行服务转型、从资源服务向用户感知服务进行转型、由场域服务向价值"网络"服务进行转型，进而推动图书馆面向用户忠诚发展探索、面向知识价值探索、面向知识空间再造探索。

6.7.4 面向重大战略领域开展服务，成为跨区域知识交互中心

面向重大战略领域开展服务，成为跨区域知识交互中心，是指不仅将图书馆建设成为知识资源存储的场所，更应当将其打造成为思想交流与创新合作的空间。英国研究型图书馆协会（RLUK）发布的《图书馆转型：2022—2025年战略》认为，图书馆之所以能发挥促进研究的作用，在于图书馆为思想交流打造了空间，同时其专业人员通过互动交流将自己的知识和经验带入研究过程之中❶。多年来，图书馆一直承担着知识的收藏、组织、挖掘、利用以及传递任务，但以往多以馆内知识和显性知识为主，所传递的知识与社会经济发展联系不够紧密。图书馆开展的跨区域知识交互服务，以聚焦重大战略领域（如精准文化帮扶、乡村振兴等）开展服务，各区域图书馆面向"全域"收集针对重大战略领域的知识服务内容，构建多领域知识创新"俱乐部"，通过知识"俱乐部"的交互关系挖掘知

---

❶ 吴建中.新时代图书馆的探索与转型——以新馆建设为例[J].中国图书馆学报，2022（5）．

识创新内容，提炼"隐性知识"、传播创新知识、促进知识转移并建立起地域知识关联，突出了图书馆在社会发展中的重要作用。

由于图书馆的区域分布，以及针对重大战略领域具有同等的目标针对性和行为关联性，可在图书馆内部及馆际之间能够形成交互、评价和利用关系，而且，图书馆利用交互结果进行的政府或者第三方组织知识服务，能够引发政府和社会组织的兴趣和交互热情，政府或者第三方组织可以在获得来自图书馆知识服务的基础上，有效克服由于信息自主性和知识服务不充分所带来的问题，许多创新性举措甚至能够结合本地形成类似跨国公司分布式的知识转移效果，以提高政府和社会组织决策的有效性，由此助推实现基于动态信息交互和知识服务的组织间和区域间的创新服务效应。

图书馆要想成为跨区域知识交互中心：一是馆际之间要加强协同服务深度，由领域知识专家对具体主题活动的确立、收集、提炼以及交互进行指导，使馆际交互的知识服务内容最大限度地满足政府、社会组织以及图书馆自身的发展需求。二是要强化知识服务能力和价值挖掘，针对活动项目内容要及时和全面地收集，而且价值挖掘要多维度和精准，以此助力政府和社会组织有效利用，使图书馆参与的社会服务具有更大价值。三是馆员要有高度的社会责任感和职业认同感，积极参与到区域及区域间知识交互中心的建设和研究当中。

6.8 案例分析

6.8.1 图书馆精准文化帮扶"干中学""学中干"与"知识网络快递员"行动

6.8.1.1 案例背景

地处黑龙江省绥化市的明水县是典型的经济欠发达县，2003年被确定为全省十弱县，2011年被确定为大兴安岭南麓帮扶连片开发重点县，有着"大农业、大产业、小品种、单一化"的格局，虽然县干部能够向经济工作发起挑战，但仍未根本改变明水县的经济欠发达面貌。

某某学院图书馆积极贯彻党的方针政策，结合资源优势助力精准文化帮扶。被帮扶家庭情况：户主孙某成62岁，腿脚不便，不能干重活，妻子年龄60岁，有过轻微脑梗塞，能够正常交流，夫妻有女儿，远嫁外乡，由于丈夫受车祸影响，同样生活需要援助，更无力照顾父母。夫妻2人土地少，已经流转，有少许种植和养殖能力，平日在园子种植蔬菜，养殖15只鸡与5只鸭，除了低保和土地流转金没有其他经济来源。

6.8.1.2 案例内容

某某学院图书馆通过"望、闻、问、切"开始"把脉"和精准识别，建立联结机制：一是摸透情况，了解家庭情况和经济发展原因，了解知识接受主体的心理动态，是否具有接受文化知识的意愿，存在哪些顾虑；二是表达诚意，帮助知识接受主体把破旧门窗、鸡舍修整好，将屋子进行粉刷，深入沟通；三是达成意向，以确保不给知识接受主体造成损失为前提，坚持经济损失兜底的原则，达成知识接受主体养殖宠物兔和肉兔项目；四是建立交流机制，馆员与知识接受主体加微信好友并互留电话号码，保证知识接受主体遇到难题时可及时应答。如何使知识接受主体尽快掌握养殖兔子的基础知识和关键技术，是图书馆与知识接受主体共同关注的问题。

预热阶段。拉近距离，增强知识意识，让知识接受主体树立信心。知识接受主体受文化素质低、信息来源闭塞、资金不足及市场意识不足限制，虽然达成意向，但还存有一定顾虑。学习习近平总书记在《摆脱贫困》中强调要大力弘扬"滴水穿石"精神、"弱鸟先飞"意识和"马上就办"的工作作风，馆员对待精准文化帮扶会遇困难做好思想准备，针对知识接受主体有过养殖家禽的经验，为其播放科学化养兔的视频文件后，看到可爱的小白兔，看到可观的经济收入，看到养殖困难的"化解"，其内心对养兔项目跃跃欲试。

初始阶段。识别知识需求和探索适宜知识接受主体发展的知识。馆员与知识接受主体共同商定选择兔子养殖，在选择过程中，通过技术人员讲解每个品种的养殖流程、精力花费及经济产出，由知识接受主体自主选择种兔，根据该种兔的养殖流程，馆员能够基本识别知识接受主体的知识需求。

实施阶段。通过"干中学""学中干"来搭建知识转移渠道和建立知识交互网络。图书馆领导邀请农业科技学院的知识专家、肉兔养殖专业合作社技术人员及宠物商店经销人员共同会商兔子养殖过程中的问题和注意事项,馆员和知识接受主体通过"干中学""学中干"的方式,使知识接受主体较为"自然地"掌握更多的知识和技术,特别是第一批兔子送来之后,看着可爱的小兔子,知识接受主体既害怕养不好而显得担心、又期待养好而愿意系统深入学习的心理尤为明显。针对这一问题,馆员结合知识专家、合作社技术人员及经销人员提出的相关问题,通过查阅馆藏文献资料和数据库,分别汇总成养殖肉兔"知识工具手册"和养殖宠物兔"知识工具手册"。

调整阶段。使知识接受主体对转移的知识进行系统理解和知识调整。在养殖期间,知识接受主体能够按照技术人员的要求进行技能操作,由于几组种兔在夜间繁殖,受到惊吓就会威胁兔的幼崽,影响存活率。另外,饲料配比问题也会影响到兔子的出栏率,对于一些简单问题,知识接受主体能够自己给出解决方案,但对于一些系统知识,知识接受主体还缺乏深入理解,馆员则针对这些问题,及时修改"知识工具手册",并在关键环节全程参与和协作。

整合阶段。养殖流程的制度化,使养殖技能融入知识接受主体的知识结构。由于养殖兔子具有较快的"周期性",从而可以周期性地实践并"固化"养殖技术,经过几轮养殖周期、多次技术调整、知识构建与实践,知识接受主体已经完全掌握了养殖关键技术,具备了自主养殖兔子的能力。当馆员问及知识接受主体是否满意时,知识接受主体质朴并含泪地说:"感谢共产党!感谢帮扶!我们过上好日子了。"馆员全面总结经验:一方面对"馆员+知识专家+合作社与经销商+知识接受主体"的精准文化帮扶模式进行总结;另一方面,馆员积极争取当地政府精准文化帮扶立项,馆员与农科院专家和知识接受主体共同争取农科院"创新创业"立项获得2万元的项目资助,用"知识孵化"带动更多的知识接受主体参与精准文化帮扶项目。

6.8.1.3 案例评析

从该案例中可以看出,馆员与知识接受主体有着明确的合作目标——养殖宠物兔和肉兔项目。通过帮扶项目使知识接受主体掌握了养兔的基础知识和关键技术,提升了知识接受主体的致富能力,达到了精准文化帮扶预期的效果，并总结出促进个体知识转移时经常运用的四种方式：

其一，注重关系质量。馆员通过全程参与知识接受主体的"干中学""学中干"，拉近了彼此之间的距离，通过沟通交流使馆员与农科院知识专家、合作社技术人员及经销人员凝结为"知识关系网络"，通过关系多元性来发展图书馆与知识接受主体之间的"强关系"，加深了知识接受主体的知识信任，同时，强化了馆员的知识传播能力，馆员与知识接受主体同在一个"知识关系网络"中，可加速促进知识向知识接受主体"快速传递"。

其二，营造和谐、友善的环境氛围。一般来讲，知识转移分为四个阶段，即初始阶段、实施阶段、调整阶段和整合阶段，考虑图书馆与知识接受主体的知识距离和物理距离，以及知识接受主体并不知道知识发展方向和知识需求的情况，酌情增加预热阶段来营造和谐、友善的环境氛围拉近与知识接受主体的距离。

其三，隐性知识成为关键。案例顾及知识接受主体的隐性知识，在前期的养殖鸡和鸭经验的基础上，考虑养兔项目，考虑到知识传播的综合运用，将技术讲解、"干中学"与"学中干"的实践、隐性知识显性化的"知识工具手册"及馆员对相关知识进行调整相结合运用，值得指出的是，馆员与知识接受主体共同通过"干中学""学中干"来发现问题以及查找解决实际问题的方式和方法效果明显。

其四，知识转移"螺旋"的形成。实际上，知识转移的成功来源于知识螺旋的形成，知识接受主体通过尝试发现问题、解决问题逐渐形成知识的制度化，知识接受主体的知识制度化演进得益于"周期性"提升，由于养兔具有较强的"周期性"，周期性发展是对知识接受主体知识固化的有效方式，并且下一周期同样存有新的困难和新的挑战，从而形成知识螺旋，正是这种知识螺旋的形成，促使知识接受主体逐渐固化所学知识，也促使知识接受主体的知识系统化生成。

该案例重点采用了前文分析的图书馆精准文化帮扶中的知识转移的协同模式，馆员运用知识和能力等核心要素，有效地进行了精准文化帮扶的融合和嵌入，在知识传播过程中强化了"干中学""学中干"共同行动、和谐氛围、信任、隐性知识运用以及多元知识网络的作用，弱化了知识接受主体知识吸收能力不足的问题，直面精准文化帮扶共同发展目标，从而使图书馆精准文化帮扶实践得到有效实施。

6.8.2 经验复制，图书馆精准文化帮扶中的知识转移与跨国公司"最佳经验复制"启示

6.8.2.1 案例背景

广西壮族自治区桂林市龙胜各族自治县是国家级经济欠发达县，是我国南方最早成立的少数民族自治县，也是桂林市唯一的一个国定经济欠发达县，包含 59 个经济欠发达村，存在农村基础设施不健全、人才匮乏、农民文化素质不高的"经济发展无力通病"，龙胜各族自治县地处大山，交通闭塞，村里人要赶集市，大多时候需要步行 16 里路，亟须社会各界广泛参与到精准文化帮扶战略中。

桂林市图书馆积极贯彻党的方针政策，结合知识资源优势和服务优势，确定以文化帮扶为导向，以满足农民实际需求为目标，以服务农村经济为工作思路，统筹并组织基层图书馆、文化站和农家书屋形成多级联动机制，开展图书馆精准文化帮扶。

6.8.2.2 案例内容

虽然龙胜各族自治县位于大山深处，但有着丰富的生态优势和产业优势。经由政府规划，目前初步形成了富硒高山蔬菜、地方特有品种养殖；东南区中草药材（罗汉果），富硒生态水果（百香果、猕猴桃）；西南区柑橘、油茶、茶叶等特色生态农业发展格局。桂林市图书馆经过实地走访，决定采取市馆、县馆、乡镇文化站和农家书屋"多级联动"发展机制，来推动图书馆精准文化帮扶由上到下全面发展。具体方案包括：①发挥图书馆资源优势，有针对性地收集整理当地土特产种植、加工的相关资料，并配送到县馆和乡镇文化站，免费提供数据库资源及数据库资源使用培训；②加强农村电商人才培养，架设经济欠发达区内外"通路"，邀请桂林电子科技大学知识专家为知识接受主体讲授"互联网＋现代农业"来推动农村电商的可持续发展；③探索多维发展，图书馆领导在精准文化帮扶动员大会上明确要求馆员要顾大局、识大体，聚焦精准文化帮扶战略，鼓励馆员开展现场创业就业服务指导，鼓励馆员与知识专家对知识接受主

体"手把手"传授技能,鼓励馆员将产品特色与电商和知识接受主体相结合来探索帮扶路径,鼓励馆员结合区域特色农产品进行有效宣传,并要求馆员善于总结帮扶经验。三门镇村民王某胜,缺少文化知识,更不懂电商经营,通过馆员细心帮助,利用所学,改良传统农产品包装、自拍特色农产品短视频、在淘宝和抖音等多平台发布作品、借助"春雨工程"打入电商成果展,还邀请城区小学生及家长进行体验性采摘等,不仅自己接受知识、发展经济,还带动了周边村民共同致富。

6.8.2.3 案例评析

由省级图书馆牵头,由省级图书馆、市县馆、乡镇图书馆及文化站和农家书屋,多级联动的帮扶机制是图书馆精准文化帮扶的集群优势,这种机制突出强调部署、指导和培训,尤其能够组织并带动各级图书馆馆员齐心协力,以上率下,值得提出的是,馆领导能够看到馆员帮扶经验(隐性知识)的重要性,对馆员与知识接受主体的帮扶工作做了明确部署,取得许多值得赞许的好成绩。需要思考的是,馆员在帮扶进程中获得的许多宝贵经验,应当如何再次发挥作用呢?在多级联动机制下,应当怎样传导?这些问题正是图书馆精准文化帮扶的薄弱环节,具有共性,而且会影响图书馆精准文化帮扶效率,由此,我们有必要从知识转移视角对其作出评析。

最佳经验复制系统是典型的知识转移过程,源于福特汽车总装部门,这种知识管理工具对大型跨国公司精准细化和快速发展起到了至关重要的作用。福特总装部门在其统辖的37家工厂各设置一个"焦点"人物(一般为生产工程师)完成如下任务:①每周收集本工厂内部的最佳经验并传递到内部系统;②"焦点"人物每天要浏览内部系统的"最佳经验",并逐一做出反映,标注出本工厂的完成情况,如"已采用、以前用过、不适合或调查中"等;③总结采用"最佳经验"的实际情况,保证"最佳经验"中的隐性知识得到很好的总结和挖掘,并将其显性化为公司的集体知识;④内部系统定期公布提供、采用"最佳经验"情况,用以考核和激励子工厂。

如果我们将省级图书馆、市馆、乡镇图书馆看作是跨国公司关系,图书馆精准文化帮扶具有典型的知识转移特征。

一是图书馆精准文化帮扶含有多重知识转移，案例中，知识专家是知识传播者，知识接受主体是知识接受者，馆员所起的作用是"调节效应"（提供什么样的环境、添加怎样的因素、如何协助知识专家促进知识接受主体有效接受知识等），而当馆员进行有效精准文化帮扶方法传播时，馆员成为知识传播者，而知识接受者可以是其他馆员或者馆领导，所以，知识传播者和知识接受者非常明确。

二是参与精准文化帮扶的图书馆及每个馆员都可以成为知识转移的传播者，同时也可以成为"潜在"的知识接受者，关键在于帮扶"最佳经验"的适用性。

三是精准文化帮扶中的知识转移是在受控环境下进行的，图书馆要善于采用"最佳经验"并总结出经验效果，供区域图书馆内部乃至图书馆行业在第一时间采用。

四是精准文化帮扶中的知识转移是双向的。每个馆员都是知识的传播者，经由相关负责人的快速反应并在内部系统发布，再由受传者的总结、评价及进一步的创新考核，自然会促进图书馆精准文化帮扶的发展并开展更为深入的探索。

事实上，图书馆在精准文化帮扶实践中一定会形成诸多"最佳经验"，也一定会有诸多适合的"最佳经验复制"等待复制传播，一个恰当的好办法就可能化解精准文化帮扶中的难题，经过复制交流就可能变成集群后续发展的知识财富，能够建立起快速的收集机制、应用机制、评价机制及循环机制，这是图书馆探索精准文化帮扶有效发展的一种明智选择。理想状态就是：专人、定时、检验和推广，形成有效的"叠加演进"知识转移机制，促进图书馆精准文化帮扶深化发展。所以，图书馆应该通过"体制"来促进"机制"，在由上向下部署方案时，着重考虑基层单位间、基层馆员间的知识转移机制，通过有效的隐性知识"交互关系"，达到知识转移的协同创新。

该案例重点采用了前文分析的图书馆精准文化帮扶中的知识转移的定制模式，通过数据匹配和沟通交流，强化需求的交互和满足，说明知识转移不仅可以成为图书馆知识传播的"主材"，还可能成为图书馆上下级间，以及不同区域图书馆间的"良方"，这种"良方"是被实践验证过的方略，对于实现集群式、探索中的图书馆精准文化帮扶起到大幅"提速"作用，值得我们重视并予以推行。

6.8.3 共同行动，图书馆精准文化帮扶中的知识转移"隐性知识集结"场所

6.8.3.1 案例背景

重庆图书馆一直致力于文化帮扶工作，着力实施文化精准文化帮扶策略，2011年，重庆图书馆创立"重庆市公共图书馆文化共享农民工联盟"，帮助农民工立足城市，2016年，中国图书馆学会公共图书馆分会图书馆帮扶工作委员会挂靠重庆图书馆，此后，重庆图书馆着力将文化帮扶工作纳入全馆发展战略重心。任竞馆长强调，重庆图书馆作为中国图书馆学会图书馆帮扶工作委员会主任单位，要组织、动员和引导全国公共图书馆及社会各界力量，开展图书馆文化帮扶和援建工作，通过"四联四帮"，挖掘区域联盟资源优势和潜力，以助力政府攻坚、助力区域经济发展、助力文化发展，逐步实现公共文化服务普遍均等，进而改变城乡之间文化资源不平衡的现状，保障人民群众的基本文化权益。

6.8.3.2 案例内容

重庆图书馆依托中国图书馆学会图书馆帮扶工作委员会主任单位，积极倡导多元主体参与的文化精准文化帮扶大格局，将公益性阅读推广组织、社会团体、民营企业单位、媒体机构、学者、大学生、文化志愿者等聚集在一起，从原本不相联结的组织走出来，共同谋划精准文化帮扶发展。一是重庆图书馆加强人才培养，定期举办重庆市公共图书馆文化骨干定点培训、从业人员培训、行业技能大赛、文化帮扶大讲堂等。二是加强馆际帮扶协作，组织各成员单位形成精准文化帮扶区域联盟，跨区域到云南省曲靖市公共图书馆开展业务技能培训；跨区域与首都图书馆联合开展"精准文化帮扶，志愿者在行动"活动；集结精准文化帮扶人员奔赴云阳县图书馆，开展多媒体科普体验进校园活动、开展志愿下沉帮扶第一线与反馈交流活动、开展农家书屋建设与阅读推广培训活动等。三是重庆图书馆与重庆有线合作，推广入户服务，在重庆电视台"导视频道""科教频道"开辟专栏，播放重庆图书馆自建的地方特色资源，依托双向数字电

视方式实现公共数字文化进村、入户、入手和入脑,累计覆盖重庆市650万用户群体。重庆市人民政府在2021年2月10日发布的《关于印发重庆市国民经济和社会发展第十四个五年规划和二〇三五年远景目标纲要的通知》中,在公共文化服务重大项目专栏中提出要将重庆图书馆分馆作为重大文化设施建设项目。

6.8.3.3 案例评析

知识转移动机和知识传播方的联结强度对知识转移起到正向作用。本案例特别重视知识传播能力建设。

一是加强员工培训,实现组织知识向个体的转移,图书馆构造出一种支持和信任的群体环境,进行经验传导和交流,对图书馆精准文化帮扶这一现实问题进行坦率的讨论,发展一种分享式的做事方式、一套共同的惯例和一个认同的愿景,知识从隐性知识到显性知识,从组织知识到个人知识,馆员通过有意义的"培训"来触发精准文化帮扶的兴趣点和创新动机,馆员不仅仅是为了培训,而是在一个共同学习的公共空间,获得自己单独所无法取得的价值,从而营造出馆员相互间的"交流、学习、分享、认同"的有机循环,促使显性知识和隐性知识相互转化,打造组织的创新力和创造力。

二是馆际合作,提升图书馆知识传播能力,拓展知识传导链,合作图书馆将志愿者作为"连接点",其目的是把不同地域、不同学科背景、不同知识层次以及不同经历经验的志愿者集聚在一起,出于共同的价值观和组织文化,形成"众创空间",开展双向或者多元的交流、合作与相互帮助,由于志愿者的知识背景各不相同,有助于从不同角度开展评价,有助于从精准文化帮扶的不同层面产生创意,更有助于在现有知识的基础上通过增加知识来提高精准文化帮扶中的知识转移效率和创新能力。

三是图书馆与不同组织部门的合作进行知识创新催化循环,通过合作与创新形成新的服务项目和服务机制,确定适宜精准文化帮扶发展所需要的知识和技术,对知识接受主体发展和精准文化帮扶机制产生实效,政府依据精准文化帮扶实效,通过相关政策研究知识催化循环,制定出适宜图书馆精准文化帮扶发展的政策,知识接受主体作为知识的接受者,通过知识应用和知识发展,提升知识能力,也正是政府出台精准文化帮扶利好政策的出发点。值得提出的是，图书馆通过扩大知识合作和知识扩散，能够引发政府政策知识转移，通过政策知识转移营造更好的知识转移情境，从而促进图书馆更多的知识合作、知识发展和知识创新。从现实层面，利用优势互补和外部积极因素，协同发展，将知识作为反应"酶"，利用知识在不同组织和部门发酵，知识发酵的过程，是知识发展和知识创新的过程，其实质也是知识转移的过程。

共同行动、相互协调、创新发展是精准文化帮扶的本质要求。重庆图书馆构建"立体交互式"的知识转移网络，促进图书馆内部、馆际之间以及图书馆与其他组织部门的资源共享和能力整合，提升隐性知识的交换与吸收，创建合作伙伴间良好的观点交换平台和环境氛围，鼓励共同解决帮扶中的难题，通过共同的价值观，拉近彼此距离，深化彼此的信任关系和发展关系，为知识转移创造更为理想的条件。

该案例重点采用了前文分析的图书馆精准文化帮扶中的知识转移的综合模式，强调图书馆能力和应用的同时，进行了精准文化帮扶嵌入和多维实践，说明通过共同价值观，采取共同行动，是图书馆精准文化帮扶的发展方向，各级、各类图书馆要避免"单打式"和"碎片化"的精准文化帮扶，应从知识转移理论出发，在图书馆内部形成"兴趣小组"，在馆际间形成"众创空间"，在图书馆与外部组织间形成"发展共同体"，注重知识交互创新，重视挖掘图书馆知识"潜能"，强化知识放大效应，着力破解精准文化帮扶难题，从知识交流频度、知识丰富程度、知识质量、知识结构、知识信任上聚力和借力，提升图书馆知识势能和传播能力，实现图书馆精准文化帮扶。

6.8.4　重叠知识，图书馆与农业科技服务机构精准文化帮扶中的知识转移过程与方式的比较（以甘肃省图书馆、福建省农业科学院为例）

6.8.4.1　案例背景

图书馆与农业科技服务机构都可以构成精准文化帮扶中的知识转移的知识源，两者在精准文化帮扶的实质、程序及知识转移的宗旨上基本相同，而且在知识服务类型上也有类似之处。在此前提下，我们有必要借助案例，结合不同知识服务机构精准文化帮扶中的实际情况，来说明图书馆与农业科技服务机构精准文化帮扶中的知识转移的不同和优势，以便图书馆在精准文化帮扶进程中能够有计划、有步骤、有策略地实施知识转移。

6.8.4.2 案例内容

案例 A：地处中国西北部的甘肃省，是经济发展任务最为艰巨的省份之一，甘肃省图书馆将精准文化帮扶作为重要工作任务，在精准文化帮扶中付出了巨大的努力，取得了较大的成绩，这些都与其有效的知识转移策略密切相关。例如，甘肃省图书馆深入宕昌县车拉乡阳坡村实地调研，精准识别知识接受主体的知识需求，探索发展优质林果、高原夏菜、中药材等优势特色产业，与甘肃省农业科学院联合采取精准措施，对知识接受主体和村民进行柴胡种植培训，并聘请农业科技知识专家为知识接受主体开展现场指导、问题咨询、农业技能知识讲座等多项举措；甘肃省图书馆联合社会组织、企业和省内区域图书馆开展联合帮扶，为经济欠发达村争取到中国社会福利基金会暖流计划公益基金项目；联结宕昌县图书馆、成县图书馆、岷县图书馆、陇西县图书馆和定西市图书馆 5 所图书馆分馆来强化农家书屋建设和聚焦知识接受主体知识需求，提升知识接受主体知识技能。据甘肃省图书馆统计，"十三五"期间累计带动 145 户 700 余位知识接受主体实现稳定知识帮扶，有序有力推进经济发展。

案例 B：福建省农业科学院是较为典型的精准文化帮扶知识服务机构，早在 2016 年，科技部等 7 个部门联合印发了《科技帮扶行动方案》，福建省农业科学院积极响应，并成为全国最早开展系统农业科技帮扶的省级科研机构之一。福建省农业科学院利用技术和人才优势积极开展知识专家服务，仅 2016 年，该院就累计为帮扶县解决了 357 个主要技术难题，凭借解决灭杀"莲田福寿螺幼螺和卵"这一难题，实现了每亩经济增收 400 多元；福建省农业科学院积极进行科技示范基地建设，实施蔬菜种植示范项目，向农民科技示范户和知识接受主体推广农业先进生产技术成果，大力培养农民技术员并使 30 多户知识接受主体发展；在派驻科技特派员方面，自 2013 年以来，共向经济欠发达地区派驻科技人员 3439 人，开展院村、院所科技共建。

6.8.4.3 案例评析

知识转移原理分析（详见 4.3.2 节重叠知识与组织内的知识转移效率）

来自重叠知识的两个主要影响：其一，重叠知识能够促使主体系统地识别有价值的知识和技能，在主体的社会关系和社会实践中，通常会以重叠知识作为基础，或作为评估"标准"进行知识搜索、筛选和转移。尤其对于一些用过的或者熟悉的知识，有重叠知识作为基础，就容易形成心理层面的认同，也就更容易形成知识转移。其二，重叠知识对主体学习能力提升具有推动作用，由于重叠知识是主体积存的知识，也是主体信任的知识，建立在重叠知识基础上的知识也是建立在认同和信任基础上的知识，特别是在复杂情况下，重叠知识促进知识流动和扩散的能力更加明显。所以，知识的重叠度是影响主体知识转移效率与学习能力的关键变量。

案例A中，甘肃省图书馆实现了积极主动精准文化帮扶和带动区域图书馆以及跨部门联合精准文化帮扶，成功地将来自不同群体、行业和职能的人员集聚在一起，通过较多重叠的知识背景凝聚交流、沟通和探讨精准文化帮扶问题的基础，提升了问题探讨能力和知识源群体层面的知识转移效率，使具有共同"愿景"和问题的人为摆脱等级和职能障碍而凝聚到一起，成为图书馆精准文化帮扶的重要支撑，结果，不但甘肃省图书馆在精准文化帮扶进程中想出许多好方法，还将相关知识经验在图书馆领域进行"转移"推广，进一步凸显了图书馆在精准文化帮扶发展中的能力和优势。

案例B中，在福建省农业科学院的精准文化帮扶进程中，由于农科院的实践特性，需要与村民和知识接受主体建立长期的"合作发展关系"，这种合作与发展就是建立在双方"天然的"农业技术重叠知识基础之上的关系，而且，随着时间的推移，重叠知识不断强化，一方面农科院与时俱进，针对不同的农业问题，不断地加强研究；另一方面，知识接受主体也由于重叠知识的不断积累，而更加信任和认同农科院的知识，并且农科院与村民和知识接受主体都在不断地增加知识，使重叠知识保持在一个较为"理想"的正相关范围，确保知识转移得以较好地实施。

通过上述知识转移原理和案例对比分析，可以看到，虽然图书馆注重精准文化帮扶，但多将注意力集中于知识源群体的重叠知识层面上，其好处是凝聚共识、创新精准文化帮扶思路，不足之处则在于：图书馆没能与知识接受主体建立"更多的"重叠知识关系，缺失"知识基"（knowledge base），会严重影响图书馆与知识接受主体形成共识和认同，不利于知识接受主体知识吸收和提升知识转移效率。而福建省农业科学院经过多年的努力与知识接受主体有一定的重叠知识基础，提升了知识转移效率，由于农科院与知识接受主体共同面对困难和充分知识融合，注重通过与知识接受主体解决难题而分享喜悦与培育和谐氛围，从而增强了知识接受主体知识吸收意愿，消减了知识转移中的不确定性，对知识接受主体有效吸收知识有很大帮助。另外，由于福建省农业科学院的知识专家与知识接受主体经年累月的合作互动、沟通强度、交流经验、相互信任等情境因素作用，知识接受主体更愿意接受知识专家提供的知识。但其不足之处在于：福建省农业科学院代表着部门对区域农业知识服务过程的深化，交流对象和知识来源渠道相对单一，而且农业科学院受专业限制，不可能对知识接受主体所需的知识进行全面供给，也不可能因为某个知识接受主体知识需求而转换研究领域和专业方向，而图书馆的背后是人类知识集合，更具相对优势。

图书馆精准文化帮扶需要注意以下几个方面。

一是继续巩固原有优势，持续将重叠知识重心向知识接受主体转移。利用精准文化帮扶的知识关系和经济关系与知识接受主体打造知识发展环境，深化理解知识建构、学习共同体与重叠知识的内涵，从培养重叠知识和扩展知识基入手，探索知识接受主体知识基与乡村精英知识基的不同，通过知识基构建来促进知识接受主体内生动力的生成。

二是善于运用重叠知识建立连锁反应，加强关系，形成信任。在这方面，福建省农业科学院是图书馆学习的榜样，图书馆应当结合知识接受主体的发展瓶颈，将知识接受主体的难题转化为知识接受主体与图书馆的共同问题，将知识接受主体的成就转化为知识接受主体与图书馆的共同喜悦，从而缩小文化距离、知识距离和空间距离，增强图书馆与知识接受主体之间的"关联"。

三是注重控制重叠知识的有效"增补"。重叠知识能够有效改善知识黏性问题，但是，如果图书馆在起初重叠知识建立得很好，而后期不注重自我的知识吸收和知识组织，与知识接受主体的重叠知识相近，就不会再引起知识接受主体的兴趣和学习的激情，容易导致知识转移失败，这就要求图书馆不能自满,要针对知识接受主体的重叠知识不断学习和创新发展。

四是借助福建省农业科学院,深化并拓展知识转移渠道。图书馆要扩大社会的联结范围,突破图书馆领域,与农业科学院等社会组织联结,借助"非正式联结关系"来突破问题限制,实现知识转移。

五是注重发挥图书馆学理论层面的优势。图书馆除了将精准文化帮扶中的知识转移作为一项实效工作,还会洞悉其背后的原理依据,对知识转移的整个流程加以研究,将好做法通过图书馆智库等渠道推荐给政府部门,并参与政府部门的相关规划工作,实现多层面知识转移。

甘肃省图书馆的不足应当成为各类图书馆普遍反思的内容,而甘肃省图书馆的优势可能也是许多图书馆要学习的重点。事实上,在知识服务领域,图书馆有着丰富的经验、知识传播能力更强、知识转移和扩散的范围更大,而且转移的知识能够得到很好的整理、组织、保存和查询,这也是一般社会组织所不具备的。

该案例重点采用了前文分析的图书馆精准文化帮扶中的知识转移的专业模式,通过馆员的语言沟通和图书馆知识来发展"知识基",有效处理知识需求和知识融合之间的关系,即知识转移的重叠知识理念。重叠知识理念对于精准文化帮扶中的知识转移至关重要。图书馆要持续深化知识转移机理,在原有"知识量"优势的基础上,重新认识并深化图书馆与知识接受主体重叠知识构建的思想和培育理念,善于借助重叠知识加强关系和信任、善于借助重叠知识来培育"知识基"、善于通过福建省农业科学院等社会组织对重叠知识的运用来查找图书馆自身的不足、善于借助社会组织优势来促进图书馆自身发展,以及善于总结和丰富图书馆精准文化帮扶中的知识转移理论,这些内容对于图书馆精准文化帮扶至关重要。对于精准文化帮扶中的知识转移,图书馆与农业科技服务机构有诸多不同,这些不同不代表谁强谁弱,更意味着二者深度融合和优势互补的可能。由此,注重传承、发扬、巩固图书馆优势是图书馆精准文化帮扶中的知识转移的必然选择,注重多组织联结、多维度联合更是图书馆精准文化帮扶中的知识转移攻克障碍的有效策略。

参考文献

中文文献

[1] 习近平. 携手消除贫困　促进共同发展 [N]. 人民日报, 2015-10-17.

[2] 刘敏俊. 媒体助推精准扶贫的路径创新 [J]. 新闻战线, 2017（6）: 17-18.

[3] 胡鞍钢, 李春波. 新世纪的新贫困: 知识贫困 [J]. 中国社会科学, 2001（3）: 70-81.

[4] 邓文红. 论图书馆的知识转移 [J]. 图书馆, 2005（4）: 85-87.

[5] 李东林. 图书馆隐性知识管理的策略研究 [J]. 情报杂志, 2007（6）: 57-60.

[6] 王丽平, 李艳. 嵌入式知识服务下图书馆知识转移动态演化研究 [J]. 图书情报工作, 2017（22）: 89-97.

[7] 鞠晓伟, 张晓芝. 组织间知识转移治理模型构建分析: 基于传播能力与吸收能力角色 [J]. 情报理论与实践, 2018（9）: 83-89.

[8] 谭大鹏, 霍国庆, 王能元. 知识转移及其相关概念辨析 [J]. 图书情报工作, 2005（2）: 7-10.

[9] 刘春梅. 图书馆员是高校图书馆知识转移的决定性因素 [J]. 情报杂志, 2011（S2）: 168-169.

[10] 郭春侠, 储节旺. 图书馆的核心价值是知识转移 [J]. 情报资料工作, 2008（2）: 28-30.

[11] 李景峰, 毋江波. 基于馆员认可度的图书馆知识转移影响要素研究 [J]. 图书情报工作, 2015（16）: 18-24.

[12] 项杨雪. 基于知识三角的高校协同创新过程机理研究 [D/OL]. 杭州：浙江大学, 2013 [2023-4-23]. https://kns.cnki.net/kcms2/article/abstract.

[13] 魏江, 王铜安. 个体、群组、组织间知识转移影响因素的实证研究 [J]. 科学学研究, 2006（1）：91-97.

[14] 刘志国, 许静, 杨双琪, 等. 隐性知识、知识情境与图书馆空间建设 [J]. 现代情报, 2016（1）：15-19.

[15] 王培林. 创客空间理念对公共图书馆隐性知识转移的启示 [J]. 图书馆, 2017（2）：33-38.

[16] 布迪厄, 华康德. 实践与反思——反思社会学导引 [M]. 李猛译. 北京：中央编译出版社, 1998.

[17] 王子舟. 知识贫困及其对弱势群体的影响 [J]. 图书馆, 2006（4）：10-16.

[18] 黄国庆. 国外"水库型"区域反贫困经验对三峡库区扶贫的启示——以美国田纳西河流域为例 [J]. 学术论坛, 2011（3）：125-128.

[19] 严贝妮, 吴庆梅, 李晓旭. 中外图书馆文化扶贫研究视域解析 [J]. 图书馆, 2019（3）：7-13.

[20] 龚菲, 王尧. 精准扶贫背景下地方高校图书馆文化扶贫研究——以吉首大学图书馆为例 [J]. 情报探索, 2016（5）：39-41.

[21] 周晓燕, 向楚华. 非洲图书馆文化扶贫策略研究 [J]. 图书馆理论与实践, 2021（1）：107-113.

[22] 边晓红, 段小虎. "文化扶贫"与农村居民文化"自组织"能力建设 [J]. 图书馆论坛, 2016（2）：1-6.

[23] 陆红如, 陈雅. 公共图书馆实施文化精准扶贫的策略研究 [J]. 图书馆, 2017（10）：18-23.

[24] 向宏华. "互联网+"视角下图书馆文化精准扶贫策略研究 [J]. 图书馆工作与研究, 2020（5）：23-29.

[25] E.M.罗杰斯. 创新的扩散 [M]. 唐兴通, 郑常青, 张延臣, 译. 北京：电子工业出版社, 2016.

[26] 饶勇, 徐圆, 骆泽铭. 旅游扶贫开发模式、关系性嵌入与知识转移关系 [J]. 广西民族大学学报（哲学社会科学版）, 2015（6）：128-133.

[27] 王浩林, 程皎皎. 人口 "空心化" 与农村养老服务多元供给困境研究 [J]. 河海大学学报（哲学社会科学版）, 2018（1）: 17-24.

[28] 聂闯. 世界农业推广体系现状 [J]. 世界农业, 2000（1）: 50-51.

[29] 饶权, 杰拉德·莱特纳, 孙坦, 等. 图书馆的社会作用: 提升信息服务 助力脱贫致富——脱贫攻坚与图书馆作为专家笔谈 [J]. 图书馆杂志, 2020（4）: 4-20.

[30] 唐炎华, 石金涛. 国外知识转移研究综述 [J]. 情报科学, 2006（1）: 153-160.

[31] 王开明, 万君康. 论知识的转移与扩散 [J]. 外国经济与管理, 2000（10）: 2-7.

[32] 汪三贵, 郭子豪. 论中国的精准扶贫 [J]. 贵州社会科学, 2015（5）: 147-150.

[33] 吴晓波, 郭雯, 刘清华. 知识管理模型研究述评 [J]. 研究与发展管理, 2002（6）: 52-58.

[34] 王立生. 社会资本、吸收能力对知识获取和创新绩效的影响研究 [D/OL]. 杭州: 浙江大学, 2007[2020-5-8]. https://bar.cnki.net/bar/download/RealName.

[35] 周九常, 等. 图书馆知识转移与共享 [M]. 北京: 知识产权出版社, 2010.

[36] 穆颖丽. 图书馆协同知识转移的情境因素分析及优化策略 [J]. 图书馆建设, 2013（8）: 57-60.

[37] 周琳洁. 基于博客的图书馆隐性知识转移模式分析 [J]. 图书馆学研究, 2011（17）: 48-51.

[38] 吴建中. 再议图书馆发展的十个热门话题 [J]. 中国图书馆学报, 2017（4）: 4-17.

[39] 魏东原, 祝林, 陈嘉琪. 专业图书馆为实体经济服务的思索与实践 [J]. 图书情报工作, 2019（1）: 111-117.

[40] 于良芝. 图书馆学导论 [M]. 北京: 科学出版社, 2003.

[41] 赵志裕, 温静, 谭俭邦. 社会认同的基本心理历程——香港回归中国的研究范例 [J]. 社会学研究, 2005（5）: 202-227.

[42] 高宣扬. 当代社会理论（下）[M]. 北京：中国人民大学出版社, 2009.

[43] 宓浩. 知识、知识材料和知识交流——图书馆情报学引论（纲要）之一[J]. 图书馆学研究, 1983（6）：28-35.

[44] 胡昌平, 胡潜, 邓胜利. 信息服务与用户[M]. 武汉：武汉大学出版社, 2020.

[45] 周文, 李晓红. 社会资本与消除农村贫困：一个关系—认知分析框架[J]. 经济学动态, 2008（6）：67-70.

[46] 梁捷. 贫困的知识和想要改变世界的发展经济学家[N]. 文汇报, 2019-10-18.

[47] 奚丽萍. 教育同质化现象论[J]. 教育研究与实验, 2009（5）：20-23.

[48] 冯柱. 知识结构与综合能力形成的研究[D/OL]. 吉林：东北师范大学, 2007[2023-8-4]. https://bar.cnki.net/bar/download/order.

[49] 黄荣怀, 郑兰琴. 一种关于"个人发展"的隐性知识结构[J]. 开放教育研究, 2005（2）：26-30.

[50] 丁栋虹. 从人力资本到异质型人力资本与同质型人力资本[J]. 理论前沿, 2001（5）：12-14.

[51] 侯雪婷, 杨志萍, 陆颖. 省级公共图书馆文化精准扶贫现状及问题研究[J]. 图书馆, 2017（10）：24-29.

[52] 贺颖, 孟鹏, 宋文胜. 情报用户知识结构的认知视角分析——布鲁克斯方程式的进一步探讨[J]. 情报杂志, 2003（7）：6-8.

[53] 石辰威, 刘奋荣. 知识封闭原则与怀疑论[J]. 哲学动态, 2013（8）：91-98.

[54] 陈冰冰. 国外需求分析研究述评[J]. 外语教学与研究, 2009（2）：125-130.

[55] 王健, 周国民, 王剑, 等. 认知导向信息需求研究综述[J]. 图书情报工作, 2013（10）：136-141.

[56] 丹尼尔·卡尼曼, 保罗·斯洛维奇, 阿莫斯·特沃斯基. 不确定状况下的判断：启发式和偏差[M]. 方文, 吴新利, 等, 译. 北京：中国人

民大学出版社，2013.

[57] 杨金花.情境在读者需求判断中的应用探析[J].编辑之友，2019（8）：16-19.

[58] 蒋永福.知识秩序·知识共享·知识自由——关于图书馆精神的制度维度思考[J].中国图书馆学报，2004（4）：10-13.

[59] 格尔兹.地方性知识——阐释人类学论文集[M].王海龙，张家瑄译.北京：中央编译出版社，2000.

[60] 布朗.社会人类学方法[M].夏建中，译.北京：华夏出版社，2002.

[61] 方清云.贫困文化理论对文化扶贫的启示及对策建议[J].广西民族研究，2012（4）：158-162.

[62] 周怡.贫困研究：结构解释与文化解释的对垒[J].社会学研究，2002（3）：49-63.

[63] 陈向明.质的研究方法与社会科学研究（第一版）[M].北京：教育科学出版社，2000.

[64] 陶颖，邹纯龙，周莉.基于扎根理论的农民工信息寻求影响因素研究[J].图书情报工作，2016（17）：110-115.

[65] 孙晓娥.扎根理论在深度访谈研究中的实例探析[J].西安交通大学学报（社会科学版），2011（6）：87-92.

[66] 朱丽叶·M.科宾，安塞尔姆·L.施特劳斯.质性研究的基础形成扎根理论的程序与方法[M].朱光明，译.重庆：重庆大学出版社，2015.

[67] 肖鸿.试析当代社会网研究的若干进展[J].社会学研究，1999（3）：1-11.

[68] 查尔斯·扎斯特罗，卡伦.人类行为与社会环境[M].师海玲，孙岳，译.北京：中国人民大学出版社.

[69] 周密，赵文红，姚小涛.社会关系视角下的知识转移理论研究评述及展望[J].科研管理，2007（3）：78-85.

[70] 吴理财.论贫困文化（上）[J].社会，2001（8）：17-20.

[71] 张首魁，党兴华.关系结构、关系质量对合作创新企业间知识转移的影响研究[J].研究与发展管理，2009（3）：1-7.

[72] 王兆祥.知识转移过程的层次模型[J].中国管理科学，2006（3）：122-127.

[73] 王尧.基于精准扶贫视角的图书馆文化扶贫精准识别研究[J].图书馆工作与研究,2016(5):38-42.

[74] 刁丽琳,朱桂龙.产学研联盟契约和信任对知识转移的影响研究[J].科学学研究,2015(5):723-733.

[75] 段小虎,张惠君,万行明.政府购买公共文化服务制度安排与项目制"文化扶贫"研究[J].图书馆论坛,2016(4):5-12.

[76] 任竞.发挥区域联盟优势,助推文化精准扶贫[N].新华书目报,2020-7-10.

[77] 李培哲,菅利荣,刘勇.知识转移视角下复杂产品产学研协同创新管理机制研究[J].科技管理研究,2019(2):203-208.

[78] 周城雄.隐性知识与显性知识的概念辨析[J].情报理论与实践,2004(2):127-129.

[79] 戴龙基,张红扬.图书馆联盟——实现资源共享和互利互惠的组织形式[J].大学图书馆学报,2000(3):36-39.

[80] 王宁宁.欧美图书馆联盟参与OA出版的模式及其对我国的启示[J].图书馆建设,2018(3):22-28.

[81] 张俊,赵乃瑄.跨系统区域图书馆联盟的集群化模型研究[J].图书馆学研究,2017(1):76-81.

[82] 陈菲琼.我国企业与跨国公司知识联盟的知识转移层次研究[J].科研管理,2001(2):66-73.

[83] 赵炎,杨笑然,王玉仙,等.善事先利器:团队知识共享与新产品开发绩效[J].科学学研究,2021(11):2035-2043.

[84] 胡望斌,张玉利,杨俊.同质性还是异质性:创业导向对技术创业团队与新企业绩效关系的调节作用研究[J].管理世界,2014(6):92-109.

[85] 李琰,杨勇,钟念,等.基于知识传播的集群聚集能力系统动力学研究[J].系统管理学报,2011(1):94-97.

[86] 陈怀超,范建红,牛冲槐.制度距离对中国跨国公司知识转移效果的影响研究——国际经验和社会资本的调节效应[J].科学学研究,2014(4):593-603.

[87] 吴晓云，陈怀超. 制度距离在国际商务中的应用：研究脉络梳理与未来展望 [J]. 管理评论，2013（4）：12-22.

[88] 谈国新，文立杰，张杰，等. 文化精准扶贫的对象识别与路径选择——从"文化贫困"的逻辑前提出发 [J]. 图书馆，2019（3）：1-6.

[89] 侯军岐，员晓哲. 新阶段我国贫困与反贫困策略 [J]. 西北农林科技大学学报（社会科学版），2006（5）：10-13.

[90] 周学馨. 农村人力资源能力建设的战略分析 [J]. 人口与经济，2005（5）：39-42.

[91] 宁烨，樊治平. 知识能力的内涵与特征研究 [J]. 科学学与科学技术管理，2008（5）：80-85.

[92] 宁烨，樊治平. 知识能力：演化过程和提升路径研究 [M]. 北京：经济科学出版社，2007.

[93] 杜静，魏江. 知识存量的增长机理分析 [J]. 科学学与科学技术管理，2004（1）：24-27.

[94] 黄小莲. 整合"缄默教育知识"重构"教育教学图式"——兼谈对教育教学理论进行"有效教学"的途径 [J]. 高等师范教育研究，2003（1）：42-48.

[95] 张二虎. 论陈述性知识与程序性知识的关系 [J]. 太原师范学院学报（社会科学版），2005（1）：128-129.

[96] 王虹. 农村阅读困难群体的最小努力原则需求探究 [J]. 图书馆论坛，2015（2）：31-37.

[97] 王虹，岳景艳，杨红岩，等. 农村居民阅读的知与行——嫩江流域少数民族地区阅读情况调查 [J]. 中国图书馆学报，2015（5）：47-62.

[98] 韩国元. 高校科研团队知识共享研究 [D/OL]. 哈尔滨：哈尔滨工程大学，2012[2023-6-6]. https://kns.cnki.net/kcms2/article/abstract?v=.

[99] 中华人民共和国公共文化服务保障 [EB/OL].[2017-03-01]. http://www.maxlaw.cn/n/20200528/980072186465.shtml.

[100] 国家统计局：2018 年全国农村贫困监测调告 [EB/OL]. [2019-02-18]. http://news.wugu.com.cn/article/1500625.html.

[101] 周九常，莫祖英. 制度安排对图书馆知识转移与共享的推进 [J].

图书馆理论与实践, 2009（4）: 1-5.

[102] 盛小平. 构建以知识为中心的图书馆学学科体系 [J]. 图书馆杂志, 2006（3）: 3-7.

[103] 陈媛媛, 李刚, 关琳. 中外智库影响力评价研究述评 [J]. 新疆师范大学学报（哲学社会科学版）, 2015（4）: 35-45.

[104] 聂华林, 李莹华. 论甘肃省西向发展战略 [J]. 兰州商学院学报, 2005（4）: 36-40.

[105] 兰宏. 全球价值链下的学习障碍和低端锁定研究 [D/OL]. 武汉: 华中科技大学, 2013[2023-5-5].https://kns.cnki.net/kns8/AdvSearch.

[106] 刘人怀, 姚作为. 关系质量研究述评 [J]. 外国经济与管理, 2005（1）: 27-33.

[107] 胡荣. 社会经济地位与网络资源 [J]. 社会学研究, 2003（5）: 58-69.

[108] 程厚思, 邱文达, 赵德文. 边缘与"孤岛"——关于云南少数民族地区贫困成因的一种解释 [J]. 中国农村观察, 1999（6）: 45-51.

[109] 文军. 从生存理性到社会理性选择: 当代中国农民外出就业动因的社会学分析 [J]. 社会学研究, 2001（6）: 19-31.

[110] 于玲玲, 赵西萍, 周密, 等. 知识转移中知识特性与联系强度的联合调节效应研究——基于成本视角的分析 [J]. 科学学与科学技术管理, 2012（10）: 49-57.

[111] 林南, 俞弘强. 社会网络与地位获得 [J]. 马克思主义与现实, 2003（2）: 46-59.

[112] 王春光, 刘雨龙. 中国现代化进程中基层社会联系的嬗变、断裂与建构——对沿海某发达县级市的社会学观察与分析 [J]. 河北学刊, 2016（1）: 150-158.

[113] 苟天来, 左停. 农村社会关系研究述评 [J]. 安徽师范大学学报（人文社会科学版）, 2007（4）: 405-410.

[114] 姚小涛, 张田, 席酉民. 强关系与弱关系: 企业成长的社会关系依赖研究 [J]. 管理科学学报, 2008（1）: 143-152.

[115] 王月华. 企业社会网络与中小企业成长的关系研究 [D/OL]. 杭州:

浙江工业大学，2009[2023-5-5]. https://kns.cnki.net/kcms2/article/abstract.

[116] 吴玉，刘苏宁，王玉香. 基于地方民营企业情报需求的高校图书馆智库服务[J]. 情报科学，2013（2）：72-77.

[117] 苟天来，左停. 从熟人社会到弱熟人社会——来自皖西山区村落人际交往关系的社会网络分析[J]. 社会，2009（1）：142-161.

[118] 王毅，吴贵生. 产学研合作中粘滞知识的成因与转移机制研究[J]. 科研管理，2001（6）：114-121.

[119] 冯帆，廖飞. 知识的粘性、知识转移与管理对策[J]. 科学学与科学技术管理，2007（9）：89-93.

[120] 常宝，储雪林，李红艳. 试论粘滞知识及其管理对策[J]. 科学学研究，2005（2）：249-252.

[121] 成祖松. 我国区域产业转移粘性的成因分析：一个文献综述[J]. 经济问题探索，2013（3）：183-190.

[122] 李纲，巴志超. 科研团队中知识粘滞的影响因素研究[J]. 中国图书馆学报，2017（1）：89-106.

[123] 张莉. 知识粘性与技术转移绩效研究[D/OL]. 天津：天津大学，2009[2023-4-23]. https://kns.cnki.net/kcms2/article/abstract.

[124] 涂振洲，顾新. 基于知识流动的产学研协同创新过程研究[J]. 科学学研究，2013（9）：1381-1390.

[125] 汪应洛，李勖. 知识的转移特性研究[J]. 系统工程理论与实践，2002（10）：8-11.

[126] 冯帆，廖飞. 知识的属性、粘度与知识转移[J]. 科技进步与对策，2008（8）：182-185.

[127] 段文婷，江光荣. 计划行为理论述评[J]. 心理科学进展，2008（2）：315-320.

[128] 王晴，徐建华. 国内图书馆职业研究述评与未来趋向[J]. 大学图书馆学报，2019（4）：14-24.

[129] 肖鹏. 回归命运契约　优化生态系统——图书馆事业、教育与研究的协同发展之路[J]. 图书馆论坛，2020（8）：54-58.

[130] 包元杰，李超平. 公共服务动机的测量：理论结构与量表修订

[J]. 中国人力资源开发, 2016 (7): 83-91.

[131] 郁振华. 从表达问题看默会知识 [J]. 哲学研究, 2003 (5): 51-57.

[132] 汪丁丁. 知识表达、知识互补性、知识产权均衡 [J]. 经济研究, 2002 (10): 83-92.

[133] 王忠义, 夏立新, 李玉海. 基于知识内容的数字图书馆跨学科多粒度知识表示模型构建 [J]. 中国图书馆学报, 2019 (6): 50-64.

[134] 徐进. 基于知识情境的项目知识表示与推荐方法研究 [D/OL]. 成都: 西南交通大学, 2015[2023-3-8]. https://kns.cnki.net/kcms2/article/abstract.

[135] 年志刚, 梁式, 麻芳兰, 等. 知识表示方法研究与应用 [J]. 计算机应用研究, 2007 (5): 234-236.

[136] 秦长江, 侯汉清. 知识图谱——信息管理与知识管理的新领域 [J]. 大学图书馆学报, 2009 (1): 30-37.

[137] 林东清. 知识管理理论与实务 [M]. 北京: 电子工业出版社, 2005.

[138] 吕越, 尉亚宁. 破解全球价值链下"低端锁定"困局 [N]. 中国社会科学报, 2019-09-18.

[139] 诺贝尔奖得主: 贫穷的本质是信息的不对称,"穷人思维"很危险 [EB/OL]. (2020-10-23)[2022-1-18]. https://www.sohu.com/a/422001076_120865860.

[140] 张剑峰, 张艳. 新媒介发展对社会思维的影响——直播带货平台与大众思维的互动作用 [J]. 现代营销 (下旬刊), 2020 (11): 3-7.

[141] 左美云, 赵大丽, 刘雅丽. 知识转移机制的规范分析: 过程、方式和治理 [J]. 信息系统学报, 2010 (2): 22-36.

[142] 张晓林. 走向知识服务: 寻找新世纪图书情报工作的生长点 [J]. 中国图书馆学报, 2000 (5): 32-37.

[143] 王道平, 杨岑, 宁静. 知识服务网络知识转移行为演化研究 [J]. 科学学与科学技术管理, 2013 (8): 34-42.

[144] 李桂华, 张晓林, 党跃武. 知识服务之运营方式探索 [J]. 图书馆, 2001 (1): 18-22.

[145] 张晓林. 重新认识知识过程和知识服务 [J]. 图书情报工作, 2009

（1）：6-8.

[146] 李桂华，张晓林，党跃武.论知识服务的营销战略问题[J].中国图书馆学报，2001（4）：11-14.

[147] 曾咏梅，余成，郭晓彬，等.基于精准扶贫的农业高校图书馆信息服务研究——以四川农业大学图书馆为例[J].晋图学刊，2017（1）：46-48.

[148] 西蒙斯，李萍.关联主义：数字时代的一种学习理论[J].全球教育展望，2005（8）：9-13.

[149] 吴洁.产学研合作中高校知识转移的超循环模型及作用研究[J].研究与发展管理，2007（4）：119-123.

[150] 王子舟，张晓芳.乡村民间图书馆里的微课堂——"更生图书馆微课（LGS Little Free Class）"公益项目[J].图书馆杂志，2021（1）：27-30.

[151]《图书馆杂志》社.脱贫攻坚与图书馆行为——全国图书馆扶贫案例集[M].北京：国家图书馆出版社，2020.

[152] 叶澜.社会教育力：概念、现状与未来指向[J].课程·教材·教法，2016（10）：3-10.

[153] 李志昌.信息资源和注意力资源的关系——信息社会中的一个重要问题[J].中国社会科学，1998（2）：106-116.

[154] 朱晓琴.试论图书馆管理中的非正式组织[J].情报杂志，2006（6）：143-145.

[155] 沈瑶.非正式网络中隐性知识传递效果的影响机制研究[D/OL].杭州：浙江大学，2007[2023-5-10].https://kns.cnki.net/kcms2/article/abstract.

[156] 吴建中.新时代图书馆的探索与转型——以新馆建设为例[J].中国图书馆学报，2022（5）：4-12.

[157] 吴建中.国内外图书馆转型与创新动态[J].大学图书情报学刊，2018（1）：3-11.

[158] 胡汉辉，潘安成.组织知识转移与学习能力的系统研究[J].管理科学学报，2006（3）：81-87.

[159] 周晓东，项保华.企业知识内部转移：模式、影响因素与机制分析[J].南开管理评论，2003（5）：7-10.

[160] 陈传夫，吴钢.图书馆业态的变化与发展趋势[J].中国图书馆学

报，2007（3）：5-14.

[161] 吴建中. 国际图联/联合国教科文组织公共图书馆宣言2022[J]. 中国图书馆学报，2022（6）：126-128.

[162] 中华人民共和国公共文化服务保障法[EB/OL].（2016-12-25）[2023-8-8]. http://www.npc.gov.cn/npc.

英文文献

[1] ZANDER U, Kogut B. Knowledge and the speed of transfer and imitation of organizational capabilities: an empirical test[J]. Organization Science, 1995, 6（1）: 76-92.

[2] MARJOLEIN C J CANIDS, BART VERSPAGEN. Barriers to knowledge and regional convergence in an evolutionary modal[J]. Journal of Evolutionary Economies, 2001（11）: 307-329.

[3] ALADWANI A M. An integrated performance model of information systems projects[J]. Journal of Management Information Systems, 2002（1）: 185-210.

[4] DUANMU J L, FAI F M.A processual analysis of knowledge transfer: From foreign MNEs to Chinese suppliers[J]. International Business Review, 2007（4）: 449-473.

[5] SIMONIN B L.An empirical investigation of the process of knowledge transfer in International Strategic Alliances[J]. Journal of International Business Studies, 2011（5）: 407-427.

[6] VON HIPPLE E.Lead users: A source of novel product concepts[J]. Management Science, 1986（7）: 791-805.

[7] LEWIS O. Five families: mexican case studies in the culture of poverty [M]. New York: Basic Books Inc, 1959.

[8] SØRENSEN F. The geographies of social networks and innovation in tourism [J]. Tourism Geographies, 2007（1）: 22-48.

[9] HENDRIKS P.Why share knowledge the influence of ICT on the

motivation for knowledge sharing[J]. Knowledge and Process Management, 1999, 6（2）: 91–100.

[10] SZULANSKI G.The process of knowledge transfer: a diachronic analysis of stickiness[J]. Organizational Behavior and Human Decision Processes, 2000, 82（1）: 9–27.

[11] MARK. Granovetter The strength of weak ties[J]. America Journal of Sociology, 1973, 78.

[12] VON HIPPLE E. Sticky information and the locus of problem solving: implicateons for innovation[J]. Management Science, 1994（4）: 429–439.

[13] SZULANSKI. Exploring internal stickiness: impediments to the transfer of best practice within the firm[J]. Strategic Management Journal, 1996（17）: 27–43.

附 录

附录1 调查问卷

问卷编码：

课题组入户调查问卷

地点：_____省_____市（地区）_____县_____乡（镇）_____村

时间：_____年_____月_____日

访问开始时间：_____时_____分

访问结束时间：_____时_____分

尊敬的农民朋友：

您好！我们是精准文化帮扶课题组的研究人员，也是图书馆工作人员，有责任为大家服务，我们通过单位开具的介绍信和村委会联系介绍，进入本村开展问卷调查，目的是全面了解咱们村的知识服务和支撑状况，促进精准文化帮扶项目更好地发展，摆脱贫困。

本问卷为匿名方式填写，您的回答仅用于学术研究，您的个人信息不会被泄露，更不会对您及家庭产生不良影响。我们真诚希望您给予支持和配合，完成好本次问卷调查。

《精准文化帮扶中的知识转移与图书馆社会职能研究》

1. 您的文化程度：
①小学及以下；②初中；③高中；④职校、中专；⑤大专及以上

2. 您家户籍人口＿＿＿＿人；其中，60 岁以上有＿＿＿＿人，16 岁以下有＿＿＿＿人，正在上学的有＿＿＿＿人，已经工作的有＿＿＿＿人，在外务工的有＿＿＿＿人。

3. 您家建档立卡时间是＿＿＿＿年，自我发展时间是＿＿＿＿年。

4. 您家在精准文化帮扶前的年收入是＿＿＿＿元，主要收入来源是什么：＿＿＿＿

5. 您认为过去导致您家不富裕（制约发展）的主要原因是什么？

①有致富想法但缺少知识技术；②有一定知识技术，由于知识技术不足而失败；③有一定知识技术，由于自然灾害或突发事件；④家庭成员患重病或残疾；⑤家中缺乏劳动力；⑥其他：＿＿＿＿

6. 您平时最为关注的知识技能有哪些？

①种植类：＿＿＿＿；②养殖类：＿＿＿＿；③果林类：＿＿＿＿；④技能类：＿＿＿＿；⑤自主经营类：＿＿＿＿；⑥其他类：＿＿＿＿

7. 您获得知识信息的方式和渠道有哪些？

①收音机、广播；②电视；③亲戚、朋友、邻居；④图书、期刊、报纸；⑤文化站、图书室、图书馆；⑥培训；⑦其他：＿＿＿＿

8. 您的一技之长是什么：＿＿＿＿；您有进一步学习知识技术的想法吗？

①有，想改善一下生活境况；②有，但碍于不具备的条件：＿＿＿＿；③希望家庭其他成员获得知识技术；④希望通过亲戚、朋友、邻居传授；⑤没有想，大致原因：＿＿＿＿

9. 您认为您的孩子有掌握知识的必要吗？对孩子掌握的知识技能还满意吗？

①有必要；②没必要；③满意；④不满意，原因：＿＿＿＿

10. 您认为是否有知识服务和知识援助的必要？

①有必要，原因：＿＿＿＿；②没必要，原因：＿＿＿＿

11. 您认为当地的文化站、农家书屋、乡镇图书馆或公共图书馆开展的知识服务是否有用？

①很有用，尤其在着急用的时候；②能接受，而且内容丰富；③提供的内容不够丰富；④不感兴趣；⑤从没用过，不知道；⑥所需要的其他方

式：_____

12. 您认为收音机、电视机或互联网上所播放的农业技术知识是否有用？

①有用，很好用；②需要指导；③估计能用，没试过；④不敢用，担心用错；⑤没听过这类知识；⑥您感兴趣的有哪些：_____

13. 您想通过哪些方式获取知识和信息？

①收音机；②电视机；③图书馆；④互联网；⑤亲戚、朋友、邻居；⑥其他：_____

14. 您知道的精准文化帮扶措施有哪些？

①产业精准文化帮扶；②旅游精准文化帮扶；③图书馆文化精准文化帮扶；④其他精准文化帮扶：_____

15. 您认为获取知识的理想方式是什么？

①全过程指导；②首次指导，然后发放知识手册；③关键环节有人指导就行；④发放相关资料可自己看；⑤其他方式：_____

16. 您家获得的帮扶措施有哪些：_____

17. 您是否愿意参加图书馆提供的精准文化帮扶项目？

①是；②否，原因：_____

18. 您认为通过知识能改变什么：_____

①乡村经济；②文化素养；③子女教育；④自身发展；⑤其他：_____

19. 您是否满意本地的文化站或乡镇图书馆？

①是；②否，原因：_____

20. 您满意文化站或图书馆的服务方式和做法有哪些？_____

感谢您参与本次问卷调查！

附录2 深度访谈提纲（知识接受主体部分）

访谈编码：

精准文化帮扶中的知识转移研究深度访谈提纲
（知识接受主体部分）

访谈时间：_____年_____月_____日

访谈人：_____

访谈地点：_____

记录人：_____

一、被访谈者的基本信息

姓名：_____；年龄：_____；性别：_____；文化程度：_____；

民族：_____；籍贯：_____

二、家庭基本情况

1. 家庭的人口数量？分别是哪些人构成的？

2. 家庭的经济来源多少？由哪几部分构成？各收入多少？

3. 家庭以前生活状况如何？制约发展的原因是什么？

4. 现在家庭的主要开销项？分别支出多少？

三、知识需求、知识识别与精准文化帮扶中的知识转移

1. 您平时最为关注的信息和知识有哪些？

2. 您通常获取这些信息和知识的方式和渠道有哪些？

3. 您对知识态度怎样？（喜欢/不喜欢）如果再给您学习的机会，您会参与学习吗？如果这种机会给您的孩子，您愿意让他/她们去学习掌握吗？还是有更高的要求？

4. 您认为咱们村设立的读书室/文化站/图书馆有用吗？里面的图书/期刊管理怎么样？能够提供哪些服务？如果有农作物疾病或家畜疾病会查找相关书籍吗？

5. 有图书馆员来开展精准文化帮扶吗？您喜欢与他/她们沟通交流吗？

6. 图书馆馆员的服务方式有哪些？

7. 您如果有知识技术难题，通常向谁寻求帮助？

8. 图书馆馆员为咱们全程指导技术，您会信任他/她们吗？在知识方面，您最信任谁？

9. 您对知识服务方面有什么意见和建议？

10. 村干部和帮扶人员多长时间来咱家一次？您认可他/她们的工作吗？

11. 图书馆或培训班来咱们村，您喜欢学习哪方面内容？您认为他/她们怎么做会更有用？

12. 您在农闲的时候，有想去图书馆吗？

13. 您有记录知识障碍的习惯吗？您用手机或互联网查过信息吗？都有哪些方面？

14. 农业政策、经济信息，您一般是通过什么渠道掌握的？

四、其他

1. 这里的地域文化特色是什么？（启发内容：吃的方面、文化旅游方面、服饰方面、养殖方面等）

2. 您知道的知识能力不足人员中，有参与图书馆精准文化帮扶和特色产业精准帮扶的吗？

3. 您觉得理想的生活方式是怎样的？

4. 您期盼未来有怎样的变化？

附录3 深度访谈提纲（驻村帮扶工作人员和村干部部分）

访谈编码：

精准文化帮扶中的知识转移研究深度访谈提纲
（驻村帮扶工作人员和村干部部分）

访谈时间：_____年_____月_____日

访谈人：_____

访谈地点：_____

记录人：_____

一、被访谈者的基本信息

姓名：_____；年龄：_____；性别：_____；文化程度：_____；
民族：_____；职务：_____。

二、村庄状况

1. 全村人口数量：_____；户籍人口数量：_____；常住人口数量：_____；知识能力不足人口的数量：_____。

2. 外出务工人口数量：_____；返乡创业的"城归"数量_____。

3. 村庄人口的受教育情况：大专及以上_____人；职校、中专_____人；高中_____人；初中_____人；小学及以下_____人。

4. 知识能力不足人口的受教育情况：大专及以上_____人；职校、中专_____人；高中_____人；初中_____人；小学及以下_____人。

三、知识发展与村民情况

1. 村庄设有图书馆或文化站吗？规模如何？是专人管理还代管？图书、期刊、报纸的来源渠道怎样？是否能够定期更新？

2. 村民和知识能力不足人员是否认为有知识服务和知识帮助的必要？喜欢到图书馆或文化站来吗？能够提供哪类服务？

3. 村庄设有网络信息服务站吗？村民和知识能力不足人员有政策信息或经济信息需求时，如何查找？

4. 有区域外图书馆来村里开展知识服务吗？多久来一次？村民和知识能力不足人员对图书馆来村感兴趣吗？

5. 村里如何对村民开展知识培训？村民和知识能力不足人员的知识技能来源有哪些？

6. 村里的农家书屋、村镇图书馆或公共图书馆开展的知识服务能否接受？每年有培训计划吗？

7. 村里有哪些特色产业帮扶项目和特色经营项目？如何带动知识能力不足人员参与其中？会涉及哪些知识技能？

8. 对知识能力不足人员进行知识型内生发展，您觉得什么是最大的障碍？您认为怎样才能解决这些问题？

9. 村里的地理位置如何？如何争取外部资源和利用精准文化帮扶政策？

10. 您对当前的精准文化帮扶成效满意吗？对未来的规划怎样？

11. 村里对精准文化帮扶面临的困难、问题和经验是什么？

12. 您认为知识能力不足人员接受知识技能的途径有哪些？（启发内容：从知识能力不足人员自身入手的途径、从知识能力不足人员户主入手的途径、从知识能力不足人员的子女入手的途径、从知识能力不足人员的亲戚乡邻入手的途径、从知识能力不足人员从事经济项目入手的途径、从政策经济发展预测入手的途径等）

13. 您认为村里能通过知识促进发展的项目有哪些？

14. 您最希望图书馆为知识能力不足人员或村里提供什么样的知识服务？（启发内容：针对特色建立知识专区、特色知识资料收集、项目知识指导、建立政策及经济信息数据库、项目智库、建立知识工具箱、开展知识项目联结服务等）

四、其他

1. 本村的精准文化帮扶有何举措?是否依托其他项目进行精准文化帮扶?

2. 您认为如何能够更好地发展本村的特色?

3. 您觉得有必要将村里的发展与外部发展建立更多联系吗?

4. 您认为村里可以深化发展和孵化拓展的项目有哪些?

5. 您对图书馆进行精准文化帮扶工作的建议和意见有哪些?

附录4 深度访谈提纲（精准文化帮扶馆员部分）

访谈编码：

精准文化帮扶中的知识转移研究深度访谈提纲
（精准文化帮扶馆员部分）

访谈时间：_____年_____月_____日

访谈人：_____

访谈地点：_____

记录人：_____

一、被访谈者的基本信息

姓名：_____；年龄：_____；性别：_____；文化程度：_____；

民族：_____；籍贯：_____；职务：_____

二、主要问题

1. 您是如何参与到精准文化帮扶当中来的？您的任务和职责是什么？

2. 您喜欢参与精准文化帮扶活动吗？有哪些想法？

3. 您认为，精准文化帮扶工作能体现出您的职业价值吗？重要性有哪些方面？

4. 您认为，知识接受主体获取知识重要吗？您是如何开展工作的？

5. 您认为，图书馆精准文化帮扶是遵守传统规范还是创新发展？

6. 当图书馆精准文化帮扶需要付出巨大的个人努力和牺牲，您愿意吗？有后顾之忧吗？

7. 您期望图书馆采取怎样的服务模式？形成怎样的结构？

8. 请您分别描述一下精准文化帮扶实践中，成效比较好的和不好的做法？

9. 当知识接受主体因缺乏知识被人瞧不起时,您的态度怎样?想怎么做?

10. 您觉得图书馆智库、大数据分析、知识组织以及知识平台建设,是否与图书馆精准文化帮扶工作进行了紧密结合并融入?

11. 您认为如何与知识接受主体沟通交流,才能将图书馆知识服务工作做好?

12. 您觉得如何更为有效地与知识能力不足人员建立信任机制、形成信任关系?

13. 您认为图书馆应该如何形成合力进行难题攻关?(启发内容:合力包括图书馆内部知识组织和知识服务机制的建立、图书馆与其他机构知识组织和知识服务机制的建立等)

14. 图书馆精准文化帮扶中的知识转移,馆员需要具备哪些条件?克服哪些困难?

15. 在图书馆精准文化帮扶中的知识转移"知识工具箱"和知识交流平台建设方面,您的建议和意见有哪些?

16. 您觉得在今后的图书馆精准文化帮扶中,有哪些地方可以改进,有什么建议?